新编企业财务会计

李建玲　主编

经济管理出版社

图书在版编目（CIP）数据

新编企业财务会计/李建玲主编. —北京：经济管理出版社，2008

ISBN 978-7-80207-649-5

Ⅰ．新…　Ⅱ．李…　Ⅲ．企业管理－财务会计

Ⅳ．F275.2

中国版本图书馆 CIP 数据核字（2006）第 074291 号

出版发行：**经济管理出版社**

北京市海淀区北蜂窝 8 号中雅大厦 11 层

电话：（010）51915602　　邮编：100038

印刷：世界知识印刷厂　　　　　经销：新华书店

责任编辑：何　怡

技术编辑：杨　玲

责任校对：全志云

850mm×1168mm/32　　　13.75 印张　　　340 千字

2006 年 8 月第 1 版　　　2008 年 2 月第 2 次印刷

印数：6001—11000 册　　　　　定价：24.00 元

书号：ISBN 978-7-80207-649-5/F·565

编委会名单

主　编：李建玲
副主编：周国海
主　审：翟　薇

内容简介

本书根据高职高专教育的特点，根据最新颁布的《企业会计准则》、《企业会计制度》的有关规定，全面、系统地阐述了企业财务会计的基本原理、核算方法和基本操作技能，主要包括货币资金、应收款项、存货、投资、固定资产、无形资产、负债、所有者权益、收入、费用和利润、会计报表等内容，通过会计实例进行分析、讲解。同时，在本书的各章节后还配有大量的思考题和会计实务练习题，供学生操作练习。通过本书的学习，可以使学生掌握企业财务会计核算的基本知识和方法，提高会计实践技能。

本书可作为高职院校财会专业及相关专业的教学用书，也可作为成人高校的教材及从事经济工作者的培训辅导资料。

前 言

财务会计是财务专业的主干专业课程，也是经济管理类专业的专业课程之一。我们在总结多年高职高专教学经验的基础上，依据教育部制定的《高职高专教育会计人才培养方案》的要求，根据财政部最新颁布的《企业会计准则》和《企业会计制度》的有关规定编写了本书。编写本书的基本宗旨是：能反映高职高专课程改革的方向和当前会计教学的最新内容，突出应用性和实践性，培养学生的综合素质和实践技能，以必需、够用为度。

本书在吸收我国最新财务会计改革成果的基础上，全面系统地介绍了企业财务会计的基本理论和基本方法，包括货币资金、应收款项、存货、投资、固定资产、无形资产、负债、所有者权益、收入、费用和利润等内容以及核算要求，并对会计报表的编制方法进行了阐述。其主要特点是：

1. 系统性。本书内容全面、系统，对我国企业财务会计核算方面的基本方法做了较为全面的归纳和阐述，并配以最新的会计实务。

2. 仿真性和可操作性。本书的编写者均是具有多年会计教学经验的专业教师，所选的例题都是经过教师多次调研，搜集相关的会计实务资料，反复斟酌与整理编写而成，具有极强的仿真性和可操作性，能达到培养高职高专学生基本素质和提高会计实践技能的目的。

3. 配套性。为便于教学，本书在每章后面都附有思考题和练习题，便于教师教学和学生练习、动手操作。

全书共分十一章，李建玲编写第一章、第二章、第三章、第六章、第七章；于冬梅编写第八章、第九章；周蓉蓉编写第五章、第十一章；周国海编写第四章、第十章。

李建玲副教授担任主编，负责拟定编写大纲及最后的修改，周国海老师协助主编做了部分章节的修改。张国健教授对本书提出了修改意见，翟薇对本书进行了最后的审阅和完善。

本书可作为高职院校财会专业及相关专业的教材，也可作为成人高校的教材及经济工作者的培训辅导资料。

由于成书时间紧迫，加之我们水平有限，书中难免有疏忽和不足之处，恳请读者批评指正，以便我们进行修改。

编者

2006 年 7 月

目 录

第一章 总 论

【学习目的与要求】通过本章的学习，学生应了解财务会计的概念、特点；掌握财务会计的内容；熟悉财务会计的法规体系，懂得在市场经济条件下依法从事会计工作是提高会计信息质量的根本保证。

第一节 财务会计概述

一、财务会计的概念

会计是随着社会生产力的发展和经济管理的需要而产生的，是随着经济的发展和科学技术的进步而不断发展和完善的，特别是随着现代管理科学渗入会计领域，让传统的会计获得了发展的动力，使会计从简单的记录、计量、比较所得与所耗的行为，逐步发展成为一门具有完整科学体系的会计学科。

现在会计工作已经成为政府机构、投资者、债权人以及其他相关利益人了解和掌握一个单位财务状况、经营成果和现金流量的重要信息来源，成为指导社会资源合理流动、保障社会主义市场经济秩序、加强经济管理和财务管理以及提高经济效益的重要保证。

企业财务会计是在相关的法律和会计法规制度的规范下，以货币为主要计量单位，对企业已发生的交易和事项，运用专门的方法和程序，进行确认、计量，并以财务会计报告为主要形式，定期向企业的管理者和与企业有直接和间接经济利益关系的相关者提供会计信息的一种经济管理活动。

二、企业财务会计的特点

企业财务会计是一个会计信息系统，它立足于企业，面向市场，主要具有以下几个特点：

（1）财务会计是在相关法律、法规、制度规范下进行的。《中华人民共和国会计法》是财务会计的法律依据，《企业会计准则》和《企业会计制度》是企业会计核算工作的规范，是处理会计实务的准绳。这些法律、法规、制度规范了财务会计的行为内容、程序、方法。

（2）财务会计有一套约定俗成的会计程序和方法。财务会计在以货币为主要计量单位反映企业经济业务的过程中，从原始凭证审核、记账凭证编制、会计账簿的登记到会计报表编制等都有一套比较科学的、统一的、定型的会计处理格式、程序和方法。这种严密的会计程序和方法有助于财务会计信息的一致性和可比性，为财务会计信息取信于企业外部各类信息使用者提供了程序上的保证。

（3）财务会计以企业外部的报表使用者作为直接的服务对象。财务会计既要向企业内部传输会计信息，也要向企业外部提供通用的会计信息，但更着重于把企业视为一个整体，通过对企业日常经济业务进行记录、整理、汇总和定期编制财务报告，向投资者、债权人和政府有关部门等企业外部经济利益相关者提供信息，使之可以定期而且准确地了解企业的财务状况、经营成果和现金流量，以保障有关各方的切身利益。

（4）财务会计工作的重点是反映过去已经发生或已经完成的会计信息。财务会计主要是对企业已经发生的经济业务进行事后记录和总结，对过去的生产经营活动进行如实的反映和严格的控制。虽然财务会计工作进程中有时也面临带有预计性或未来成分的经济事项，但并没有改变财务会计主要提供历史性会计信息的本质特征。

三、财务会计核算的基本前提

企业会计工作的环境极为复杂，会计面对的是变化不定的社会经济环境，因此在企业会计核算过程中，面对这些变化不定的社会经济环境，就不得不做出一些基本设定，即建立财务会计核算的基本前提。财务会计核算的基本前提是对财务会计核算的时间、空间所作的合理设定，具体包括会计主体、持续经营、会计分期和货币计量。

（一）会计主体

会计主体又称会计实体或会计个体，是会计为之服务的一个特定单位，是组织财务会计核算工作的首要前提。它规定了会计工作的空间范围。凡独立进行经济活动、需要会计为之服务的任何特定经济实体都是会计主体。会计主体可以是一个特定的企业，也可以是一个企业的某一特定部分（如分厂、分公司等），还可以是由若干家企业通过控股关系组织起来的集团公司，甚至可以是一个具有经济业务的特定非营利组织。

明确会计主体，可以划分会计处理经济业务的范围。只有那些影响会计主体经济利益的经济业务和事项才能加以确认和计量。会计核算工作中所指的资产、负债的增减、收入的取得和费用的发生，都是针对特定主体而言的。明确会计主体，可以把握会计处理的立场。企业作为一个会计主体，对外销售商品或提供劳务时，一方面记录收入的形成，同时记录资产的增加或负债的减少，而不是相反；企业购买存货，一方面记录存货的增加，同时记录现金的减少或负债的增加，而不是相反。

（二）持续经营

持续经营又称继续经营，是指会计核算以企业既定的经营方针、目标或持续正常的生产经营活动为前提，即会计主体在可以预见的未来将不会破产清算，它所持有或控制的资产，按预定目标在正常的生产经营过程中被耗用、出售或转让，并按原先承诺的条件按期偿还债务。

企业是否持续经营对会计原则、会计方法的选择影响很大。只有持续经营，企业所持有或控制的资产按预定目标在正常的生产经营过程中被耗用、出售或转让，并按原先承诺的条件偿还债务，才能建立会计确认和计量的原则。企业的各项资产、负债在这一基础上正常计价，收益、费用在这一基础上确定，企业在信息的收集和处理上所采用的会计处理方法才能保持稳定，会计核算才能正常进行。

当然，在市场经济条件下，企业破产清算的风险始终是存在的，也就是说，企业不能持续经营的可能性是存在的。这就要求企业会计人员应该定期对其持续经营的前提做出分析和判断，如果判断企业不具备持续经营的条件，就不应采用持续经营的会计原则和方法，而采用终止清算的会计程序和方法。

（三）会计分期

会计分期是指将企业持续不断的经营活动期间人为地划分为若干个首尾相接，而时间间距相等的会计期间，以便分期确定每一期间的收入、费用和利润，按期结算账目并编制财务会计报告，及时向各有关方面提供企业财务状况、经营成果和现金流量的信息。会计期间通常以一年为度，以一年确定的会计期间称为会计年度，会计年度可以与日历年度相一致，也可以与日历年度不一致。我国会计法规定以日历年度作为会计年度，即从公历1月1日起至12月31日止为一个会计年度。在会计年度内，会计期间还可以划分为半年度、季度和月度等较短的期间。半年度、季度和月度均称为会计中期。

（四）货币计量

货币计量是指企业在会计核算过程中采用统一的货币作为计量单位，用以记录和反映企业的生产经营活动。企业经营活动其本身就是价值运动，因而反映价值运动的会计核算必须运用货币形式。而不能用货币单位计量的经济活动，在会计上不予反映。

由于各国都有本国的法定货币，因此各国会计核算一般都以本国货币作为记账本位币。在我国境内，企业的会计核算一般以人民币为记账本位币，业务收支以外币为主的企业，也可以选定某种外币作为记账本位币，但向中国有关方面报送会计报表时应当折算为人民币反映。

第二节　财务会计核算的一般原则

财务会计核算的原则是进行会计核算工作应遵循的规范，也是对会计核算工作的基本要求，具体包括13项，如图1—1所示。

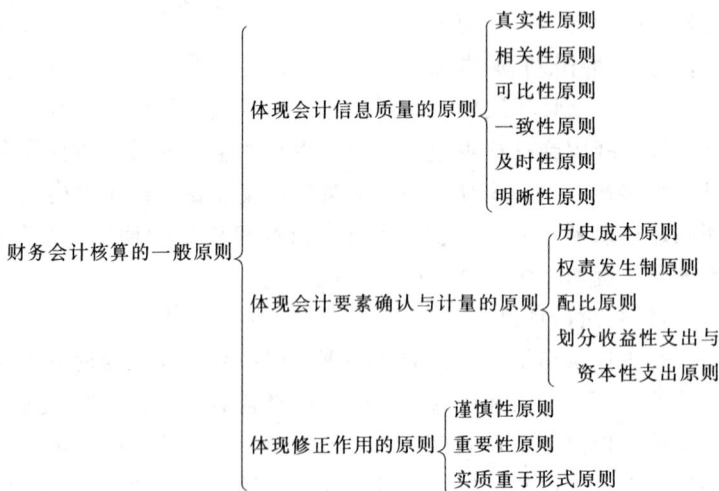

图1—1　财务会计核算的一般原则

一、真实性原则

真实性原则又称客观性原则，是指会计核算应当以实际发生的交易或事项为依据，如实反映企业财务状况、经营成果和现金流量，做到内容真实、数字准确、项目完整、手续齐备、资料可靠。

这一原则的实质是会计核算必须以实际发生的交易或事项为依据，客观地反映实际。它包含了可靠性、真实性、可验证性三方面的含义。如果企业的会计核算不以实际发生的交易或事项为依据，编制财务会计报告，不以真实的账簿记录为依据，其所提供的会计信息会误导会计信息使用者，导致决策失误。

二、相关性原则

相关性原则又称有用性原则，它是指企业提供的会计信息能够反映企业的财务状况、经营成果和现金流量，以满足会计信息使用者的需要。会计信息的使用者包括投资者、债权人、政府、其他相关利益者等。

在会计核算工作中，坚持相关性原则就要求企业在收集、加工、处理、传递会计信息的过程中，要充分考虑会计信息的使用者对会计信息需求的不同特点，确保企业内部和外部有关方面对会计信息的相关需求。

三、可比性原则

可比性原则是指会计核算必须符合国家的统一规定，提供相互可比的会计信息。可比性原则保证不同会计主体（横向）之间会计指标口径一致，相互可比，以便于比较、分析、汇总，从而为国家进行宏观调控和管理，为投资者做出正确的投资决策提供必要的依据。

四、一致性原则

一致性原则又称一贯性原则，它是指企业的会计核算方法和程序前后各期应当一致，不得随意变更。这一原则强调的是同一会计主体指标的纵向比较具有可比性，便于判断企业的经营状况和发展趋势，有利于提高会计信息的使用价值，并可以制约和防止企业通过会计核算方法的变更弄虚作假。当然，这并不意味着不能做任何变更，在一定条件下，企业认为有必要变更，应当将变更的原因、变更的情况及其对企业财务状况和经营成果的影响，在会计报告中加以说明。

五、及时性原则

及时性原则是指处理会计事项必须在经济业务发生后及时进行，讲求时效，以便于会计信息的及时利用。及时性包括两个方面：一是会计事项的账务处理应当在当期内进行，不得拖延；二是财务报告应当在会计期间结束后按规定的日期报送有关部门。

及时性原则是相关性原则的保证，如果传输会计信息不及时，它会时过境迁，变为无用或用处不大的会计信息。

六、明晰性原则

明晰性原则是指会计核算和编制财务会计报告应当清晰明了，便于理解和利用。

明晰性是会计信息的重要质量特征，它要求会计记录应当准确、清晰，填制会计凭证、登记会计账簿须做到依据合法、账户对应关系清楚、文字摘要完整；在编制财务会计报告时，项目完整、数字准确，从而简明易懂地反映企业的财务状况和经营成果，以便于财务报告使用者理解财务报告和利用会计信息，同时也有利于审计人员进行查账验证。

七、历史成本原则

历史成本原则又称实际成本原则，是指企业对发生的经济活动进行计量时，都要以经济业务事项实际发生时的取得成本或实际成本作为登记入账的依据。

为了保证交易价格的客观性和可验证性，物价如发生变动，除法律、行政法规和国家统一的会计制度另有规定者外，企业不得自行调整其账面价值。对于因技术进步、财产老化、市场供求变化等原因造成的财产减值，应当按照会计制度的规定，提取相应的减值准备。

会计记录中最有效的计价基础是实际成本，因为它反映了企业经营资金的实际耗费，代表取得各项资产的实际成本和形成各项负债的实际价值，反映企业真实的财务状况和经营成果。

八、权责发生制原则

权责发生制又称应收应付制，是指以收入和费用是否已经发生为标准，按照归属期来确定企业本期收入和费用的一种方法。凡是在一个会计期内实际发生而应当属于该会计期间的收入和费用，不论其款项是否收到或付出，都应作为该期的收入和费用；反之，凡不应属于本期的收入和费用，即使款项已收到或付出，都不作为该期的收入和费用。

权责发生制依据权利和责任关系的实际发生和影响期间来确认。因此，采用权责发生制在会计期末必须对账簿记录进行账项调整，才能使本期的收入和费用存在合理的配比关系，才能正确地反映企业当期的财务状况和经营成果。

九、配比原则

配比原则是指企业的收入与其相关的成本、费用应当相互配比，并在该会计期间内确认。企业在持续不断的经营活动中会不断地获得营业收入，同时，为获得收入也会不断发生成本和费用。

企业在一定期间取得的收入与在该会计期间为取得这些收入而发生的相关成本和费用的差额，就是该会计期间所取得的净收益。为了正确计算一定会计期间的经营成果，就需要将该会计期间取得的各项收入与为取得该收入而发生的相关成本、费用相配合、相比较，否则就会造成该会计期间的经营成果虚假不实。

十、划分收益性支出与资本性支出原则

划分收益性支出与资本性支出原则，是指根据收入与成本费用相配比的要求，会计核算必须合理划分收益性支出和资本性支出的界限。收益性支出是指为了取得当期收益而发生的支出，即支出的效益仅及于本年度（或一个营业周期）的，如材料费用支出、工资费用支出等；资本性支出是指为了取得长期资产而发生的支出，即其支出的效益涉及多个会计年度（或几个营业周期）的，如购建固定资产所发生的支出等。

如果把资本性支出误作为收益性支出，则会低估资产的价值和当期的收益，而使以后各期收益增加；反之，如果把收益性支出误作为资本性支出，则会高估资产的价值和当期的收益，而使以后各期收益减少。划分收益性支出与资本性支出的目的是为了正确核算企业各个会计期间的损益。

十一、谨慎性原则

谨慎性原则又称稳健性原则，它是指进行会计核算时，应当对可能发生的损失和费用做出合理的预计。谨慎性原则要求体现在会计核算的全过程，包括会计确认、计量、报告等各方面。当某一会计事项有多种不同方法可供选择时，尽可能选用一种不导致企业虚增盈利的做法，目的是使企业的会计核算建立在比较稳

妥可靠的基础上，以提高企业应对风险的能力。谨慎性原则在会计核算中的应用体现在许多方面，如应收账款计提坏账准备金、各类资产计提减值准备等。

十二、重要性原则

重要性原则是指会计核算中对交易与事项应当区别其重要程度，采用不同的核算形式。这一原则要求对于影响经营决策的重要经济业务，应当按照规定的会计方法和程序进行处理，并在财务报告中充分重点说明；对于次要的经济业务，在不影响会计信息真实性的情况下，则可适当简化、合并反映。重要性这一概念是相对的，没有明确的界定标准，它取决于会计人员在工作中视会计信息本身的性质及相关情况所做的专业判断。在一般情况下，对企业财务状况和经营业绩影响较大的经济业务，都应视为重要经济业务。

十三、实质重于形式原则

实质重于形式原则是指企业应当按照交易或事项的经济实质进行会计核算，而不应仅按其法律形式作为会计核算的依据。这一原则的实质是会计核算不仅要以实际发生的交易或事项为依据，而且要按交易或事项的经济实质，而不是按其法律形式或人为形式进行核算。它体现会计核算对经济实质的尊重，能够保证会计核算信息与客观经济事实相符，有利于会计信息使用者进行正确的决策。例如，以融资租赁方式租入的固定资产，虽然在法律上承租企业并不拥有所有权，但是，由于租赁合同中规定的租赁期相当长，接近于固定资产的使用寿命，租赁期结束时承租企业有优先购买固定资产的选择权等，所以，从其经济实质来看，企业能够控制其创造的未来经济利益，因此会计核算上应将其视为承租企业的固定资产，提取折旧和大修理费用。

第三节　会计要素和财务会计的内容

一、会计要素

会计要素包括资产、负债、所有者权益、收入、费用、利润六要素。其中资产、负债、所有者权益是反映财务状况的会计要素；收入、费用、利润是反映经营成果的会计要素。

(一) 资产

资产是指过去的交易或事项形成、由企业拥有或控制、预期会给企业带来经济利益的资源。

资产具有以下特点：

(1) 资产是由过去的交易或者事项所形成的资源。资产必须是现实的资产，是企业过去已发生的交易或者事项所产生的结果。未来的交易或事项以及未发生的交易和事项可能产生的结果，则不属于现在的资产，例如，企业通过购买所形成的存货、自行建造所形成的某项设备，或因销售商品而形成的应收账款，等等，都是企业的资产；但企业预计未来某个时点将要购买的设备、存货等，就不能作为企业的资产。

(2) 资产是企业拥有或控制的。一项资源要作为企业资产予以确认，应该拥有此项资源的所有权，即企业有权占有此项资源，可以按照自己的意愿使用或处置该资源并享有使用或处置该资源所带来的经济利益，其他单位或个人未经同意不得擅自使用。在某些特殊情况下，企业虽然不享有某项资源的所有权，但该资源被企业所控制，如融资租入固定资产，按照实质重于形式的原则，也应确认为企业的资产。

（3）资产预期会给企业带来经济利益。所谓带来经济利益，是指直接或者间接导致现金和现金等价物流入企业的潜力。

（4）资产必须能够用货币计量。如果不能用货币计量其价值，则不作为资产确认。

资产可以按照不同的标准分类，比较常见的是按照资产的流动性和有无实物形态进行分类。按照流动性可以将资产分为流动资产和非流动资产，具体内容如图1—2所示。

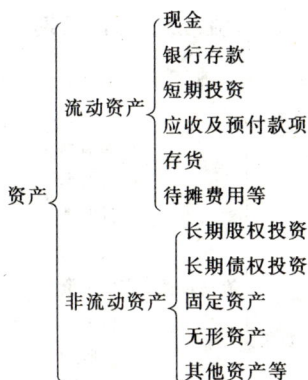

图1—2 资产的分类

（二）负债

负债是指企业过去的交易或事项形成、预期会导致经济利益流出企业的现时义务。

负债有如下特点：

（1）负债是基于过去的交易或事项而产生的。负债是过去已经发生的交易或事项产生的结果，换言之，只有已经发生的交易或事项会计上才确认为负债，正在筹划的未来交易或事项可能产生的负债不能确认为企业现在的负债。例如，银行借款是因为企业接受了银行贷款而形成的，如果企业没有接受银行贷款，则不会产生银行借款这项负债。

（2）负债是企业应该偿还的现时义务。这种义务通常是企业取得其所需的资产或劳务等交易而产生的结果，它需要企业进行偿还，如赊购货物或接受劳务而发生的应付账款、接受银行贷款而形成的银行借款即属此类。

（3）负债的清偿会导致经济利益流出企业。负债不能无条件地取消，负债的清偿通常是企业放弃含有经济利益的资产，以满足对方的要求。

负债按其流动性分为流动负债和长期负债，具体内容如图1—3所示。

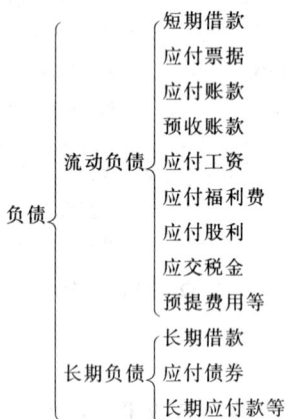

图 1—3　负债的分类

（三）所有者权益

所有者权益是指企业资产扣除负债后由所有者享有的剩余权

益。公司的所有者权益又称为股东权益。

所有者权益有如下特点：

（1）所有者除依法转让其投资外，不得以任何形式抽回投资，除非发生减资、清算，企业不需要偿还所有者权益。

（2）企业清算时，只有在清偿所有负债后，所有者权益才返还给所有者。

（3）所有者依法享有管理企业和委托他人管理企业的权利以及参与企业利润分配的权利。

所有者权益包括实收资本、资本公积、盈余公积和未分配利润，其中盈余公积和未分配利润又合称为留存收益。

（四）收入

收入是指企业在日常活动中所形成的、会导致所有者权益增加的、与所有者投入资本无关的经济利益的总流入，包括主营业务收入和其他业务收入。收入的取得意味着企业所生产的产品或所提供的劳务的价值的实现，它是对企业进行生产或从事劳务所耗费的价值进行补偿的前提。

收入有以下特点：

（1）收入是从企业日常交易活动中产生的，而不是从偶发的交易或事项中产生的。所谓日常活动是指企业为完成其经营目标而从事的所有活动以及与之相关的其他活动，如工业企业制造和销售产品。企业所进行的有些活动并不是经常发生的，如工业企业销售超储积压材料等，因其与日常活动有关，也属于收入。企业有些边缘性和偶发性交易或事项虽然也能为企业带来收益，如无形资产所有权转让所得、固定资产处置形成的收益，因其不属于企业日常经营活动，其流入的经济利益不属于收入而属于利得。

（2）收入不仅表现为现金的流入，有时也产生于负债的偿还。比如，企业可以向贷款人提供产品或劳务，偿还所欠的款项，在了结债务的同时产生收入。

（3）收入只包括本企业经济利益的流入，不包括为第三者或客户代收的款项。代收的款项，一方面增加企业的资产，另一方面增加企业的负债，不属于本企业的经济利益，不能作为企业的收入。

收入按企业经营业务主次分类，可以分为主营业务收入和其他业务收入。

（五）费用

费用是指企业为销售产品、提供劳务等日常活动中所发生的、会导致所有者权益减少的、与向所有者分配利润无关的经济利益的总流出。

费用有以下特点：

（1）费用是企业在日常经营活动中发生的经济利益流出，而不是在偶发的交易或事项中发生的经济利益的流出。有些交易和事项虽然也能使企业发生经济利益流出，但由于不属于企业的日常经营活动，其经济利益的流出不属于费用而是损失，如企业处理固定资产发生的净损失。

（2）费用可能表现为资产的减少，或负债的增加，或两者兼而有之。

企业一定时期的费用通常由产品生产成本和期间费用两部分构成，具体内容如图 1—4 所示。

$$
费用
\begin{cases}
生产成本
\begin{cases}
直接材料 \\
直接人工 \\
制造费用
\end{cases} \\[2ex]
期间费用
\begin{cases}
管理费用 \\
营业费用 \\
财务费用
\end{cases}
\end{cases}
$$

图 1—4　费用的分类

（六）利润

利润是企业在一定会计期间的经营成果。利润包括收入减去费用后的净额、直接计入当期利润的利得和损失等。它是反映经营成果的最终要素，代表企业能用货币表现的最终和综合的经营成果。根据《企业会计制度》的规定，企业利润包括营业利润、利润总额和净利润。

其中：

营业利润＝主营业务利润＋其他业务利润－管理费用－财务费用

利润总额＝营业利润＋投资收益＋补贴收入＋营业外收入－营业外支出

净利润＝利润总额－所得税

二、财务会计的内容

企业财务会计包括对会计要素的确认、计量、记录和报告。

（一）会计确认

会计确认是将符合会计要素及满足确认标准的事项纳入会计报表的过程。它既包括对某一要素项目初次出现时的确认，也包括对其记入账册后发生变动的确认。为了进行确认，需要有一套确认的标准。会计要素确认的基本标准为：

（1）定义标准，即符合某一会计要素的定义和特征。遵循这项标准，确认时首先要明确某一事项是否影响会计要素，影响哪些会计要素。

（2）可计量性标准，即确认的会计要素项目必须能以货币为计量单位进行计量，可计量性是进行会计要素计量的前提条件。

（3）相关性标准，即确认的会计要素项目必须与会计报表使用者的决策有关。

（4）可靠性标准，即确认必须是真实的、可验证的和客观公正的。可靠性标准要求在登记账册之前，以实事求是的公正态度审核原始凭证记载的经济业务及其数据是否真实，防止对会计信息的扭曲。

（二）会计计量

会计计量在整个会计信息的加工处理过程中无处不在。会计核算过程就是会计计量的过程。进行会计计量要解决两个问题：计量单位和计量属性。计量单位是计量尺度的量度单位。一般情况下，以货币作为会计的计量单位，对某一特定的货币尺度，又分为两种不同的计量单位：名义货币单位（即面值货币单位）和一般购买力单位（即对名义货币单位按一定时日的物价指数调整换算后的计量单位）。一般情况下，会计核算中采用名义货币单位进行计量。

计量属性是指要予以计量的某一会计要素的品质，比如资产（负债）的计量属性有历史成本、重置成本、可变现净值、现值、公允价值五种。采用不同的计量属性，相同的资产（或负债）就会确定为不同的金额。目前，会计核算中主要采用原始成本（实际成本）进行计量。

特定的计量单位和计量属性相结合，就构成了特定的计量模式。进行会计计量，要根据具体经济环境和信息使用人的需要确定计量模式。例如，在一般情况下，对资产按名义货币单位使用历史成本计量，对盘盈的资产则要用重置成本计量，对清算过程中的资产则要用现值计量；而在发生恶性通货膨胀的情况下，则应采用货币的一般购买力单位计量各项会计要素。

（三）会计记录

进行会计记录首先要设置账户，建立一套能全面、系统地反映会计要素各具体项目的账簿体系；然后将经济业务编制会计分录填写在记账凭证上；最后根据记账凭证登记账簿。实际工作中，会计确认、会计计量和会计记录是紧密结合、同步进行的。

（四）会计报告

财务会计所讲的报告，就是编制财务报告，包括编制会计报表和其他文字说明资料，对外输出会计信息。财务报告所传达的信息要符合质量要求，会计报表要按规定的格式和方法编制。

第四节　我国财务会计法规体系与会计工作管理机构

一、财务会计法规体系

会计法规是组织会计工作，处理会计事务应遵循的有关法律、制度、规章的总称。会计工作是一项重要的经济管理工作。为了规范会计工作，维护社会主义市场经济秩序，使我国会计真正成为"国际商业语言"，加强会计工作的法制建设，建立和健全会计法规体系，有着十分重要的意义。

我国的会计法规体系是以《会计法》为中心，包括企业会计准则和企业会计制度三个不同层次的相对比较完善的法规体系。《会计法》是我国会计工作的根本大法，是从事会计工作，制定其他各种会计法规的依据。它规定了会计工作的基本目的、会计管理权限、会计责任主体、会计核算和会计监督的基本要求，会计人员和会计机构的职责权限，并对会计法律责任做了详细规定。企业会计准则是处理会计事项的标准，是进行会计工作的规范，是评价会计工作质量的准绳。企业会计制度是企业进行会计工作所应遵循的规则、方法、程序的总称。

（一）会计法

《中华人民共和国会计法》于 1985 年 1 月 21 日第六届全国人民代表大会常务委员会第九次会议通过，1985 年 5 月 1 日起施行。1993 年 12 月 29 日，第八届全国人民代表大会常务委员会第五次会议通过了《关于修改〈中华人民共和国会计法〉的决定》，自公布之日起施行。1999 年 10 月 31 日，第九届全国人民代表大会常务委员会第十二次会议再次对《会计法》进行了修订，自 2000 年 7 月 1 日起施行。修订后的《会计法》共 52 条，分为：总则、会计核算、公司、企业会计核算的特别规定、会计监督、会计机构和会计人员、法律责任、附则等七章。

（二）企业会计准则

企业会计准则是处理会计事项的标准，我国的企业会计准则分为基本准则和具体准则两个层次。

财政部 2006 年 2 月 15 日最新颁布了新的企业会计准则，它分为基本准则和 38 项具体准则，并自 2007 年 1 月 1 日起在上市公司范围内执行，同时鼓励其他企业执行。修订后的基本准则共 50 条，分为总则、会计信息质量要求、资产、负债、所有者权益、收入、费用、利润、会计计量、财务报告、附则等十一章。

38 项具体准则包括：存货，长期股权投资，投资性房地产，固定资产，生物资产，无形资产，非货币性资产，资产减值，职工薪酬，企业年金基金，股份支付，债务重组，或有事项，收入，建造合同，政府补助、借款费用，所得税，外币折算，企业合并，租赁，金融工具确认与计量，金融资产转移，套期保值，原保险合同，再保险合同，石油天然气开采，会计政策、会计估计变更与差错更正，资产负债表日后事项，财务报表列报，现金流量表，中期财务报告，合并财务报表，每股收益，分部报告，关联方披露，金融工具列报，首次执行企业会计准则。

（三）企业会计制度

我国企业会计制度由财政部统一制定，是企业进行会计工作所应遵循的规则、方法、程序的总称。企业会计制度的内容包括企业会计制度、会计科目和会计报表、主要会计事项分录举例、其他有关法规四部分。

财政部颁布的于 2001 年 1 月 1 日起施行的《企业会计制度》共分为十三章，其中会计科目的内容，如表1－1所示。

表1－1 企业会计科目表

顺序号	科目编号	名 称	顺序号	科目编号	名 称
		一、资产类	17	1231	低值易耗品
1	1001	现金	18	1232	材料成本差异
2	1002	银行存款	19	1241	自制半成品
3	1009	其他货币资金	20	1243	库存商品
4	1101	短期投资	21	1244	商品进销差价
5	1102	短期投资跌价准备	22	1251	委托加工商品
6	1111	应收票据	23	1261	委托代销商品
7	1121	应收股利	24	1271	受托代销商品
8	1122	应收利息	25	1281	存货跌价准备
9	1131	应收账款	26	1291	分期收款发出商品
10	1133	其他应收款	27	1301	待摊费用
11	1141	坏账准备	28	1401	长期股权投资
12	1151	预付账款	29	1402	长期债权投资
13	1161	应收补贴款	30	1421	长期投资减值准备
14	1201	物资采购	31	1431	委托贷款
15	1211	原材料	32	1501	固定资产
16	1221	包装物	33	1502	累计折旧

续表

顺序号	科目编号	名 称	顺序号	科目编号	名 称
34	1505	固定资产减值准备	61	2331	专项应付款
35	1601	工程物资	62	2341	递延税款
36	1603	在建工程			三、所有者权益类
37	1605	在建工程减值准备	63	3101	实收资本（或股本）
38	1701	固定资产清理	64	3103	已归还投资
39	1801	无形资产	65	3111	资本公积
40	1805	无形资产减值准备	66	3121	盈余公积
41	1815	未确认融资费用	67	3131	本年利润
42	1901	长期待摊费用	68	3141	利润分配
43	1911	待处理财产损溢			四、成本类
		二、负债类	69	4101	生产成本
44	2101	短期借款	70	4105	制造费用
45	2102	应付票据	71	4107	劳务成本
46	2121	应付账款			五、损益类
47	2131	预收账款	72	5101	主营业务收入
48	2141	代销商品款	73	5102	其他业务收入
49	2151	应付工资	74	5201	投资收益
50	2153	应付福利费	75	5203	补贴收入
51	2161	应付股利	76	5301	营业外收入
52	2171	应交税金	77	5401	主营业务成本
53	2176	其他应交款	78	5402	主营业务税金及附加
54	2181	其他应付款	79	5405	其他业务支出
55	2191	预提费用	80	5501	营业费用
56	2201	待转资产价值	81	5502	管理费用
57	2211	预计负债	82	5503	财务费用
58	2301	长期借款	83	5601	营业外支出
59	2311	应付债券	84	5701	所得税
60	2321	长期应付款	85	5801	以前年度损益调整

二、企业会计工作管理机构

为了提高会计信息质量，充分发挥会计在企业经营管理中的作用，就要合理地进行会计工作的管理。

（一）行政管理

行政管理主要是政府部门对会计工作的管理，我国由财政部会计司统一管理全国的会计工作。其主要职责是：

（1）草拟会计法律提交国家立法机关审定颁发；

（2）草拟有关会计工作的行政法规提交国务院审定；

（3）制定全国统一的会计制度；

（4）协调、管理国务院各部门颁发的会计制度；

（5）管理全国的会计事务工作；

（6）管理全国的会计人员；

（7）参与成人会计教育活动及其管理；

（8）开展会计学术理论研究；

（9）进行国际会计交往。

（二）行业管理

行业管理主要是通过本行业的专业学会对会计进行行业管理。

1. 中国会计学会

中国会计学会是我国研究会计科学的全国性的群众学术团体。主要工作任务是：

（1）组织和推动会计科学和相关科学的理论研究及应用；

（2）宣传党和国家有关会计、财务和经济方面的方针政策和法律、法规、制度，提供有关的意见和建议；

（3）总结我国财会工作经验，探讨财会工作的规律；

（4）总结我国财会教育的实践经验，探讨财会教育工作的规律；

（5）推动深化财会改革，为财会工作服务于经济管理、提高经济效益提供理论指导；

（6）开展多层次、多渠道、多形式的培训工作，培养财会人才；

（7）组织有关财会专家进行智力服务；

（8）反映财会人员在工作中的意见、建议和要求；

（9）开展国际学术交流和友好往来；

（10）编辑出版会计刊物、丛书、学术资料并组织交流。

2. 中国注册会计师协会

中国注册会计师协会是经政府批准成立的注册会计师的组织。中国注册会计师协会成立于 1988 年，它是财政部领导下的全国性协会。中国注册会计师协会的主要职责是：

（1）负责审批注册会计师注册事宜，监督、管理注册会计师依法执行业务；

（2）审批和管理中国注册会计师协会会员；

（3）负责审批会计师事务所，监督和管理会计师事务所的业务工作；

（4）拟定注册会计师职业准则、拟定和解释有关注册会计师、会计师事务所的法律、法规，并对执行情况进行监督和检查。

（5）组织和推动全国注册会计师培训工作和全国统一考试；

（6）组织业务交流，协调各会计师事务所之间的业务，维护注册会计师的合法权益；

（7）办理审查、批准以及监督、管理国际会计公司和外国会计师事务所在中国境内设立常驻代表机构、举办中外合作会计师事务所、国际会计公司中国成员所的有关事务；

（8）代表中国注册会计师组织，开展与国际会计组织、外国会计团体之间的交往活动；

（9）指导省、自治区、直辖市注册会计师协会工作；

（10）办理财政部授权的有关注册会计师和会计师事务所的其他工作。

（三）企业内部管理

企业内部管理主要是建立健全会计机构，配备素质相当、具备会计从业资格的会计人员，这是做好会计工作、充分发挥会计职能作用的重要保证。

1. 企业的会计机构

会计机构一般称为财务部、财会处、科、股。它在总会计师（或行使总会计师职责人员）的直接领导下，负责办理整个企业的财会工作。企业内部各职能、业务部门，可根据工作需要配备专职核算人员或指定专人负责核算工作。规模较大、会计业务繁杂的企业，可以在所属各部门、分厂、车间设置会计机构，负责相应的财会工作。

2. 配备会计人员

会计人员是具有专门业务技术的经济管理人员，他们要精通会计制度和会计业务，还要熟悉我国有关公司、企业的法律、法规。只有这样，才能真正做好会计工作，维护国家和投资人的正当权益。其主要职责是进行会计核算、实行会计监督、拟订本单位办理会计业务的具体办法及参与企业的经营管理决策等。

企业要根据会计工作的内容和内部控制制度的要求，建立内部岗位责任制，明确规定每人、每岗应担负的任务和应有的权限，以便加强协作和监督，提高工作效率。企业的会计人员岗位一般分为会计主管、出纳、资金核算、存货核算、工资核算和成本核算、损益核算与往来结算、总账报表和稽核等若干职能岗位，分别承担规定的业务核算工作。

思考题：

1. 什么是财务会计？财务会计有何特点？

2. 财务会计核算的一般原则是什么？

3. 会计要素的主要内容是什么？

4. 财务会计核算的基本前提包括哪些内容？

5. 我国财务会计法规体系是怎样的？不同层次法规的作用是什么？

第二章 货币资金

【学习目的与要求】货币资金是企业在生产经营过程中以货币形态存在的资产，是流动性最强的资产。它主要包括现金、银行存款和其他货币资金。通过本章的学习，学生应了解国家现行的有关现金、银行存款的管理制度，了解银行转账结算方式的种类及规定，掌握现金、银行存款日常收付的账务处理以及其他货币资金的主要账务处理。

第一节 现金的核算

现金是指存放在企业财会部门由出纳人员保管的货币，包括库存的人民币和外币。本节所讲的现金是指我国现行流通中的法定货币——人民币。

一、现金概述

现金是流动性最强的资产，具有较高的政策性，企业必须严格按照国务院发布的《现金管理暂行条例》及其实施细则的规定，建立和实行严格的现金管理制度。现金管理主要有以下内容：

（一）规定现金使用范围

（1）职工工资、津贴；

（2）个人劳务报酬；

（3）根据国家规定颁发给个人的科学技术、文化艺术、体育等各种奖金；

（4）各种劳保、福利费以及国家规定的对个人的其他支出；

（5）向个人收购农副产品和其他物资的价款；

（6）出差人员必须随身携带的差旅费；

（7）结算起点以下的零星开支（结算起点为 1000 元）；

（8）中国人民银行确定需要支付现金的其他支出。

除上述范围使用现金支付外，其他款项的支付一律通过银行办理转账结算。

（二）规定企业库存现金限额

库存现金限额是指为了保证企业日常零星开支的需要，允许企业留存现金的最高数额。库存现金限额由开户银行根据企业的实际需要和距离银行远近情况来核定，一般按企业 3～5 天的日常零星开支的需要量予以确定，边远和交通不便地区的企业的库存现金限额，可以多于 5 天，但最多不得超过 15 天的日常零星开支。库存现金限额一经确定，必须严格遵守，不得随意超过，超过限额的现金应在当日送存银行，当日送存银行确有困难的，由开户银行确定送存时间。

（三）现金收支的规定

（1）企业未经允许不得坐支现金。即企业收入的现金应及时送存银行，不得直接用于支出，现金支出应按规定从银行提出。如遇到特殊情况需要坐支现金，应事先报经开户银行批准，由银行核定坐支范围和限额，并定期向开户银行报送坐支金额和使用情况；

（2）企业签发现金支票从银行提出现金，应按规定写明用途，由本单位财会部门负责人签字盖章，经开户银行审核后方可取得；

（3）企业因采购地点不固定、交通不便、生产或市场急需、抢险救灾以及其他特殊情况必须使用现金的，应向开户银行提出申请，由本单位财会部门负责人签字盖章，经开户银行审核后支付现金；

（4）不准用银行账户代其他单位和个人存入或支取现金；

（5）不准编造用途套取现金；

（6）不得"白条抵库"，即不准用不符合财务制度的凭证顶替库存现金；

（7）不得"公款私存"，即不准将单位收入的现金按个人储蓄方式存入银行；

（8）不得私设"小金库"，即不准保留账外公款。

（四）建立现金内部控制制度

现金内部控制制度是指为了保证现金资产的安全完整，将现金的收支职责、保管职责、记账职责在独立的不同部门或人员间做明确合理的分工的一种内部控制制度。即企业实行钱账分管，对现金的收付业务和记账工作实行由两人或两人以上分管，互相牵制，互相监督。企业的库存现金由出纳员保管，经管现金的出纳员不得兼管收入、费用、债权、债务等账簿的登记工作以及会计档案保管工作。填写银行结算凭证的有关印鉴应实行分管制度，不得全部交由出纳员一人保管。

二、现金的核算

为了总括地反映和监督企业现金收入、付出和结存情况，企业应设置"现金"账户,"现金"账户是资产类账户,借方登记现金收入数(增加),贷方登记现金支出数(减少),期末余额在借方,表示期末库存现金的结存数。

【例2-1】企业从银行提取现金800元,备作零星开支用。应编制如下会计分录:

　　借:现金　　　　　　　　　　　　　　　800

　　　　贷:银行存款　　　　　　　　　　　　　　　800

【例2-2】企业购买复印纸600元,以现金支付。应编制如下会计分录:

　　借:管理费用　　　　　　　　　　　　　600

　　　　贷:现金　　　　　　　　　　　　　　　　600

同时,企业还必须设置"现金日记账"对现金业务实行序时明细分类核算。现金日记账一般采用三栏式订本账,其格式如表2-1所示。

现金日记账由出纳人员根据审核无误的现金收付款凭证和所附原始凭证,按照经济业务发生的顺序逐日逐笔序时登记。每日终了,应计算出现金收入、支出合计数和结余数,并将账面结余数与实际库存数进行核对,做到日清月结,保证账款相符。月份终了,"现金日记账"的余额应与"现金总账"的余额核对相符。

表2-1　现金日记账

年		凭证		摘要	对方科目	类页	借　方									贷　方									借或贷	余　额								
月	日	类别	号数				百	十万	千	百	十	元	角	分	百	十万	千	百	十	元	角	分		百	十万	千	百	十	元	角	分

三、现金的清查

为了保证账款相符，防止现金丢失、短少和差错，防止挪用公款、侵占等不法行为的发生，企业应对现金进行定期或不定期的盘点与清查。清查办法是实地盘点，并将现金库存数与现金日记账余额进行核对。对于清查中发现的现金长款或短款等情况应编制"现金盘点报告单"，注明现金长款、短款的金额，并及时查明原因上报企业有关部门，进行相应的会计处理。

一般情况下，在未查明原因之前应将长款或短款记入"其他应收款"或"其他应付款"账户，待查明原因后，再根据具体情况进行处理。对于无法查明原因的长款应记入"营业外收入"账户，如果是出纳员工作失职造成的短款，应追究过失人经济责任，由出纳人员赔偿。如果现金短款经过分析查明原因后，确系收款业务的频繁而发生的，是难以避免的，属于正常、合理范围内的小额差错，可经主管人员批准，冲销"其他应收款——现金短缺"账户，列作当期费用。

【例2—3】现金清查中，发现库存现金比账面金额多出58元。应编制如下会计分录：

借：现金　　　　　　　　　　　　58
　　贷：其他应付款——现金长款　　　　　58

经查，上述现金长款原因无法查明，经企业有关部门批准转入营业外收入。应编制如下会计分录：

借：其他应付款——现金长款　　　58
　　贷：营业外收入——现金长款　　　　58

【例2—4】现金清查中，发现现金短缺300元。应编制如下会计分录：

借：其他应收款——现金短缺　　　300

贷：现金   300

经查，上述短款是出纳人员过失所致，应由责任人赔偿。应编制如下会计分录：

借：其他应收款——××出纳员   300

    贷：其他应收款——现金短款   300

收到出纳员赔款：

借：现金   300

    贷：其他应收款——××出纳员   300

第二节　银行存款的核算

银行存款是指企业存放于银行以及其他金融机构的货币资金。每个独立核算的企业应按照中国人民银行的有关规定在当地银行或其他金融机构申请开设账户，用以办理货币资金的存取和转账结算业务。

一、银行存款概述

(一) 银行存款账户的开立和使用

企业存款账户分为基本存款账户、一般存款账户、临时存款账户和专用存款账户。

基本存款账户是指企业办理日常转账结算和现金收付的账户。企业一般只能选择一家银行的一个营业机构开设一个基本存款账户，不得在多家银行和机构开立基本存款账户。一般存款账户是指企业在基本存款账户以外开立的经常性账户，该账户可以办理转账结算和现金缴存，但不能支取现金。临时存款账户是指企业因临时生产经营活动的需要而开立的账户，该账户既可以办理转账结算，又可以根据国家现金管理规定存取现金。专用存款账户是指企业因特定用途需要所开立的账户，如基本建设项目专项资金等。

（二）银行结算纪律

企业通过银行办理结算时，必须认真遵守国家各项管理办法和中国人民银行颁布的结算办法的有关规定，做到：

（1）不准违反规定，开立和使用账户；

（2）合法使用银行账户，不得出租出借账户；

（3）不准套取银行信用，不得签发空头支票、印章与预留印鉴不符的支票和远期支票以及没有资金保证的票据；

（4）不准签发、取得和转让没有真实交易和债权债务的票据，套取银行和他人资金；

（5）不准无理拒绝付款，任意占用他人资金。

二、银行结算方式

根据中国人民银行制定的《银行结算办法》的规定，企业的各项经济往来，除了按照规定的收支范围和条件使用现金外，都必须采用银行转账结算方法办理。目前我国采用的银行转账结算方式主要有：支票、银行本票、银行汇票、托收承付、信用卡、商业汇票、委托收款、信用证等。

（一）支票结算方式

支票是出票人签发的，委托办理支票存款业务的银行在见票时无条件支付确定的金额给收款人或持票人的票据。支票的出票人为在经中国人民银行当地分行批准办理支票业务的银行机构开立使用支票的存款账户的单位或个人。支票结算程序如图 2—1 所示。

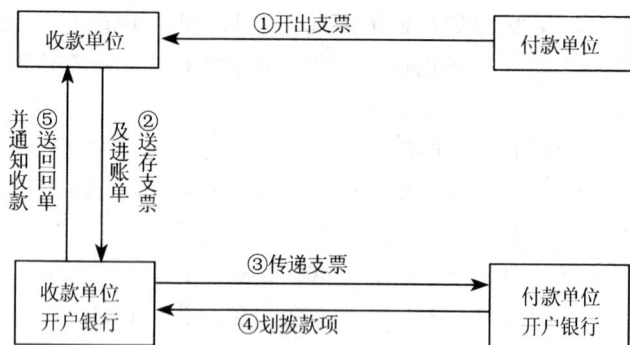

图 2—1 支票结算程序

支票由银行统一印制，它分为转账支票、现金支票、普通支票。支票印有"现金"字样的称为现金支票，现金支票只能用于支取现金。支票上印有"转账"字样的称为转账支票，转账支票只能用于转账。支票上未印有"现金"或"转账"字样的称为普通支票，普通支票可以用于支取现金，也可以用于转账。普通支票左上角划两条平行线的，称为划线支票，划线支票只能用于转账，不能支取现金。

支票具有清算及时、使用方便、收付双方都有法律保障和结算灵活的特点，单位和个人在同一票据交换区域的各种款项的结算均可使用支票。使用支票结算应注意以下事项：

（1）支票一律记名，支票的提示付款期限为自出票日起 10日，中国人民银行另有规定的除外；

（2）签发支票必须使用钢笔或碳素墨水笔，并将支票上列示的各要素填写齐全，加盖与预留银行相符的印鉴，所盖印鉴与预留印鉴不符或支付密码错误，银行拒绝受理；

（3）不得签发空头支票和远期支票，不得出租、出借支票；

（4）在中国人民银行批准的地区，支票可以背书转让；

（5）已签发的现金支票遗失，可以向银行申请挂失，挂失前已支付的，银行不予受理。已签发的转账支票遗失，银行不予受理挂失，可请求收款人协助防范；

（6）存款人领购支票，必须填写"票据和结算凭证领用单"并签章，签章应与预留银行的签章相符。存款账户结清时，必须将全部剩余空白支票交回银行注销。

企业开出支票时，根据支票存根及有关结算凭证，借记有关账户，贷记"银行存款"账户，收到支票时，填制进账单连同支票到银行办理收款手续后，借记"银行存款"账户，贷记有关账户。

（二）银行本票结算方式

银行本票是付款人将款项交存银行，由银行签发的，承诺自己在见票时无条件支付确定的金额给收款人或持票人的票据。银行本票具有信誉高，支付功能强，并可代替现金使用功能的特点，它适用于同城的结算。银行本票结算程序如图2—2所示。

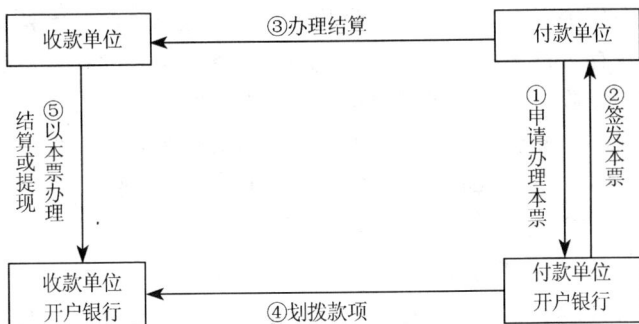

图2—2 银行本票结算程序

银行本票根据签发金额是否固定，可分为定额银行本票和不定额银行本票两种。定额银行本票面额为 1000 元、5000 元、10000 元和 50000 元。不定额银行本票金额起点为 100 元。

使用银行本票结算应注意以下事项：

（1）银行本票一律记名，允许背书转让；

（2）银行本票的提示付款期限自出票日起最长不超过 2 个月（不分大月、小月，统一按到期月对日计算，到期日遇法定节假日顺延），逾期的银行本票，银行不予受理；

（3）申请人办理银行本票，应向银行填写"银行本票申请书"，填明收款人名称、申请人名称、支付金额、申请日期等事项并签章；

（4）银行本票见票即付，不予挂失；

（5）银行本票采用全额结算，余额不退，结算后如有多余款项，可采用支票、现金或其他方式退回企业；

（6）未在银行开立账户的收款人，凭具有"现金"字样的银行本票向银行支取现金，除在银行本票背面背书外，还应向银行交验有关证件。

采用银行本票结算时，收款单位将审核后的银行本票填写进账单送存银行，根据银行盖章退回的进账单的回单联和有关原始凭证编制收款凭证，借记"银行存款"账户，贷记有关账户；付款单位办理银行本票后，根据"银行本票申请书"存根联编制付款凭证，借记"其他货币资金——银行本票存款"账户，贷记"银行存款"账户。

（三）银行汇票结算方式

银行汇票是汇款人将款项交存银行，由银行签发给汇款人持往异地办理转账结算或支取现金的一种银行票据。银行汇票具有使用灵活、钱随票走、票随人到、兑现性强、银行保证支付的特点。银行汇票结算程序如图 2—3 所示。

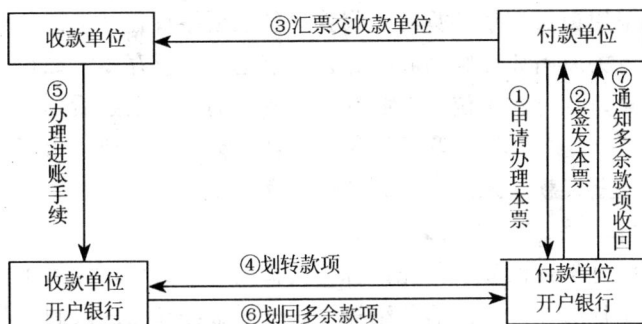

图 2—3　银行汇票结算程序

使用银行汇票结算应注意以下事项：

（1）银行汇票一律记名，金额起点为 500 元，允许背书转让（填明"现金"字样的除外）；

（2）银行汇票的付款期限为一个月（不分大月、小月，统一按到期月对日计算，到期日遇法定节假日顺延），逾期的汇票，兑付银行不予受理；

（3）汇票申请人办理银行汇票，应向签发银行填写"银行汇票委托书"，填明收款人名称、汇票金额、申请人名称、申请日期等事项并签章，签发银行受理并收妥款项后，签发银行汇票交给汇款人；

（4）汇票申请人持银行汇票向填明的收款人办理结算时，应将银行汇票和解讫通知一并交给收款人；

（5）收款人受理申请人交付的银行汇票时，应在出票金额内，根据实际需要的款项办理结算，并将实际结算金额和多余金额填入银行汇票和解讫通知的有关栏内；

（6）持票人向开户银行提示付款时，应在汇票背面"持票人向银行提示付款签章"处签章，并将银行汇票和解讫通知、进账单送交开户银行，银行审查无误后办理转账。

采用银行汇票结算时，收款单位根据银行盖章退回的收款通知和有关原始凭证编制收款凭证，借记"银行存款"账户，贷记有关账户；付款单位应在收到银行签发的银行汇票后，根据"银行汇票委托书"存根联编制付款凭证，借记"其他货币资金——银行汇票存款"账户，贷记"银行存款"账户。

（四）汇兑结算方式

汇兑是指汇款人委托银行将其款项支付给异地收款单位或个人的一种结算方式。汇总结算方式不受金额起点的限制，具有适用范围大、服务面广、手续简便、划款迅速、灵活易用的特点，适用于异地之间各种款项的结算。汇兑结算程序如图2—4所示。

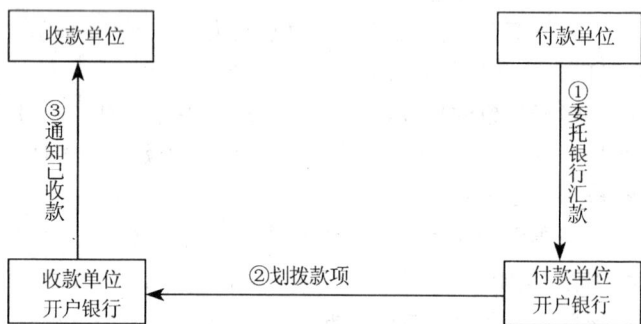

图2—4　汇兑结算程序

汇兑分为信汇、电汇两种，信汇是指汇款人委托银行通过邮寄方式将款项划转给收款人，电汇是指汇款人委托银行通过电报将款项划给收款人。这两种方式由汇款人根据需要选择使用。

使用汇兑结算方式应注意以下事项：

（1）汇款人委托银行办理汇兑时，应填写信汇或电汇凭证，详细填明汇入地点、汇入银行名称、收款人姓名或收款单位名称、汇款用途等项内容；

(2) 汇入银行对开立存款账户的收款人，应将汇给其的款项直接转入收款人账户，并向其发出收账通知；

(3) 未在银行开立存款账户的收款人，凭信汇、电汇的取款通知，向汇入银行支取款项，必须交验本人的身份证件，在信、电汇凭证上注明证件名称、号码及发证机关，并在"收款人签字盖章"处签章，信汇凭签章支取的，收款人的签章必须与预留信汇凭证上的签章相符；

(4) 支取现金的，信、电汇凭证上必须有按规定填明的"现金"字样才能办理。未填明"现金"字样，需要支取现金的，由汇入银行按国家现金管理规定审查支付；

(5) 转账支付的，应由原收款人向银行填制支款凭证，并由本人交验其身份证办理支付款项，该账户的款项只能转入单位或个体工商户的存款账户，严禁转入储蓄和信用卡账户。

采用汇兑结算方式时，汇款单位根据银行汇款回单，填制付款凭证，借记"其他货币资金——外埠存款"账户，贷记"银行存款"账户；收款单位对收到的汇入款项，应在收到银行的取款通知时，编制收款凭证，借记"银行存款"账户，贷记"预收账款"或"应收账款"等账户。

(五) 托收承付结算方式

托收承付是销货单位（收款单位）根据购销合同发货后，委托其开户银行向异地购货单位（付款单位）收取款项，由购货单位根据合同核对单证或验货后，向银行承认付款的一种结算方式。它适用于异地企业之间的商品交易以及因商品交易而产生的劳务供应等款项的结算。代销、寄销、赊销商品的款项，不得办理托收承付结算。托收承付结算程序如图 2—5 所示。

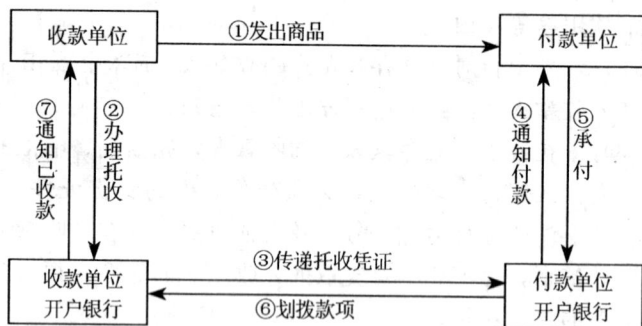

图2—5　托收承付结算程序

使用托收承付结算方式必须符合以下条件：

（1）购销双方必须签订符合合同法的购销合同；

（2）购销双方信誉较好，都能符合合同规定；

（3）收款单位办理托收承付，必须具有商品确已发运的证件和其他证明；

（4）每笔托收金额在规定起点以上（商品交易每笔结算的金额起点为1万元，新华书店系统每笔金额起点为1000元）。

托收承付款项划回方式分为邮划和电划两种，由收款单位根据需要选择使用。

托收承付分为托收和承付两个阶段，托收是指收款人根据购销合同发货后，委托银行向付款人收取款项的行为；承付是指由付款人向银行承认付款的行为。付款期分为验单付款（3天）和验货付款（10天）两种，到期日遇法定节假日顺延。如果付款人逾期未付款项，每日按逾期付款金额的万分之五计罚滞纳金。

采用托收承付结算方式时，收款单位在收到银行退回的托收承付结算凭证回单后，据以编制转账凭证，借记"应收账款"账户，贷记"主营业务收入"、"应交税金——应交增值税（销项税额）"等账户，收到款项时，根据银行转来的收账通知，编制收款凭证，借记"银行存款"账户，贷记"应收账款"账户；付款单位根据银行转来的"托收承付结算凭证"及有关原始凭证，经审查后认为符合合同规定的条件，同意承付后，编制付款凭证，借记"物资采购"、"应交税金——应交增值税（进项税额）"等账户，贷记"银行存款"账户。

（六）信用卡结算方式

信用卡是指商业银行向个人和单位发行的，凭以向特约单位购物、消费和向银行存取现金，且具有消费信用的特制载体卡片。信用卡按使用对象分为单位卡和个人卡，按信誉等级分为金卡和普通卡。适用于同城和异地的特约单位购物、消费。信用卡结算程序如图 2—6 所示。

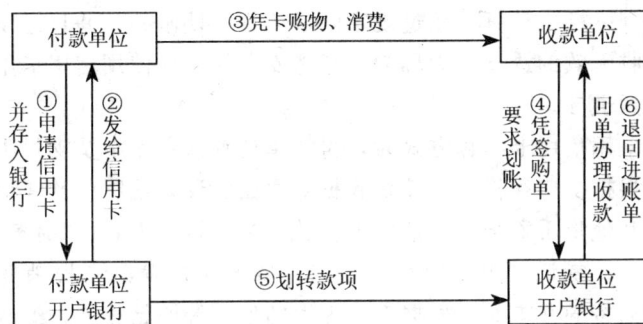

图 2—6 信用卡结算程序

使用信用卡结算方式应注意以下事项：

（1）企业可申领单位卡若干张，持卡人资格由申领单位法定代表人或其委托的代理人书面指定和注销，持卡人不得出租或转借信用卡；

（2）单位和个人申领信用卡，应按规定填制申请表，连同有关资料一并送交发卡银行，符合条件并按银行要求交存一定金额的备用金后，银行为申领人开立信用卡存款账户，并发给信用卡；

（3）单位卡账户的资金一律从其基本存款账户转账存入，单位卡一律不得用于 10 万元以上的商品交易、劳务供应款项的结算，不得支取现金；

（4）信用卡是一种信用支付工具，主要用于消费性支出，并允许透支，透支分为善意透支和恶意透支。在规定的限额和期限内允许善意透支，金卡的透支额最高不得超过 1 万元，普通卡的透支额最高不得超过 5000 元，透支期限最长为 60 天，透支利息自签单日或银行记账日起 15 日按日息 5‰计算；超过 15 日按日息万分之十计算；超过 30 日或透支额超过规定限额的，按日息万分之十五计算。透支计算不分段，按最后期限或最高透支额的最高利率档次计算。超过规定限额或规定期限的，并且经发卡银行催收无效的透支行为称为恶意透支，持卡人使用信用卡不得发生恶意透支。

采用信用卡结算方式时，付款单位存入备用金及支付手续费后，根据支票存根、手续费收据等原始凭证，编制付款凭证，借记"其他货币资金——信用卡存款（××持卡人）"、"财务费用"等账户，贷记"银行存款"账户，持卡人持发票来报销凭卡购物、消费的开支时，根据审核无误的发票等原始凭证，编制转账凭证，借记"物资采购"、"应交税金——应交增值税（进项税额）"等账户，贷记"其他货币资金——信用卡存款（××持卡人）"账户。收款单位根据进账单回单等原始凭证，编制收款凭证，借记"银行存款"账户，贷记"主营业务收入"、"应交税金——应交增值税（销项税额）"等账户。

（七）商业汇票结算方式

商业汇票是出票人（收款人、付款人或承兑申请人）签发的，由承兑人承兑，并于到期日无条件向收款人或者背书人支付确定金额的票据。在银行开立存款账户的法人以及其他组织之间必须具有真实的、合法的商品交易关系或债权债务关系，才能使用商业汇票。

商业汇票一律记名，允许背书转让，符合条件的可向银行申请贴现，它在同城或异地均可使用。商业汇票的付款期限由交易双方商定，但最长不得超过 6 个月。商业汇票的提示付款期限自汇票到期日起 10 日。

商业汇票按承兑人的不同可分为商业承兑汇票和银行承兑汇票两种。

1. 商业承兑汇票

商业承兑汇票是指由收款人签发，经付款人承兑，或由付款人签发并承兑的票据。商业承兑汇票结算程序如图 2－7 所示。

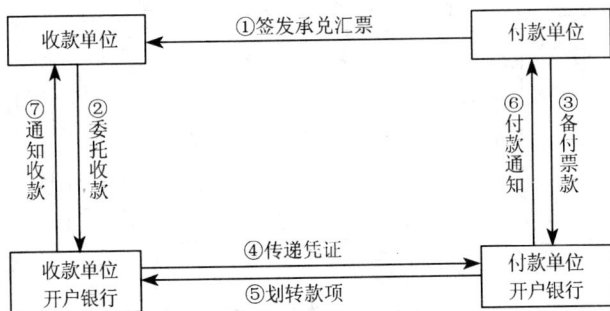

图 2－7 商业承兑汇票结算程序

付款人依照购销合同签发商业承兑汇票并"承兑"后，将商业承兑汇票交给收款人。收款人收到经承兑的商业汇票，审核无误后发运商品，汇票即将到期，收款人提前将汇票和委托收款凭证送交开户银行办理收款手续。付款人在汇票到期日前，应将票款足额交存银行，以备到期支付。付款人开户银行收到收款人开户银行转来的有关凭证后，于汇票到期日，将票款从付款人账户内划转到收款人开户银行，并向付款人发出付款通知。汇票到期时，如果付款人的存款不足以支付票款，其开户银行应填制付款人未付票款通知书，连同商业承兑汇票退给收款人或被背书人，由其自行处理，银行不负责付款。收款人开户银行收到票款后，将委托收款凭证收账通知联加盖"转讫"章交收款人，通知款项已收妥。

2. 银行承兑汇票

银行承兑汇票是指收款人或承兑申请人签发，并由承兑申请人向开户银行申请，经银行审查同意承兑的票据。承兑银行按票面金额向出票人收取万分之五的承兑手续费。银行承兑汇票结算程序如图 2－8 所示。

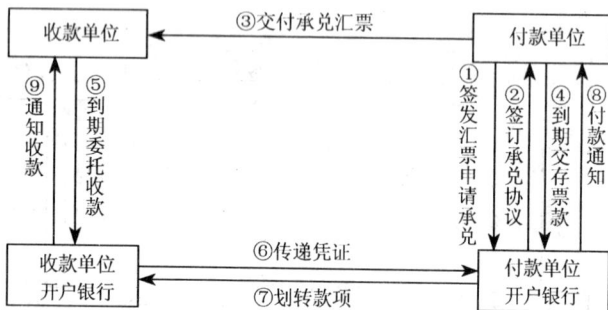

图 2－8　银行承兑汇票结算程序

付款人持银行承兑汇票向其开户银行申请承兑。银行审查同意后，由付款人与其开户银行签订承兑协议，并将银行承兑汇票交给承兑申请人转交收款人。收款人收到银行承兑汇票经审查无误后，按合同发运商品。承兑申请人应于银行承兑汇票到期前将票款足额交存银行，以备支付；承兑申请人于汇票到期日未能足额交存票款时，承兑银行凭票除向收款人、被背书人或贴现银行无条件履行支付外，应根据承兑协议规定，对承兑申请人进行扣款处理，并对尚未扣回的承兑金额按每天 5‰ 计收罚金。收款人在汇票即将到期时，应将银行承兑汇票和委托收款凭证送交开户银行、办理收款手续。承兑银行在汇票到期日凭票将款项划转收款人，并向付款人发出通知。

采用商业汇票结算方式时，应通过"应收账款"账户核算，具体账务处理见第三章的内容。

（八）委托收款结算方式

委托收款是收款人委托银行向付款人收取款项的结算方式。它适用于在银行或其他金融机构开立账户的单位和个人进行商品交易、劳务供应款项（如水电费、电话费、邮电费）等的结算。它不受金额限制，具有灵活简便的特点，在同城或异地均可使用。委托收款结算款项的划回分邮寄和电划两种，由收款人选用。委托收款结算程序如图 2—9 所示。

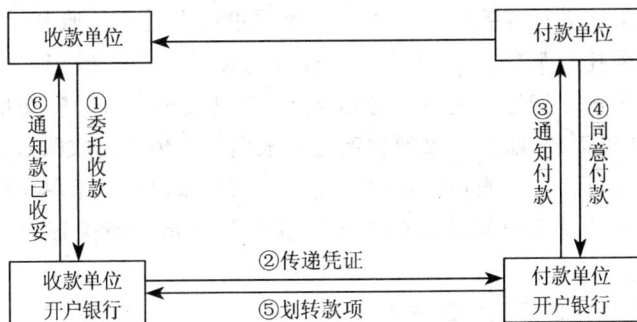

图 2—9　委托收款结算程序

使用委托收款结算方式应注意以下事项：

（1）委托收款结算方式分为"委托"和"付款"两个阶段。

①委托。收款人办理委托收款应向银行提交委托收款凭证和有关的债务证明,收款人开户银行审查同意后,将"委托收款凭证"的回单退给收款单位,表示已办妥委托收款手续。②付款。付款人开户银行接到寄来的委托收款凭证及债务证明,审查无误后,应及时通知付款人。付款人接到通知后,应在规定付款期限内付款,付款期为3天,从付款人开户银行发出付款通知的次日算起。付款人未在接到通知日的次日起3日内通知银行付款的,视同付款人同意付款,并于付款人接到通知日的次日起第4日上午开始营业时,将款项划给收款人。

(2) 付款人在付款期满而存款账户不足以支付的,应将其债务证明连同未付款项通知书邮至收款人开户银行,转交收款人。

(3) 付款人审查有关债务证明后,对收款人委托收取的款项需要拒绝付款的,应在付款期内出具拒绝付款理由书,持有债务证明的,应将其送交开户银行。银行将拒绝付款理由书、债务证明和有关凭证一并寄给被委托银行,转交收款人。

采用委托收款结算方式时,收款单位办妥委托收款手续后,根据委托收款凭证回单及其他有关的原始凭证,借记"应收账款"账户,贷记"主营业务收入"、"应交税金——应交增值税(销项税额)"账户,收到款项后,根据银行传来的收账通知,借记"银行存款"账户,贷记"应收账款"账户;付款单位根据银行转来的付款通知及其他有关原始凭证,借记有关账户,贷记"银行存款"账户。

(九) 信用证结算方式

信用证是银行根据申请人(进口方)的申请,开给出口方的一种保证承担支付货款责任的书面凭证。信用证结算方式是国际结算的一种主要方式。

采用信用证结算方式时,购货企业向银行申请开出信用证用于支付购货单位购货款时,根据银行盖章退回的"信用证委托书"回单联，借记"其他货币资金——信用证存款"账户，贷记"银行存款"账户，收到银行转来的销货单位信用证结算凭证及所附发票账单等，借记"物资采购"、"应交税金——应交增值税（进项税额）"等账户，贷记"其他货币资金——信用证存款"账户；销货单位收到信用证后，即按信用证的规定备货装运，签发有关发票账单，连同运输单据和信用证结算凭证送交开户银行办理收款，并根据有关凭证，借记"银行存款"账户，贷记"主营业务收入"、"应交税金——应交增值税（销项税额）"账户。

三、银行存款的核算

为了总括地反映和监督银行存款的收入、付出和结存情况，企业应设置"银行存款"账户，该账户是资产类账户，借方登记银行存款的增加数，贷方登记银行存款的支出或提取的现金数，期末余额在借方，表示银行存款的结存数。

【例2-5】企业销售 A 产品一批，货款 60000 元，增值税 10200 元，收到支票一张，连同进账单送交银行，已收妥入账。应编制会计分录如下：

借：银行存款　　　　　　　　　　　　70200

　　贷：主管业务收入——A 产品　　　　　　60000

　　　　应交税金——应交增值税（销项税额）　10200

【例2-6】企业以电汇结算方式，用银行存款支付前欠红星工厂的货款 14050 元。应编制会计分录如下：

借：应付账款　　　　　　　　　　　　14050

　　贷：银行存款　　　　　　　　　　　　14050

同时，企业应当按照开户银行、存款种类等设置"银行存款日记账"，对银行存款实行序时明细分类核算。银行存款日记账一般采用三栏式订本账，其格式如表2-2所示。

表 2—2　银行存款日记账

年		凭证		摘要	对方科目	类页	借　方										贷　方										借或贷	余　额									
月	日	类别	号数				百	十	万	千	百	十	元	角	分	百	十	万	千	百	十	元	角	分		百	十	万	千	百	十	元	角	分

四、银行存款的清查

　　银行存款日记账由出纳人员根据审核无误的银行存款收、付款凭证和所附原始凭证，按照业务发生顺序逐笔序时登记，月末结出本月收入、支出的合计数和结存数。为了准确掌握银行存款的实际金额，防止记账发生错误，企业应定期对银行存款进行清查。

　　银行存款的清查是采用与开户银行核对账单的方法进行的，即将企业银行存款日记账的账面余额与其开户银行转来的对账单的余额进行核对。一般来说，双方余额是不一致的，其原因除记账错误外，大多是因为存在未达账项。所谓未达账项，是指企业与银行之间由于结算凭证传递的时间不同，而发生的一方已入账，另一方尚未收到结算凭证而尚未入账的款项。

　　未达账项有以下四种情况：（1）企业已收款入账，银行尚未收款入账，如企业送存银行的转账支票，银行尚未收妥入账；（2）企业已付款入账，如银行尚未付款入账，如企业开出支票，持票人尚未到银行兑取；（3）银行已收款入账，企业尚未收款入账，如采用委托收款结算方式，银行已收到货款，企业尚未收到有关凭证；（4）银行已付款入账，企业尚未付款入账，银行从企业存款账户扣除借款利息，企业尚未接到付款通知。为了消除各种未达账项对企业和银行双方存款余额的影响，企业应将"银行存款日记账"和"银行对账单"逐笔核对，并对未达账项编制"银行存款余额调节表"进行调整，使之相符，如果不相符，应进一步查明原因，进行更正。

【例 2—7】某企业 20××年 5 月末收到银行寄来的对账单，其余额为 36000 元，银行存款日记账账面余额为 34000 元，经逐笔勾对，发现以下几笔未达账项：①企业销售产品，金额 3000 元，收到红星公司交来的支票一张，已记账，而银行尚未入账；②企业开出转账支票支付水电费 2000 元，已记账，而银行尚未入账；③银行已收款记账，而企业尚未入账的委托银行收取的货款，金额为 4500 元；④银行已付款记账，而企业尚未入账的支付万大工厂货款 1500 元。根据上述资料，编制"银行存款余额调节表"，如表 2—3 所示。

表 2—3　银行存款余额调节表　　　　　　单位：元

项　目	金额	项　目	金额
银行存款日记账余额	34000	银行对账单余额	36000
加：银行已收、企业未收	4500	加：企业已收、银行未收	3000
减：银行已付、企业未付	1500	减：企业已付、银行未付	2000
调节后余额	37000	调节后余额	37000

第三节　其他货币资金

其他货币资金是指除现金、银行存款以外的各种货币资金，具体包括外埠存款、银行本票存款、银行汇票存款、信用卡存款、信用证保证金存款、在途货币资金、存出投资款等。

为了反映和监督其他货币资金的收支和结存情况，企业应设置"其他货币资金"账户，该账户是资产类账户，借方登记其他货币资金的增加数，贷方登记其他货币资金的减少数，期末余额在借方，表示企业其他货币资金的实有数。在"其他货币资金"账户下，应按其他货币资金的种类下设"外埠存款"、"银行本票存款"、"银行汇票存款"、"信用证存款"、"信用卡存款"、"在途货币资金"等明细账户，进行明细核算。

一、外埠存款

外埠存款是指企业到外地进行临时或零星采购时，汇往采购地银行开立采购专户的款项。企业汇出款时，应填写汇款委托书，加盖"采购字样"。汇入银行对汇入的采购款以汇款单位开立采购专户，此专户可以支取少量的现金，以满足采购员的需要，其他一律转账，且只付不收。采购完毕后，采购地银行应将多余存款退回企业的开户银行。

【例2—8】某企业20××年6月10日，委托所在地开户银行汇出50000元，开立采购专户。6月22日采购人员出差回来，带回购货发票等报销凭证46800元（其中货款40000元，增值税6800元），多余款项转回所在地开户银行。根据有关凭证，应编制会计分录如下：

委托所在地银行向外地银行汇款，开立采购专户：

借：其他货币资金——外埠汇款　　　　　　50000

　　贷：银行存款　　　　　　　　　　　　　　　50000

采购人员报销：

借：物资采购　　　　　　　　　　　　　40000

　　　应交税金——应交增值税（进项税额）　　6800
　　　　贷：其他货币资金——外埠存款　　　　　46800
将多余款项转回所在地开户银行：
　　借：银行存款　　　　　　　　　　　　　3200
　　　　贷：其他货币资金——外埠存款　　　　　3200

二、银行汇票存款

　　银行汇票存款是指企业为了取得银行汇票，按规定存入银行的款项。企业应按规定填制"银行汇票委托书"申请办理银行汇票，并将款项交存开户银行，取得银行汇票。

　　【例2—9】某企业填制"银行汇票委托书"，并将款项15000元交存银行，取得银行汇票，用银行汇票购买材料，货款11000元，增值税1870元。使用完毕后，余额转回开户银行。根据有关凭证，应编制会计分录如下：

　　取得银行汇票（银行盖章退回的"银行汇票委托书"存根联）：
　　借：其他货币资金——银行汇票存款　　　15000
　　　　贷：银行存款　　　　　　　　　　　　　15000
　　采购员交来购货发票及开户银行转来银行汇票的有关副联：
　　借：物资采购　　　　　　　　　　　　　11000
　　　　应交税金——应交增值税（进项税额）　1870
　　　　贷：其他货币资金——银行汇票存款　　　12870
　　多余款项转回开户银行：
　　借：银行存款　　　　　　　　　　　　　2130
　　　　贷：其他货币资金——银行汇票存款　　　2130

三、银行本票存款

银行本票存款是企业为了取得银行本票，按规定存入银行的款项，其核算方法、程序和银行汇票存款基本相同，在此不再具体说明和举例。

四、信用卡存款

信用卡存款是指企业为取得信用卡而存入银行信用卡专户的款项。企业申请和办理信用卡时，应填制"信用卡申请书"，并将款项交存银行，取得信用卡并可在使用过程中续存资金。

【例2—10】某企业将款项20000元交存银行，办理信用卡并用其购买办公用品18000元，并续存10000元。根据有关凭证，应编制会计分录如下：

取得信用卡（银行盖章退回的"信用卡申请书"存根联）：

借：其他货币资金——信用卡存款　　　20000
　　贷：银行存款　　　　　　　　　　　　　20000

办公人员交来发票账单及开户银行转来的有关凭证：

借：管理费用　　　　　　　　　　　18000
　　贷：其他货币资金——信用卡存款　　　　18000

续存资金：

借：其他货币资金——信用卡存款　　　10000
　　贷：银行存款　　　　　　　　　　　　　10000

五、信用证保证金存款

信用证保证金存款是指采用信用证结算方式的企业为开具信

用证而存入银行信用证保证金专户的款项。企业要求银行对境外供货单位开出信用证时，应填制"信用证申请书"，并提供信用证申请人的承诺书和购销合同。

【例2-11】某企业要求银行对境外供货单位开出信用证人民币28000元，20天后企业收到境外供货单位信用证结算凭证及所附发票账单26910元，其中货款23000元，增值税3910元。根据有关凭证，应编制会计分录如下：

开出信用证：

借：其他货币资金——信用证存款　　　　28000
　　贷：银行存款　　　　　　　　　　　　　28000

收到境外供货单位发票账单：

借：物资采购　　　　　　　　　　　　　23000
　　应交税金——应交增值税（进项税额）　3910
　　贷：其他货币资金——信用证存款　　　　26910

未用完的信用证保证金余额转回开户银行：

借：银行存款　　　　　　　　　　　　　1090
　　贷：其他货币资金——信用证存款　　　　1090

六、在途货币资金

在途货币资金是指企业同所属单位之间和上下级之间因资金划拨在月末尚未到达的汇解款项。

【例2-12】某企业接到所属单位通知，已汇出款项18000元，但月末仍未收到汇款，转月才收到款项。应编制会计分录如下：

月末将未收到款项做在途货币资金处理：

借：其他货币资金——在途货币资金　　　18000
　　贷：其他应收款　　　　　　　　　　　　18000

转月收到款项：

借：银行存款　　　　　　　　　　18000

　　贷：其他货币资金——在途货币资金　18000

七、存出投资款

存出投资款是指企业已存入证券公司但尚未进行短期投资的款项。

【例2-13】某企业2005年4月10日存入证券公司50000元，准备进行股票投资，5月6日购买股票50000元。根据有关凭证，应编制会计分录如下：

存入证券公司资金：

借：其他货币资金——存出投资款　　50000

　　贷：银行存款　　　　　　　　　　　50000

购买股票：

借：短期投资——××股票　　　　　50000

　　贷：其他货币资金——存出投资款　　50000

思考题：

1. 什么是货币资金？货币资金包括哪些内容？

2. 现金管理的内容有哪些？

3. 银行存款管理的要求有哪些？

4. 银行结算方式有哪几种？其特点各是什么？

5. 在采用支票结算方式时收付款双方根据什么凭证进行账务处理？怎样进行账务处理？

6. 银行存款的核对如何进行？如何编制银行存款余额调

节表？

7. 什么是其他货币资金？它包括哪些内容？

练习题：

1. 货币资金的核算

资料：某企业20××年7月发生以下经济业务：

(1) 3日，签发现金支票一张，提取现金2500元。

(2) 6日，用现金支付厂部办公费500元。

(3) 9日，厂采购员李某出差预借差旅费1000元，以现金支付。

(4) 12日，销售产品一批，收到购货单位交来的银行支票70200元，其中销售收入60000元，增值税款10200元，送存银行。

(5) 16日，从银行提取现金86000元，备发工资。

(6) 16日，用现金发放职工工资86000元。

(7) 20日，采购员李某出差回来，实报差旅费880元，余款退回。

(8) 25日，向红星工厂购入材料一批，价款50000元，增值税额8500元，签发为期3个月的商业汇票58500元。

(9) 26日，委托开户银行向购货单位收取其所欠货款80000元，银行通知款项已收妥。

(10) 31日，清查库存现金时，发现现金溢余260元，原因待查。

要求：根据上述资料，编制会计分录。

2. 银行存款余额调节表的编制

资料：某企业20××年10月末，银行存款日记账账面余额为29320元，银行对账单余额为31900元，经核查，双方均无错账，但发现以下几笔未达账项：

（1）26 日，企业委托银行托收的销货款 14000 元，银行已收妥入账，企业尚未收到银行收款通知。

（2）27 日，企业购买材料，开出支票一张，金额 14500 元，持票人尚未向银行兑现。

（3）30 日，企业收到其他公司转账支票一张，金额 14600 元，银行尚未入账。

（4）31 日，企业送存银行的现金 10750 元，银行尚未入账。

（5）31 日，银行代企业支付水电费 3000 元，企业未接到付款通知，尚未入账。

（6）31 日，银行收到保险公司赔偿给企业的火灾损失 2430 元，但企业还未收到银行的收款通知。

要求：编制银行存款余额调节表。

第三章 应收款项

【学习目的与要求】应收款项是企业在生产经营过程中因向客户提供商品、劳务等而发生的各项债权，包括应收票据、应收账款、其他应收款和预付账款。通过本章的学习，学生应掌握应收账款的确认、计价和账务处理，应收票据的计价、贴现的计算和账务处理，了解和熟悉其他应收款和预付账款的主要账务处理。

第一节 应收账款

一、应收账款的确认

应收账款是企业因销售商品、提供劳务等业务，应向购货单位或接受劳务单位收取的款项。会计上所指的应收账款应有其特定的范围：

（1）应收账款是在商品交易、劳务供应过程中由于赊销业务而产生的，现金交易不会形成应收账款。

（2）应收账款是企业因销售商品、提供劳务等经营业务活动

而形成的债权，不应包括应收职工欠款、应收债务人利息等其他应收款。·

（3）应收账款是与商品销售、劳务的提供直接相关的，因此，确认应收账款的时间应与确认销售收入的时间一致。一般情况下，企业应在商品已经交付、劳务已经提供、合同已经履行并已经取得了收款的权利时才确认应收账款。

二、应收账款的计价

应收账款的计价是指确认应收账款的入账金额。通常情况下，是按买卖双方成交时实际发生的金额入账，包括出售商品的货款、代购货单位垫付的费用、应缴的增值税销项税等。如果存在销售折扣，计价时应加以考虑。销售折扣是指销售单位根据客户付款时间的长短或购货量的多少而给予客户的价格优惠，包括商业折扣和现金折扣。

（一）商业折扣

商业折扣是指商品交易时，为了鼓励客户多购买商品而在价格上给予的优惠。这种折扣是在销售商品的时候直接给予客户的，即客户是按商品的售价扣除给予的折扣后的实际金额支付，销售方也按折扣后的售价作销售收入，并按此价作应收账款入账。因此，这种折扣在会计上不作单独的账务处理，对应收账款的入账价值没有什么影响。

（二）现金折扣

现金折扣是为了鼓励客户在规定的期限内早日付款而给予客户的现金优惠。这种折扣的多少视客户付款时间的长短而不同，即付款越早，折扣越多，越迟付款，折扣越少，直至为0。在这种折扣方式下，销货方应在销售时与客户达成协议，明确对方在不同的付款期限内享受不同的折扣条件。现金折扣条件一般以

"折扣比例/付款时间"表示,如"2/10、1/20、n/30"表示 10 天之内付款,可享受应付金额的 2% 的折扣,20 天之内付款,可享受应付金额的 1% 的折扣,30 天之内付款,则不享受折扣优惠,按全额付款。

存在现金折扣的情况下,对应收账款入账金额的确认有两种方法:

(1)总价法。指将扣除折扣前的总金额作为"应收账款"的入账价值。现金折扣只有客户在折扣期内支付货款时,才予以确认。这种方法把给客户的现金折扣数作为理财支出,计入当期的财务费用。我国的会计实务通常采用此方法。

(2)净价法。指将扣除现金折扣后的金额作为实际售价,据以确认"应收账款"的入账价值。如果客户超过付款折扣期限丧失折扣而多付的金额,销售方视为提供信贷获得的收入,冲减财务费用。

三、应收账款的核算

为了反映应收账款的发生及收回情况,企业应设置"应收账款"账户,该账户属资产类账户,借方登记应收账款的增加数,贷方登记应收账款的减少数,余额一般在借方,表示期末企业尚未收回的货款。同时企业还应按客户名称设置明细账,进行明细核算。

企业销售商品、提供劳务时,应按实收金额,借记"应收账款"账户,贷记"主营业务收入"、"应交税金——应交增值税(销项税额)"等账户;收回应收账款时,借记"银行存款"账户,贷记"应收账款"账户。

【例 3-1】甲企业于 6 月 18 日销售给红光公司产品一批,货款 60000 元,增值税款 10200 元,产品已运达对方,货款尚未收到。根据发票等有关原始凭证，应编制如下会计分录：

　　借：应收账款——红光公司　　　　　　　70200

　　　　贷：主营业务收入　　　　　　　　　　60000

　　　　　　应交税金——应交增值税（销项税额）10200

　　若 7 月 6 日接到银行通知，上述款项已收妥入账。企业应根据银行结算凭证等收款通知，编制如下会计分录：

　　借：银行存款　　　　　　　　　　　　　70200

　　　　贷：应收账款——红光公司　　　　　　70200

　　如果应收账款改用商业汇票结算，在收到商业汇票时，应借记"应收票据"账户，贷记"应收账款"账户。

　　如果企业销售商品时有商业折扣时，则应收账款应按扣除商业折扣后的余额入账。

　　【例 3—2】某企业销售电机 10 台，每台标价 1 万元，增值税税率 17％，由于是批量销售，给对方 10％ 的商业折扣，双方签订合同，对方已提货，货款尚未收到。应编制如下会计分录：

　　借：应收账款　　　　　　　　　　　　105300

　　　　贷：主营业务收入　　　　　　　　　　90000

　　　　　　应交税金——应交增值税（销项税额）15300

　　如果企业销售商品时有现金折扣时，则应收账款应按"总价法"入账。

　　【例 3—3】某企业销售甲产品 70000 元，增值税款 11900 元，根据双方协商，规定的现金折扣率为"2/10，n/30"，各项手续已办妥，产品也已发出。应编制如下会计分录：

　　借：应收账款　　　　　　　　　　　　　81900

　　　　贷：主营业务收入　　　　　　　　　　70000

　　　　　　应交税金——应交增值税（销项税额）11900

　　若对方在 10 天内交付货款：

　　借：银行存款　　　　　　　　　　　　　80500

　　　　财务费用——现金折扣　　　　　　1400
　　　　贷：应收账款　　　　　　　　　　　　81900
　　若对方在11～30天内交付货款：
　　借：银行存款　　　　　　　　　　　81900
　　　　贷：应收账款　　　　　　　　　　　　81900

第二节　应收票据

　　应收票据是指企业采用商业汇票结算方式销售商品、提供劳务等而收到的尚未到期兑现的商业汇票。

一、应收票据概述

(一) 应收票据的类型和特点

　　商业汇票按不同的标准可以分为不同类型：按承兑人的不同，可以分为商业承兑汇票和银行承兑汇票两种；按票据是否计息，可以分为带息票据和不带息票据两种，带息票据是指票面上注明票面利率和付息日期，并计算到期利息的票据。不带息票据是指票面上未注明利率，到期只按票面金额结算票款的票据。

　　应收票据是商业信用的必然产物，它与应收账款相比具有如下特点：

　　(1) 它是以正式的债权凭证为依据，因而更具有法律上的约束力；

　　(2) 商业汇票的流通性较强，持票人可将持有的商业汇票贴现、背书转让或抵押，从而有利于企业的资金调度。

（二）应收票据的计价

应收票据的计价有按票面价值计价和按票面价值的现值计价的两种方法，考虑到我国商业票据的期限短，利息额相对不大的情况，为了简化核算，会计实务中，应收票据的计价采用按票面价值计价。但对带息的票据，应在期末计提利息，计提的利息应增加应收票据的账面余额。

（三）应收票据到期值的确定

不带息票据的到期值就是票据的面值。带息票据的到期值是面值加上利息，其计算公式是：

带息票据的到期值＝票据面值×（1＋票面利率×票据期限）

公式中的票面利率一般是指年利率，票据期限是指从出票日到计算利息截止日的间隔时间。票据期限有按月和按日表示两种。按月表示时，以到期月份的对日为到期日，如 6 月 3 日签发的期限为 3 个月的票据，其到期日为 9 月 3 日；按日表示时，应从出票日起按实际日历天数计算，一般出票日和到期日只算其中一天，即"算头不算尾"或"算尾不算头"，如 6 月 3 日签发的期限为 90 天的票据，其到期日为 9 月 1 日（6 月份 27 天，7 月份 31 天，8 月份 31 天，9 月份 1 天）。

特别应注意，在计算带息票据的利息时，若票据期限按月表示，则票面利率用年利率除以 12；若票据期限按日表示，则票面利率用年利率除以 360。

二、应收票据的核算

为了反映应收票据的取得、到期、贴现、转让等情况，企业应设置"应收票据"账户，该账户属资产类账户，借方登记企业收到应收票据的面值及计提的利息，贷方登记企业到期收回的票款或贴现、背书转让、拒付转销的应收票据的账面价值，期末余额在借方，表示企业持有的未到期的商业汇票的账面价值和已计提的利息。

（一）收到应收票据的核算

1. 不带息的应收票据

企业收到的商业汇票，应按其面值借记"应收票据"账户，同时根据不同的业务内容，贷记"主营业务收入"、"应交税金——应交增值税（销项税额）"、"应收账款"等账户，到期收回时，按实收金额，借记"银行存款"账户，贷记"应收票据"账户。

【例3—4】甲公司20××年6月3日向乙公司销售产品一批，贷款20000元，增值税3400元，收到乙公司签发的不带息的商业承兑汇票一张，期限3个月。应编制会计分录如下：

收到票据：

借：应收票据　　　　　　　　　　　23400

　　贷：主营业务收入　　　　　　　　　　20000

　　　　应交税金——应交增值税（销项税额）　3400

3个月后票据到期，甲公司接到银行收款通知：

借：银行存款　　　　　　　　　　　23400

　　贷：应收票据　　　　　　　　　　　　23400

【例3—5】甲公司收到丙公司开出面值10000元，期限3个月的商业承兑汇票一张，抵偿前欠贷款。应编制如下会计分录：

借：应收票据　　　　　　　　　　　10000

　　贷：应收账款　　　　　　　　　　　　10000

2. 带息的应收票据

收到带息的票据，其账务处理与不带息的票据基本相同，但企业应在期末计提应收票据利息，计提的利息增加应收票据的账面余额，同时冲减财务费用。

【例3—6】甲公司20××年10月1日向丙公司销售产品一

批，货款 300000 元，增值税为 51000 元，收到丙公司的带息的商业承兑汇票一张，期限 3 个月，年利率为 6%。应编制会计分录如下：

收到票据：

借：应收票据   351000
　　贷：主营业务收入   300000
　　　　应收税金——应交增值税（销项税额） 51000

期末计算票据利息，应收票据利息＝351000×6%×3/12＝5265（元）

借：应收票据   5265
　　贷：财务费用   5265

票据到期：

借：银行存款   356265
　　贷：应收票据   356265

（二）应收票据贴现的核算

1. 票据贴现所得的计算

企业收到商业汇票后，如果在票据到期前需要提前使用资金，可以持未到期的商业汇票向银行申请贴现。贴现是指企业将持有的未到期的票据经过背书转让给银行，银行从票据的到期值中扣除贴现日至到期日的利息（按银行的贴现率计算）后，将余额付给贴现企业的融资行为。

贴现中，贴现日至票据到期日的期间称为贴现期，它是指实际所经历的天数，一般"算头不算尾"，贴现中使用的利率称为贴现率，贴现银行扣除的利息称为贴现息，票据到期值与贴现息之差称为贴现所得。

票据贴现的计算公式如下：

贴现息＝票据到期值×贴现率×贴现期

贴现所得＝票据到期值－贴现息

【例3—7】甲公司20××年6月3日销售产品一批，收到客户签发的不带息的商业承兑汇票一张，票面金额200000元，限期3个月，7月10日因急需用款，向开户银行申请贴现，贴现率7.2%。要求计算贴现所得。

因本票据为不带息，因此其到期值就是票据面值。

贴现天数＝22＋31＋2＝55（天）

贴现息＝200000×7.2%×55/360＝2200（元）

贴现所得＝200000－2200＝197800（元）

2. 应收票据贴现的核算

企业持未到期的应收票据向银行申请贴现，应根据银行退回的贴现凭证第四联——收账通知单，按实际收到的金额，借记"银行存款"账户，按贴现息部分，借记"财务费用"账户，按应收票据的账面余额贷记"应收票据"账户。如果应收票据是带息票据，应按实际收到的金额，借记"银行存款"账户，按应收票据的账面余额，贷记"应收票据"账户，按实收金额和账面余额之间差额，借记或贷记"财务费用"账户。

若已贴现的商业承兑汇票到期时，因付款人无力支付票款，申请贴现的企业可以根据银行退回的应收票据支付通知和拒付款理由书或付款人未付票款通知书，向贴现银行偿付票款，并按所付本息借记"应收账款"账户，贷记"银行存款"账户，若申请贴现的企业银行存款账户余额不足，银行可作逾期贷款处理，贴现企业按转作贷款的本息，借记"应收账款"账户，贷记"短期借款"账户。

【例3—8】甲公司20××年4月10日将持有的商业承兑汇票向银行申请贴现，该票据的出票日是3月3日，面值100000元，票面利率为6%，期限为6个月，贴现率为7.2%。

票据的到期值＝100000×（1＋6%×1/2）＝103000（元）

贴现天数＝21＋31＋30＋31＋31＋2＝146（天）

贴现息＝103000×7.2％×146/360＝2963.8（元）

贴现所得＝103000－2963.8＝100036.2（元）

应编制会计分录如下：

企业申请贴现：

借：银行存款　　　　　　　　　　　　100036.2

　　贷：应收票据　　　　　　　　　　　　100000

　　　　财务费用　　　　　　　　　　　　　　36.2

若票据到期时，付款人无力偿还票款：

借：应收账款　　　　　　　　　　　　103000

　　贷：银行存款　　　　　　　　　　　　103000

若票据到期时，贴现企业银行存款不足：

借：应收账款　　　　　　　　　　　　103000

　　贷：短期借款　　　　　　　　　　　　103000

（三）应收票据背书转让的核算

企业将持有的未到期的应收票据背书转让，已取得所需物资或商品时，应按取得物资或商品成本的价值，借记"物资采购"或"原材料"、"库存商品"等账户，按专用发票上注明的增值税额，借记"应交税金——应交增值税（进项税额）"账户，按应收票据的账面余额，贷记"应收票据"账户，如有差额，借记或贷记"银行存款"等账户。如为带息的票据，还应按尚未计提的利息，贷记"财务费用"账户。如果用于抵消应付账款，借记"应付账款"账户，贷记"应收票据"账户。

三、应收票据的管理

为加强应收票据的管理，企业除进行应收票据的总分类核算外，还应设置"应收票据备查簿"，逐笔登记每一张应收票据的种类、号数、出票日期、票面金额及货币种类、交易合同号、付款人、承兑人、背书人的姓名或单位名称、到期日和利率、贴现日、贴现率、贴现所得、收款日期、收款金额等资料，应收票据到期收回票款后，应在备查簿中逐笔注销。通过设置备查簿的形式可以进一步完善应收票据的内部控制。应收票据备查簿的格式如表3－1所示。

表3－1 应收票据备查簿

年		票据种类	票据号数	摘要	出票日期	票面金额	交易合同	付款单位	承兑人	被背书人	到期日	利率	贴现日	贴现率	贴现净额	收款日期	收回金额	备注
月	日																	

第三节 坏账的核算

由于企业外部环境的复杂，由赊销业务所产生的应收账款往往不能全部按时收回，对于那些无法收回或收回可能性极小的应收账款，在会计上称为坏账。由于发生坏账而产生的损失称为坏账损失。

一、坏账损失的确认

根据我国现行制度的规定，坏账损失的确认应符合下列条件之一：

（1）债务人破产或被撤销，依照民事诉讼法进行清偿后仍然无法收回的应收账款；

（2）债务人死亡，以其遗产清偿后，仍然无法收回的应收账款；

（3）债务人逾期未能履行偿债义务超过三年，并有足够的证据表明无法收回或收回可能性极小的应收账款。

二、坏账损失的核算方法

坏账损失的核算方法有两种，一是直接转销法，二是备抵法。目前，《企业会计制度》规定，企业坏账损失的核算只能采用备抵法。

（一）直接转销法

直接转销法是在日常核算中对应收账款可能发生的坏账损失不予考虑，只有在实际发生时才作为损失计入当期损益，同时冲销应收账款。

发生坏账损失时，将确认为坏账损失的应收账款，直接借记"管理费用"账户，贷记"应收账款"账户。已作为坏账损失转销的应收账款重又收回时，先作冲回的分录，借记"应收账款"账户，贷记"管理费用"账户；再按实收金额，借记"银行存款"账户，贷记"应收账款"账户。

直接转销法的优点是账务处理简便；缺点是忽视了坏账损失与赊销业务的联系，将发生的坏账损失一次性计入当期损益，不符合权责发生制和收入与费用配比的原则。因此，《企业会计制度》规定，企业坏账损失的核算只能采用备抵法。

（二）备抵法

备抵法是在发生坏账损失前，采用一定的方法按期估计坏账损失，计入当期管理费用，形成坏账准备，待坏账实际发生时，按其金额冲销已计提的坏账准备，并相应转销应收账款的方法。在这种方法下，企业应设置"坏账准备"账户，用来核算企业按规定提取的坏账准备及冲销情况。该账户是"应收账款"的备抵调整账户，其贷方登记企业按规定计提的坏账准备金额，借方登记实际发生的坏账损失金额与冲减多提的坏账准备金额，期末余额一般在贷方，表示期末已计提坏账准备的结余金额。

备抵法核算坏账损失的要点和方法如下：

1. 计提坏账准备的计算公式

当期应提取的坏账准备＝当期按应收账款计算的应提坏账准备金额－"坏账准备"账户的贷方余额

2. 计提坏账准备的账务处理

（1）企业计提坏账准备时，借记"管理费用——计提的坏账准备"账户，贷记"坏账准备"账户；实际发生坏账时，按确认的坏账损失金额，借记"坏账准备"账户，贷记"应收账款"、"其他应收款"等账户。

（2）已经确认并转销的坏账损失，以后又收回时，先恢复债权并冲回已转销的坏账准备，借记"应收账款"、"其他应收款"等账户，贷记"坏账准备"账户；同时应按收回的金额，借记"银行存款"账户，贷记"应收账款"、"其他应收款"等账户。

（3）如果期末按应收账款计算应提取的坏账准备金额大于其贷方余额的，应按其差额提取坏账准备，借记"管理费用——计提的坏账准备"账户，贷记"坏账准备"账户；如果期末按应收账款计算应提取的坏账准备金额小于其贷方余额的，应按其差额冲减已计提的坏账准备，借记"坏账准备"账户，贷记"管理费用——计提的坏账准备"科目账户。如果期末"坏账准备"账户为借方余额，应将按应收账款计算应提取的坏账准备金额加上"坏账准备"账户借方余额计提，借记"管理费用——计提的坏账准备"账户，贷记"坏账准备"账户。

3. 坏账损失的估计方法

采用备抵法核算坏账损失时，要按期估计坏账损失。在会计实务中，估计坏账损失的方法主要有：应收账款余额百分比法、账龄分析法和赊销百分比法。

（1）应收账款余额百分比法。应收账款余额百分比法是按照会计期末应收账款的余额乘以估计坏账率计算当期应估计的坏账损失，计提坏账准备的方法。估计坏账率可以根据以往的数据资料加以确定，也可根据规定的百分比计算。根据《企业会计制度》的规定，提取比例目前一般应掌握在 3‰～5‰。

【例 3—9】某企业 20×1 年年末开始计提坏账准备，"应收账款"的期末余额为 1000000 元，提取坏账准备比例为 5‰；20×2 年发生了坏账损失 6000 元，年末"应收账款"余额为 1400000 元；20×3 年，上年已转销的应收账款 6000 元又收回，期末"应收账款"余额为 1500000 元。应编制会计分录如下：

20×1 年年末提取坏账准备：

应计提的坏账准备金额＝1000000×5‰＝5000（元）

借：管理费用——计提的坏账准备　　　　　5000

　　贷：坏账准备　　　　　　　　　　　　　　5000

20×2 年发生坏账：

借：坏账准备　　　　　　　　　　　　　　6000

　　贷：应收账款　　　　　　　　　　　　　　6000

20×2 年年末按应收账款的余额计算提取坏账准备：

应计提的坏账准备金额＝1400000×5‰＝7000（元）

期末提取坏账准备前，"坏账准备"账户有借方余额 1000 元，所以应按提取的坏账准备金额加上"坏账准备"账户借方余额计提，应提取 8000 元。

借：管理费用——计提的坏账准备　　　　　8000
　　贷：坏账准备　　　　　　　　　　　　　　　8000

20×3 年，上年已转销的应收账款 6000 元又收回入账：

借：应收账款　　　　　　　　　　　　　　6000
　　贷：坏账准备　　　　　　　　　　　　　　　6000

同时：

借：银行存款　　　　　　　　　　　　　　6000
　　贷：应收账款　　　　　　　　　　　　　　　6000

20×3 年年末按应收账款的余额计算提取坏账准备：

应计提的坏账准备余额＝1500000×5‰＝7500（元）

期末提取坏账准备前，"坏账准备"账户已有贷方余额 13000 元，超过了应提坏账准备的金额，所以应冲销多计提的坏账准备 5500 元。

借：坏账准备　　　　　　　　　　　　　　5500
　　贷：管理费用——计提的坏账准备　　　　　　5500

（2）账龄分析法。账龄分析法是根据应收账款账龄的长短来估算坏账损失的方法。所谓账龄，就是客户所欠账款的长短。一般情况下，应收账款的账龄越长，发生坏账损失的可能性就越大。账龄分析法就是将账款按拖欠时间长短划分为若干组，并为各个组的应收账款金额估计一个坏账损失百分比，各个组的坏账损失额之和即为本期估计的坏账损失。整个估计计算过程是通过编制"应收账款账龄分析表"和"坏账损失估计表"来进行的。

【例 3—10】甲企业 20×2 年 12 月 31 日应收账款账龄分析和坏账损失估计情况如表 3—2 所示。

表3-2 应收账款账龄分析和坏账损失估计表

应收账款账龄	应收账款金额	坏账百分比	估计坏账损失额
1~30 天	60000	1%	600
31~60 天	50000	2%	1000
61~90 天	30000	3%	900
91~120 天	20000	5%	1000
120 天以上	10000	10%	1000
合　计	170000		4500

根据表3-2估计的坏账损失额，应编制会计分录如下：

借：管理费用——计提的坏账准备　　　　4500

　　贷：坏账准备　　　　　　　　　　　　　　4500

（3）赊销百分比法。赊销百分比法是根据当期赊销金额的一定百分比估计坏账损失的方法。企业可以以过去的经验和有关资料，估计坏账损失与赊销金额之间的比率，也可以用其他更为合理的方法进行估计。

【例3-11】某企业20×2年根据过去4年的经验，估计坏账损失约占赊销金额的2%，20×2年赊销金额为800000元，则本期应计提坏账损失数为：

估计坏账损失=800000×2%=16000（元）

根据计算结果，应编制会计分录如下：

借：管理费用——计提的坏账准备　　　　16000

　　贷：坏账准备　　　　　　　　　　　　　　16000

4. 备抵法的优点

备抵法弥补了直接转销法的不足，符合谨慎性原则和配比性原则，具有以下优点：

（1）预计不能收回的应收账款作为坏账损失并计入当期损益，避免企业虚增利润；

（2）在会计报表上列示应收账款净额，能使报表使用者了解企业真实的财务状况；

（3）使应收账款实际占用资金接近实际，消除了虚列的应收账款，有利于加快企业资金周转，提高企业的经济效益。

计提坏账准备的方法由企业自行确定。企业应当列出目录，具体注明计提坏账准备的范围、提取方法、账龄的划分和提取比例，经股东大会或董事会、或厂长（经理）会议或类似机构批准，并且按照法律、法规的规定报有关各方备案。坏账准备提取方法一经确定不得随意变更，如须变更仍然应按上述程序，经批准报送有关各方备案，并在会计报表附注中予以说明。

第四节 预付账款与其他应收款

一、预付账款的核算

预付账款是企业按照购货合同或劳务合同的规定预付给供应单位或提供劳务单位的款项。如预付商品或材料的采购款等。

为了反映预付账款的支付和结算情况，企业应设置"预付账款"账户，核算企业按购货合同规定预付给供应单位的款项。该账户属资产类账户，借方登记企业预付或补付给供应单位的货款，贷方登记收到预购的材料或商品时结转的预付款项，期末余额一般在借方，反映企业实际预付的但尚未结算的款项，若是贷方余额，则反映企业尚未补付的款项，属于负债性质。本账户应按预收款单位（供货单位）设置明细账进行明细核算。

企业购货或接受劳务，按合同规定预付款项时，根据预付金额，借记"预付账款"账户，贷记"银行存款"账户。企业收到所购货物，按发票账单等列明应计入购入货物成本的金额，借记"物资采购"、"原材料"、"库存商品"等账户，按专用发票上注明的增值税额，借记"应交税金——应交增值税（进项税额）"账户，按应付金额，贷记"预付账款"账户；补付货款时，按补付金额，借记"预付账款"账户，贷记"银行存款"账户；退回多付款项时，按退回金额，借记"银行存款"账户，贷记"预付账款"账户。

【例3-12】A公司向B公司购进材料一批，货款200000元，该材料增值税税率为17%，企业按规定先预付货款的60%，其余部分待收货后再付，企业已通过银行汇付货款120000元。

根据有关凭证，应编制会计分录如下：

预付货款：

借：预付账款——B公司　　　　　　　　120000
　　贷：银行存款　　　　　　　　　　　　120000

外购材料验收入库：

借：原材料——××材料　　　　　　　　200000
　　应交税金——应交增值税（进项税额）　34000
　　　　贷：预付账款——B公司　　　　　　234000

补付货款：

借：预付账款——B公司　　　　　　　　114000
　　贷：银行存款　　　　　　　　　　　　114000

如果企业预付账款业务不多，为了简化核算，可以不设"预付账款"账户，企业按规定预付、补付供应单位的款项，在"应付账款"账户中核算。其具体核算方法是：企业因购货或接受劳务按合同规定预付款项时，借记"应付账款"账户，贷记"银行存款"账户；企业收到所购货物，根据发票账单等列明应计入购入货物成本的金额，借记"物资采购"、"原材料"、"库存商品"

等账户，按专用发票上注明的增值税额，借记"应交税金——应交增值税（进项税额）"账户，按应付金额，贷记"应付账款"账户；补付款时，按补付金额，借记"应付账款"账户，贷记"银行存款"账户；退回多付的款项时，按退回金额，借记"银行存款"账户，贷记"应付账款"账户。

二、其他应收款

其他应收款是指企业除应收账款、应收票据、预付账款之外的其他各种应收、暂付给其他单位和个人的款项，包括应收的各种赔款、罚款、存出保证金、利息以及应向职工收取的各种垫付款项。

为了反映和监督其他应收款的发生和收回情况，企业应设置"其他应收款"账户。该账户属资产类账户，借方登记企业各种应收、暂付款项的发生数，贷方登记各种应收、暂付款项的收回数，期末余额在借方，表示尚未收回或报销的应收款项和暂付款项。该账户应按其他应收款的项目分类，并按不同的债务人设置明细账，进行明细核算。

【例3-13】某企业租入一台机器，预付押金8000元，以银行存款方式支付。根据有关凭证，应编制会计分录如下：

支付款项：

借：其他应收款　　　　　　　　　　　8000
　　贷：银行存款　　　　　　　　　　　　8000

收回押金：

借：银行存款　　　　　　　　　　　　8000
　　贷：其他应收款　　　　　　　　　　　8000

对于企业内部有关单位和个人暂借的备用金（是企业财会部门按规定预借给内部各职能科室、车间、部门或职工个人用作零星开支、差旅费用的款项。）的核算，应看其是否实行定额管理制度。

（一）定额备用金

它是根据各备用金使用单位业务需要和用途，核定其限额，规定其报销期限，由财务部门按定额一次拨给的备用金。拨付备用金时，应借记"其他应收款——备用金"账户，贷记"现金"或"银行存款"；实际报销时，财会部门根据报销费用金额，用现金或银行存款补足其定额。

【例3—14】 某企业财务部门根据核算的定额，拨付给行政部门定额备用金2000元，15天后，行政部门报销办公用品1600元，出纳以现金支付。根据有关凭证，应编制会计分录如下：

拨付定额备用金：

借：其他应收款——备用金	2000
贷：现金	2000

报销费用：

借：管理费用	1600
贷：现金	1600

（二）非定额备用金

它是指用款部门不按固定金额持有备用金，而是随支随领、实报实销。

【例3—15】 某企业职工王红出差预借差旅费5000元，财务部门以现金支付；王红出差回来报销差旅费4500元，多余款项500元退回。根据有关凭证，应编制会计分录如下：

领取备用金：

借：其他应收款——王红	5000
贷：现金	5000

报销差旅费，退回现金：

借：管理费用	4500

现金　　　　　　　　　　　　　　　500

　　贷：其他应收款——王红　　　　　　　　　5000

思考题：

1. 什么是应收账款、应收票据、预付账款、其他应收款？

2. 什么是商业折扣和现金折扣？

3. 应收账款如何计价？

4. 什么是票据贴现？怎样进行票据贴现的计算和核算？

5. 如何确认坏账损失？估计坏账损失的方法有哪些？

6. 什么是备抵法？其优点是什么？

练习题：

1. 应收票据的核算

资料：A公司于20××年4月10日收到B公司当日签发的带息商业承兑汇票一张，用以偿还前欠货款。该票据面值100000元，期限90天，年利率6%。20××年5月5日，A公司因急需资金，将该商业汇票向银行贴现，年贴现率9%，贴现款已存入银行。

要求：（1）计算A公司该项应收票据的贴现期、到期值、贴现利息和贴现净额。

（2）编制A公司收到以及贴现该项应收票据的会计分录。

（3）如果该项票据到期，B公司并未付款。编制A公司此时的会计分录。

2. 坏账的核算

资料：C公司采用"应收账款余额百分比法"核算坏账，计提坏账比率为5‰，20×2年年末"应收账款"账户余额为1000万元，"坏账准备"账户贷方余额为1000元；20×3年5月10日转销坏账25000元，年末"应收账款"账户余额为940万元；20×4年又发生坏账18000元，并收回上年已转销的部分坏账15000元，已存入银行，年末"应收账款"账户余额为960万元。

要求：根据以上经济业务，编制会计分录。

第四章 存　货

【学习目的与要求】存货包括原材料、燃料、包装物、低值易耗品、在产品、自制半成品、委托加工物资和库存商品等。通过本章学习，要求理解存货的确认、分类、计价、盘存制度及核算要求，掌握存货按计划成本核算和按实际成本核算的方法。本章学习的难点是存货按计划成本计价的核算。

第一节　存货概述

一、存货的概念

存货是指企业在日常活动中持有以备出售的产成品或商品、处在生产过程中的在产品、在生产过程或提供劳务过程中耗用的材料或物料等，包括各类材料、包装物、低值易耗品、在产品、自制半成品、委托加工物资和库存商品等。

（一）原材料

原材料是指企业为生产产品以备耗用的存货。原材料按其经济内容可以分为：①原料及主要材料；②辅助材料；③燃料；④修理用备件；⑤包装材料；⑥外购半成品（外购件）六大类。

原材料按其存放地点不同，可以分为：①在途材料；②库存材料；③委托加工材料。

（二）包装物

包装物是指企业储备的用于包装商品、产品的各种容器（如桶、瓶、箱、罐、坛、袋等），但不包括用于储存材料的各种容器。包装物按其具体用途不同可以分为：①生产经营过程中，用于包装产品作为产品组成部分的包装物；②随同产品出售而不单独计价的包装物；③随同产品出售而单独计价的包装物；④出租或出借给购货单位的包装物。

下列各项不属于包装物的核算范围：①各种包装材料，如纸、绳、铁丝、铁皮等，这类一次性使用的包装材料，应作为原材料进行核算；②用于储存和保管的商品、材料而不对外出售的包装物，这类包装物应按其价值的大小和使用年限的长短，分别作为固定资产或低值易耗品进行核算；③单独列作企业商品产品的自制包装物，这类包装物应作为库存商品进行核算。

（三）低值易耗品

低值易耗品是指企业生产经营过程中使用的达不到固定资产标准的那部分劳动资料，如各种工具、模具、办公用品等。为了核算和管理的方便，企业应将低值易耗品按一定的标准进行分类。

（四）委托加工物资

委托加工物资是指企业委托其他单位进行加工的物资。委托加工物资经过加工，其实物形态、性能发生变化，使用价值也随之发生变化，且在其加工过程中要消耗原材料，还要发生各种费用支出等，从而使价值相应增加。委托加工物资的所有权仍在委托企业，因而应作为委托企业的存货进行核算。

二、存货的确认

存货同时满足下列条件的，才能予以确认：

（1）该存货包含的经济利益很可能流入企业。

（2）该存货的成本能够可靠计量。

存货的确认，通常是以企业对存货是否拥有所有权（或法定产权）为判定标准。凡是在盘存日期，所有权属于企业的物品，无论其是否已经收到或持有，也不论其存放于何处，都应确认为企业的存货；反之，凡是在盘存日期，所有权不属于企业的物品，即使其存放于企业仓库，也不能确认为企业的存货。特别需要说明的是：

（1）关于代销商品的归属。代销商品在售出之前，所有权属于委托方，受托方应对其受托代销商品在资产负债表的存货中反映，同时，与受托代销商品对应的代销商品款作为一项负债反映。

（2）关于在途商品等项目的处理。销货方按销售合同、协议规定已经确认销售（如已经收到货款等），而尚未发运给购货方的商品，应作为购货方的存货而不再作为销货方的存货；购货方已经收到商品，但尚未收到销货方结算发票等的商品，购货方作为存货处理。购货方已经确认为购进（如已付款等），而尚未到达入库的在途商品，购货方应将其作为存货处理。

（3）关于购货约定问题。对于约定购货，而未购入的商品（材料），由于并没有实际发生购货行为，因此，不作为企业的存货，也不确认有关的负债和费用。

三、存货的盘存制度

存货盘存制度是指企业确定存货数量的方式，具体有实地盘存制和永续盘存制两种。

（一）实地盘存制

实地盘存制也叫"以存计耗制"或"盘存计耗制"。每一个会计期结束时，根据通过实地盘点取得的各种存货数量，乘以一定的单价，计算出期末存货的总金额，据以记入存货账，同时，倒挤推算出本期发出存货的成本。平时只登记收入存货的数量和金额，日常销货或存货发出不做会计处理，期末通过实地盘点，用"期初存货＋本期进货－期末存货"，计算出发出存货的成本。

实地盘存制的优点是简化存货的日常核算工作。其主要缺点，一是不能随时反映存货收入、发出和结存的状况，不便于管理人员掌握情况；二是容易掩盖存货管理中存在的自然和人为的损失，非正常销售或耗用差错，甚至于偷盗等原因所引起的短缺，全部记入耗用或销货成本之内，削弱了企业对存货的控制；三是不能随时结转耗用或销货成本，只能到期末盘点时结转，这也加大了期末的工作量。因此，定期盘存制的实用性较差，仅适用于那些自然消耗大、数量不稳定的鲜活商品等。

（二）永续盘存制

永续盘存制也称账面盘存制。在永续盘存制下，平时在存货账簿中既记录存货的增加，又随时记录存货的减少，通过账面记录计算出期末结存存货的成本，并与存货实地盘点数相核对的一种制度。

永续盘存制的优点是，由于平时对存货的收入、发出、结存的计量都进行了详细的记录，因而可以随时反映各种存货的收入、发出、结存情况。当存货发生溢余和短缺时，可以及时查明原因并予以纠正，同时还便于加强对存货的管理，降低库存，减少储备资金占用，加速流动资金周转。因此，在实际工作中，普遍采用永续盘存制。但其也有缺点，即存货明细记录的工作量较大，存货品种规格繁多的企业更是如此。

四、存货的计价

企业各种存货的增加和减少，需要随时在账簿中予以记录，因此，企业必须采用合理的方法对存货进行计价，以便正确地确定收入、发出存货的入账金额。存货的计价方法有实际成本法和计划成本法两种。

（一）实际成本法

按实际成本法对存货进行计价，包括存货取得的计价和存货发出的计价。

1. 存货取得的计价

《企业会计准则》规定，存货应当按照成本进行初始计量。存货成本包括采购成本、加工成本和其他成本。

（1）采购成本。存货的采购成本，包括购买价款、相关税费、运输费、装卸费、保险费以及其他可归属于存货采购成本的费用。

（2）加工成本。存货的加工成本，包括直接人工以及按照一定方法分配的制造费用。制造费用，是指企业为生产产品和提供劳务而发生的各项间接费用。企业应当根据制造费用的性质，合理地选择制造费用分配方法。在同一生产过程中，同时生产两种或两种以上产品，并且每种产品的加工成本不能直接区分的，其加工成本应当按照合理的方法在各种产品之间进行分配。

（3）其他成本。存货的其他成本，是指采购成本、加工成本以外的，使存货达到目前场所和状态所发生的其他支出。

另外，投资者投入存货的资本，应当按照投资合同或协议约定的价值确定，但合同或协议约定价值不公允的除外；以非货币性交换换入的存货在满足以下两个条件时，应当以公允价值和应支付的相关税费作为换入存货的成本，否则按换出资产的账面价值计量。两个条件为：一是交换是否具有商业性质；二是换入或换出资产的公允价值能够可靠地计量。

2. 存货发出的计价

由于企业存货取得的途径复杂，存货购进的渠道和批次不同，使得同一种存货在账面上存在若干个实际单位成本。因此当发出存货时，就必须选择合理的计价方法，正确计算发出存货的实际成本。在实际成本法下，发出存货的计价方法有先进先出法、加权平均法和个别计价法。

（1）先进先出法。先进先出法是假定先收到的存货先发出或先耗用，并根据这种假定的存货流转次序对发出存货和期末存货进行计价。其要点是：收到存货时，逐笔登记每批入库存货数量、单价和金额；发出存货时，按存货入库的先后顺序，采用先进先出的原则计价，并逐笔登记发出存货和结存存货的金额。采用这一计价方法能使结存存货的价格接近于市场价格的变动，但存货计价工作量较繁重，在物价持续上涨时，会造成高估存货成本，低估成本费用和高估利润，不符合谨慎性的会计原则。经营活动受存货形态影响较大或存货容易腐败变质的企业，一般采用先进先出法。

【例4—1】企业2005年9月A材料明细账如表4—1所示，采用先进先出法计算当月发出材料的成本和月末结存材料的成本。

表4-1　A材料明细账　　　计量单位：千克、元

2005年		凭证	摘　要	收　入			发　出			结　存		
月	日			数量	单价	金额	数量	单价	金额	数量	单价	金额
9	1		期初结存							100	9.40	940
9	10	略	购入	300	9.50	2850				100	9.40	
										300	9.50	3790
9	15		领用340				100	9.40	940			
							240	9.50	2280	60	9.50	570
9	20		购入	100	9.70	970				60	9.50	
										100	9.70	1540
9	25		领用80				60	9.50	570			
							20	9.70	194	80	9.70	776
9	30		合计	400		3820	420		3984	80	9.70	776

（2）加权平均法。加权平均法也称综合加权平均法，它是指以期初存货数量和本期收入存货数量为权数，于月末综合计算存货平均单价，据以计算当月发出存货和月末结存存货实际成本的方法。其要点是：平时收到存货时，按存货的数量、单价和金额进行顺序登记，对于本期发出的存货，平时只登记发出的数量，不登记发出的单价和金额，结存栏也只登记数量，月末按平均单价计算发出和结存存货的金额。其计算公式如下：

加权平均单价＝（月初结存存货成本＋本月收进存货成本）÷（月初结存存货数量＋本月收进存货数量）

期末结存存货的成本＝结存存货的数量×加权平均单价

发出存货的实际成本＝发出存货的数量×加权平均单价

或＝期初结存存货成本＋本月收进存货成本－期末结存存货成本

【例4-2】仍以上述A材料为例，说明加权平均法的应用。

如表 4－2 所示。

　　加权平均单价＝（940＋3820）÷（100＋400）＝9.52（元）

　　期末结存存货成本＝80×9.52＝761.6（元）

　　发出存货成本＝420×9.52＝3998.4（元）

表 4－2　A 材料明细账　　　　　计量单位：千克、元

2005 年		凭证	摘要	收　入			发　出			结　存		
月	日			数量	单价	金额	数量	单价	金额	数量	单价	金额
9	1		期初结存							100	9.40	940
9	10	略	购入	300	9.50	2850				400		
9	15		领用 340				340			60		
9	20		购入	100	9.70	970				160		
9	25		领用 80				80			80		
9	30		合计	400		3820	420	9.52	3998.4	80	9.52	761.6

　　采用这一计价方法，月末一次计算发出存货的单价，手续简便，便于操作。但核算工作集中于期末进行，影响了核算的及时性，平时无法及时了解存货发出和结存金额，给存货的日常管理带来不便。

　　采用移动加权平均法，要求日常对存货的每一笔收发都要在存货明细账上进行永续记录，方可计算各次移动平均单价，克服了月终一次计算平均单价工作量集中的缺点，将发出存货的计价工作分散到平时进行，但每收到一次存货就得重新计算一次单价，在进货批次较多的企业，计算移动平均单价的工作量相当繁重。

　　（3）个别计价法。个别计价法是以每次（批）存货收入的实际单价作为该批存货发出的单价，计算发出存货成本的一种计价

方法。其计算公式如下：

每次（批）存货发出成本＝该次（批）存货发出数量×该次（批）存货的单位成本

其要点是：必须对各批存货实物存放做出标记，以便具体辨认，同时还要按批次设置存货明细账，在存货明细账上必须按收进存货的批次详细记录数量、单价和金额，每批存货应有编号，存货发出时应严格按不同批次、不同单价进行记录。采用个别计价法，能够真实反映各批存货实际成本，但在存货收发频繁，不能分别保管时，不易分清收发批次，其发出成本的分辨工作量较大。这种计价方法适用于体积大或成本较高、数量较少的存货。

【例4—3】仍以上述 A 材料为例，说明个别计价法的应用。

经具体辨认，9 月 15 日领用的 340 千克的材料中，有 100千克为期初结存，240 千克为 10 日购入的材料；25 日领用的 80千克材料为 20 日购入的材料，则

本月发出存货成本＝$100×9.4＋240×9.5＋80×9.7＝3996$（元）

本月结存存货成本＝$60×9.5＋20×9.7＝764$（元）

上述几种计价方法，属于企业按实际成本计价时存货发出的计价方法，企业可以根据自己的具体情况选用。但是，计价方法一经确定，不得随意变更。

存货计价方法的不同，对企业财务状况、盈亏情况会产生不同的影响，主要表现在以下几个方面：

（1）存货计价对企业损益的计算有直接影响。①期末存货如果计价过低，当期的收益可能因此而相应减少；②期末存货计价如果过高，当期的收益可能因此而相应增加；③期初存货计价如果过低，当期的收益可能因此而相应增加；④期初存货计价如果过高，当期的收益可能因此而相应减少。

（2）存货计价对于资产负债表有关项目计算有直接影响，包

括流动资产总额、股东权益等项目，都会因存货计价的不同而有不同的数额。

（3）存货计价方法的选择对缴纳所得税的数额有一定的影响。因为不同的计价方法，对结转当期营业成本的数额会有所不同，从而影响企业当期应纳税利润数额的确定。各企业应根据自身的特点和需要，选择一种方法，一经确定不得随意变更。

（二）计划成本法

计划成本法是企业预先确定各种存货的计划单价，存货收、发均按计划成本计价，同时将计划成本与实际成本之间的差异单独计算反映，月末计算发出存货和结存存货应分摊的成本差异，再将发出存货和结存存货的计划成本调整为实际成本。

存货按计划成本核算，要求存货的总分类核算和明细分类核算均按计划成本计价。计划成本法一般适用于存货品种繁多、收发频繁的大中型企业。自制半成品、产成品品种繁多的，或在管理上需要分别核算其计划成本和成本差异的，也可采用计划成本核算。

采用计划成本法进行日常核算的企业，其基本方法如下：第一，企业应先制定各种存货目录，规定存货的分类、各种存货的名称、规格、编号、计量单位和计划单位成本。计划单位成本在年度内一般不做调整。第二，平时收到存货时，应按实际成本与计划成本的差额，作为"材料成本差异"分类登记。第三，平时领用、发出的存货，都按计划成本计算，月份终了，再按本月发出存货应负担的成本差异进行分摊，随同本月发出存货的计划成本记入有关账户，将发出存货的计划成本调整为实际成本。发出存货应负担的成本差异，必须按月分摊，不得在季末一次计算。

1. 取得存货成本的确定

取得存货的计划成本 = 取得存货的数量 × 存货的计划单价

取得存货的成本差异 = 取得存货的实际成本 - 取得存货的计

划成本

取得存货的实际成本的确定方法同实际成本法。

2. 发出存货成本的确定

发出存货的计划成本＝发出存货的数量×存货的计划单价

发出存货应负担的成本差异＝发出存货的计划成本×存货成本差异率

存货成本差异率＝（月初结存存货的成本差异＋本月收入存货的成本差异）÷（月初结存存货的计划成本＋本月收入存货的计划成本）×100％

公式中，存货的超支差异用正数，节约差异用负数。

发出存货的实际成本＝发出存货的计划成本±发出存货应分摊的成本差异

结存存货的实际成本＝结存存货的计划成本±结存存货应分摊的成本差异

【例4-4】企业月初结存存货计划成本60000元，材料成本差异（贷方）1320元，本月购入存货实际成本96000元，计划成本为100000元；本月自制完工入库存货实际成本43000元，计划成本40000元，上述存货均已验收入库，本月发出各种存货计划成本150000元，计算本月存货成本差异率和发出存货、期末存货的实际成本。

存货成本差异率＝（－1320－4000＋3000）÷（60000＋100000＋40000）×100％

＝－1.16％

本月发出存货应负担的成本差异＝150000×（－1.16％）

＝－1740（元）

本月发出存货的实际成本＝150000－1740＝148260（元）

期末结存存货应负担的成本差异额＝50000×（－1.16％）

＝－580（元）

期末结存存货实际成本＝50000－580＝49420（元）

采用计划成本法进行存货的日常核算，其主要优点是：(1) 简化会计工作。在计划成本法下，存货明细账可以只记收入、发出和结存的数量，通过"材料成本差异"账户计算和调整发出和结存存货的实际成本，简便易行。(2) 有利于考核采购部门的业绩，促使其降低采购成本，节约支出。因此，计划成本法是工业企业中广泛采用的一种存货计价方法。

第二节　存货按实际成本计价的核算

一、材料收发的核算

材料属于劳动对象，是企业尤其是工业企业生产经营活动中的必不可少的物质要素。在生产过程中，材料被消耗掉或改变其原有的实物形态，价值也一次性地全部转移到产品成本中去，构成产品价值的重要组成部分。材料在企业存货中往往占有很大的比重，它是存货核算的重要内容。企业对材料的日常核算，可以采用实际成本法和计划成本法，其具体核算方法存在很大的差异。实际成本法一般适用于企业规模较小、存货品种简单、采购业务不多的单位。材料按实际成本计价方法进行日常收发核算的特点是：从材料的收发凭证到明细分类账和总分类账，全部按实际成本计价。

（一）原材料收入核算

在实际成本法下，取得原材料通过"原材料"和"在途物资"账户核算。

"原材料"账户，反映和监督各种原材料的收入、发出和结存情况的实际成本，借方登记外购、自制、委托加工完成、盘盈、接受投资和捐赠等途径取得原材料的实际成本，贷方登记发出、领用、对外销售、盘亏、毁损及对外投资和捐赠原材料的实际成本，期末余额在借方，反映库存原材料的实际成本。该账户应按照原材料的类别、品种和规格设置材料明细账。

"在途物资"账户，反映和监督企业购入尚未到达或尚未验收入库的各种物资的实际成本，借方余额，反映企业已付款或已开出、承兑商业汇票但尚未到达或尚未验收入库的在途物资的实际成本。

1. 购入原材料的核算

企业外购材料时，因结算方式、采购地点不同，材料入库和货款的支付在时间上不一定完全同步，其账务处理也有一定的区别。

（1）对于发票账单与材料同时到达的采购业务，企业在支付货款或开出、承兑商业汇票，材料验收入库后，应根据发票账单等结算凭证确定的材料成本，借记"原材料"账户，根据取得的增值税专用发票上注明的税额，借记"应交税金——应交增值税（进项税额）"账户，按实际支付的款项或应付票据面值，贷记"银行存款"或"应付票据"账户。

（2）对于已经付款或已开出、承兑商业汇票，但材料尚未到达或尚未验收入库的采购业务，应根据发票账单等结算凭证，借记"在途物资"、"应交税金——应交增值税（进项税额）"账户，贷记"银行存款"或"应付票据"等账户，待材料到达、验收入库后，再根据收料单，借记"原材料"账户，贷记"在途物资"账户。

（3）对于材料已到达并已验收入库，但发票账单等结算凭证未到，货款尚未支付的采购业务，应于月末，按材料的暂估价，借记"原材料"账户，贷记"应付账款——暂估应付账款"账户，下月初用红字作同样的记账凭证予以冲回，以便下月付款或开出、承兑商业汇票后，按正常程序，借记"原材料"账户、"应交税金——应交增值税（进项税额）"账户，贷记"银行存款"或"应付账款"等账户。

【例 4－5】企业从甲单位购入 A 材料一批，增值税专用发票上注明价款为 36000 元，增值税额为 6120 元，发票及有关结算凭证已收到，货款以银行存款支付，材料已到并验收入库。企业根据有关凭证，应编制会计分录如下：

    借：原材料——A 材料　　　　　　　　　　36000
    借：应交税金——应交增值税（进项税额）　6120
       贷：银行存款　　　　　　　　　　　　　　42120

若上例中，发票及结算凭证已收到，货款已付，但材料未到。企业支付有关款项时，应编制会计分录如下：

    借：在途物资——甲单位　　　　　　　　　36000
    借：应交税金——应交增值税（进项税额）　6120
       贷：银行存款　　　　　　　　　　　　　　42120

材料验收入库时，应编制如下会计分录：

    借：原材料——A 材料　　　　　　　　　　36000
       贷：在途物资——甲单位　　　　　　　　　36000

若上例中，材料已验收入库，但发票及结算凭证尚未收到，货款尚未支付。月末，企业应按暂估价入账，假设暂估价为 43000 元，应编制如下会计分录：

    借：原材料——暂估入账户　　　　　　　　43000
       贷：应付账款——暂估应付款　　　　　　　43000

下月初，用红字将原分录冲回：

    借：原材料——暂估入账户　　　　　　　　43000
       贷：应付账款——暂估应付账款　　　　　　43000

企业收到有关结算凭证和发票账单时，应编制如下会计分录：

借：原材料　　　　　　　　　　　　　36000
借：应交税金——应交增值税（进项税额）　6120
　　贷：银行存款　　　　　　　　　　　　42120

2. 自制、投资者投入、接受捐赠原材料的核算

企业自制并已验收入库的原材料，应按其实际成本，借记"原材料"账户，贷记"生产成本"账户。

投资者投入的原材料，按投资各方确认的价值，借记"原材料"账户，按专用发票上注明的增值税额，借记"应交税金——应交增值税（进项税额）"账户，按价税合计数，贷记"实收资本"（或"股本"）账户。

企业接受捐赠的原材料，按确定的实际成本，借记"原材料"账户，按确定的实际成本与现行税率计算的未来应缴的所得税，贷记"递延税款"账户，按实际支付的相关税费，贷记"银行存款"等账户，按其差额，贷记"资本公积——接受非现金资产捐赠准备"账户。

3. 以债务重组方式获得的原材料的核算

企业以债务重组方式获得的原材料，应按验收入库的材料实际成本，借记"原材料"账户，按专用发票注明的增值税进项税，借记"应交税金——应交增值税（进项税额）"账户，按应收债权已计提的坏账准备，借记"坏账准备"账户，按应收债权的账面余额，贷记"应收账款"等账户，按应支付的相关税费，贷记"银行存款"、"应交税金"等账户。涉及补价的，应分别情况处理，即收到补价的企业，还应按收到的补价，借记"银行存款"账户；支付补价的企业，按应支付的补价，贷记"银行存款"账户。

（二）原材料发出的核算

企业的材料日常发出业务非常频繁，为了简化日常核算手续，平时一般只登记原材料明细分类账，反映各种材料的收发和结存金额，月末根据按实际成本计价的发料凭证，按领用部门和用途，汇总编制"发料凭证汇总表"，据以登记总分类账，进行材料发出的总分类核算。

领用材料后，根据材料的用途，借记"生产成本"、"制造费用"、"营业费用"、"管理费用"、"在建工程"等账户，贷记"原材料"账户。

需要说明的是，若企业将原材料用于在建工程、福利部门等，应将购入材料缴纳的增值税转入在建工程等，借记"在建工程"、"应付福利费"等账户，贷记"应交税金——应交增值税（进项税额转出）"账户。

【例4-6】某企业2005年9月份的"发料凭证汇总表"列明，各部门领用A材料情况如下：

生产产品领用25000元

车间管理部门共计领用4300元

产品销售部门共计领用6700元

企业管理部门共计领用4500元

基建工程共计领用10000元，增值税为1700元

其他业务部门共计领用5000元

委托外单位加工发出材料共计7000元

根据上述汇总情况，应编制如下会计分录：

借：生产成本	25000
制造费用	4300
营业费用	6700
管理费用	4500
在建工程	11700

    其他业务支出   5000

    委托加工物资   7000

      贷：原材料——A材料   62500

        应交税金——应交增值税（进项税额转出）

                                            1700

二、包装物的核算

包装物与材料一样，可以采用实际成本计价或计划成本计价对其进行收发核算。在实际成本法下，包装物的核算可以通过设置"包装物"账户进行。在包装物数量不多的企业也可以不设置"包装物"账户，而将其转入"原材料"账户。

"包装物"账户，用来反映和监督企业各种包装物的增减变化及其价值损耗、结存等情况，其借方登记购入、自制、委托加工完成验收入库和盘盈等原因而增加的包装物的实际成本，贷方登记企业领用、摊销、对外销售和盘亏等原因减少的包装物的实际成本，期末借方余额反映库存未用包装物的实际成本（但五五摊销法除外）。该账户应按包装物的种类设置明细账进行明细核算。在五五摊销法下，应设置"库存未用包装物"、"库存已用包装物"、"出租包装物"、"出借包装物"、"包装物摊销"五个明细分类账户。

1. 企业取得包装物的核算

企业购入、自制、委托外单位加工完成并验收入库的包装物，通过"包装物"账户核算，核算方法比照原材料的核算。

2. 企业发出包装物的核算

企业发出的包装物，按发出包装物的不同用途分别进行核算。

（1）生产领用，用于包装产品，构成产品实体的组成部分的包装物。应将包装物的成本计入产品生产成本。生产领用时，借记"生产成本"账户，贷记"包装物"账户。

（2）随同产品出售，但不单独计价的包装物。在领用时，按其实际成本计入营业费用，应借记"营业费用"账户，贷记"包装物"账户。

（3）随同产品出售，单独计价的包装物。一方面单独反映其销售收入，计入"其他业务收入"，借记"银行存款"账户，贷记"其他业务收入"；另一方面应单独反映其销售成本，计入"其他业务支出"，借记"其他业务支出"账户，贷记"包装物"账户。

（4）出租、出借的包装物。对于出租、出借周转使用的包装物，可采用一次摊销法、分次摊销法、五五摊销法等方法，将其价值摊入企业的"其他业务支出"或"营业费用"。出租、出借包装物，金额较大的可通过"待摊费用"或"长期待摊费用"账户核算。

【例4—7】根据本月"包装物领用汇总表"所列，基本生产车间生产产品领用包装物5500元，销售产品领用不单独计价包装物3500元。应编制如下会计分录：

借：生产成本——基本生产车间	5500
借：营业费用——包装费	3500
贷：包装物——××	9000

【例4—8】出借包装箱350个给某企业，单位成本100元，共计35000元，采用分次摊销法分10个月摊销，共收取押金14500元。借用期满，退还全部押金。应编制如下会计分录：

（1）第一次领用时：

借：待摊费用——包装费	35000
贷：包装物——××	35000

（2）收取押金时：

借：银行存款　　　　　　　　　　14500
　　贷：其他应付款——存入保证金　　　　14500

（3）每月摊销时：

借：营业费用——包装费　　　　　　3500
　　贷：待摊费用——包装费　　　　　　　3500

（4）退还押金时：

借：其他应付款——存入保证金　　　14500
　　贷：银行存款　　　　　　　　　　　　14500

3. 包装物的摊销

企业在生产经营过程中，经常需要将包装物出租或出借给外单位使用，或将多余、闲置未用的包装物出租或出借给外单位使用。这些包装物一般都可以长期周转使用，但在使用过程中由于磨损，其价值不断损耗。因此，需要采用一定的方法计算其磨损的价值，记入有关成本或费用中去。常用的计算摊销额的方法，如图4－1所示。

包装物的摊销方法 {一次摊销法→一次全部摊入成本或费用→费用不均衡
五五摊销法→领用时摊销50%，报废时摊销50%→领用、报废数额大时，费用上升

图4－1　包装物摊销方法

（1）一次摊销法。指在领用包装物时，将其成本一次全部摊入成本或费用。它适用于一次领用数量不多，价值较低或易损坏的包装物。这种方法计算比较简单，但费用不够均衡，且会出现账外财产。

（2）五五摊销法。指在领用包装物时，摊销其成本的50%，在报废时摊销另外的50%。它适用于各期领用与报废数量比较均衡的包装物。这种方法计算较简单，同时在账面上保留在用包

装物的记录，有利于实物的管理。但一次领用与报废数额较大时，使费用水平上升较多。

三、低值易耗品的核算

低值易耗品同可长期周转使用的包装物一样，在使用中由于不断磨损，其价值不断丧失，因此，也需要采用一定的方法计算其丧失的价值，常用的摊销方法有：一次摊销法、五五摊销法。

企业购入、自制、委托外单位加工完成并验收入库的低值易耗品，通过"低值易耗品"账户核算，核算方法比照原材料的核算。

"低值易耗品"账户，用来反映和监督企业库存的各种低值易耗品的增减变化及其结存的情况。其借方登记购入、自制、委托加工完成验收入库和盘盈等原因而增加的低值易耗品的实际成本（或计划成本，下同）；贷方登记领用、摊销、盘亏等原因减少的低值易耗品的实际成本，期末借方余额，反映企业期末库存未用低值易耗品的实际成本（采用五五摊销法除外）。企业应按低值易耗品的类别、品种等设置明细账户进行明细核算。采用五五摊销法的企业，应在"低值易耗品"账户下分设"在库低值易耗品"、"在用低值易耗品"、"低值易耗品摊销"三个明细账进行明细核算。

1. 收入低值易耗品的核算

企业购入、自制、委托外单位加工完成验收入库、非货币性交易取得的以及清查盘点盘盈等原因增加的低值易耗品的核算方法，可以比照原材料的核算方法进行。

2. 发出低值易耗品的核算

对于低值易耗品的发出，企业应根据相应的原始凭证，在领用时分别采用一次摊销法、分次摊销法、五五摊销法，将其价值计入制造费用、管理费用或营业费用。

领用并摊销低值易耗品时，借记"制造费用"等账户，贷记"低值易耗品"账户。如果领用的金额较大，则需通过"待摊费用"等账户进行核算。

【例4—9】企业生产车间和行政管理部门分别领用4500元和2400元的低值易耗品一批，采用五五摊销法。应编制如下会计分录：

（1）领用时：

借：低值易耗品——在用低值易耗品　　　　6900
　　　贷：低值易耗品——在库低值易耗品　　　　　6900

（2）同时，摊销50%：

借：制造费用　　　　　　　　　　　　　　2250
借：管理费用——低值易耗品摊销　　　　　1200
　　　贷：低值易耗品——低值易耗品摊销　　　　　3450

待报废时，再摊销另一半。

四、委托加工物资的核算

为了反映和监督委托加工材料物资的增减变动及结存情况，企业应设置"委托加工物资"账户，借方登记委托加工物资的实际成本，贷方登记加工完成验收入库物资的实际成本和剩余材料物资的实际成本，期末余额在借方，反映企业尚未完工的委托加工物资的实际成本和发出加工物资的运杂费等。该账户应按加工合同和受托加工单位设置明细账户。

1. 拨付委托加工物资

企业发出材料物资时，应根据发出材料物资的实际成本，借记"委托加工物资"账户，贷记"原材料"等账户。

企业支付的加工费、应负担的运杂费、增值税等，借记"委托加工物资"、"应交税金——应交增值税（进项税额）"账户，贷记"银行存款"等账户。

2. 缴纳消费税

若委托加工物资属于应纳消费税的物资，应由受托方在向委托方交货时代收代交税款，委托加工的应税消费品，用于连续生产的，所纳税款准予按规定抵扣，委托方应按对方代扣代交的消费税额，借记"应交税金——应交消费税"账户，贷记"应付账款"或"银行存款"等账户；委托加工的应税消费品直接出售的，不再征收消费税，委托方应将对方代扣代交的消费税计入委托加工物资的成本，借记"委托加工物资"账户，贷记"应付账款"或"银行存款"等账户。

3. 收回委托加工物资和剩余物资

企业委托外单位加工完毕，应按照验收入库的完工委托加工物资的实际成本与剩余物资的实际成本，借记"原材料"、"库存商品"等账户，贷记"委托加工物资"账户。

【例 4－10】企业委托乙单位将 A 材料加工成 B 材料，发出 A 材料的实际成本为 4600 元，签发转账支票支付加工费 1000 元，增值税 170 元，运杂费 300 元，材料加工完毕并验收入库。应编制如下会计分录：

（1）发出材料时：

借：委托加工物资——乙企业　　　　　　　4600

　　贷：原材料——A 材料　　　　　　　　　　　4600

（2）支付加工费、运杂费及有关税金：

借：委托加工物资——乙企业　　　　　　　1300

借：应交税金——应交增值税（进项税额）　170

　　贷：银行存款　　　　　　　　　　　　　　　1470

（3）加工完毕经验收合格入库：

借：原材料——B 材料　　　　　　　　　　5900

　　　　贷：委托加工物资——乙企业　　　　　　　5900

五、自制半成品的核算

　　企业已经生产完成并已检验送交半成品仓库的自制半产品，应按实际成本，借记"自制半成品"账户，贷记"生产成本"账户。对于从一个车间转给另一个车间继续加工的自制半成品的成本，通过"生产成本"账户核算，不通过"自制半成品"账户核算。从半成品仓库领用自制半成品继续加工时，应按实际成本，借记"生产成本"账户，贷记"自制半成品"账户。"自制半成品"账户应按类别或品种设置明细账户，进行明细核算。

六、库存商品的核算

　　为了反映和监督库存商品的增减变化及结存情况，企业应设置"库存商品"账户，借方登记验收入库的库存商品成本，贷方登记发出的库存商品成本，期末借方余额反映各种库存商品的实际成本或计划成本。

　　企业生产完工验收入库的产成品，按其实际成本，借记"库存商品"账户，贷记"生产成本"账户。库存商品发出主要是指对外销售，但也包括在建工程的耗用。企业若采用分期收款销售产成品时，应在商品发出后，借记"分期收款发出商品"账户，贷记"库存商品"账户；采用其他销售方式销售的产品，结转成本时，借记"主营业务成本"账户，贷记"库存商品"账户。

　　【例4—11】某企业"商品入库汇总表"记载，本月已验收入库甲产品700件，每件实际单位成本70元，乙产品900件，每件实际单位成本80元。应编制如下会计分录：

　　　　借：库存商品——甲产品　　　　　　　49000

                ——乙成品   72000
        贷：生产成本——基本生产成本——甲产品 49000
                ——基本生产成本——乙产品 72000

【例4-12】某企业 2005 年 9 月末汇总的发出商品中，当月已实现销售的 A 产品有 45 件，B 产品有 67 件。该月 A 产品实际单位成本 500 元，B 产品实际单位成本 700 元，在结转其销售成本时，应编制如下会计分录：

    借：主营业务成本   69400
        贷：库存商品——A 产品   22500
                ——B 产品   46900

第三节　存货按计划成本计价的核算

一、材料收发的核算

材料按计划成本计价方法进行日常收发的核算，其特点是：从材料的收发凭证到明细分类账和总分类账，全部按计划成本计价。材料的实际成本与计划成本的差异通过"材料成本差异"账户核算。材料计划单位成本应尽可能接近实际，计划单位成本除有特殊情况应适时调整外，在年度内一般不做变动。

（一）原材料收入的核算

在计划成本法下，购入的原材料应先通过"物资采购"账户核算，材料的实际成本与计划成本的差异，通过"材料成本差异"账户进行核算。

"物资采购"账户核算企业购入材料、商品等的采购成本，借方登记采购材料的实际成本，贷方登记入库材料的计划成本。借方大于贷方表示超支，从本账户贷方转入"材料成本差异"账户的借方；贷方大于借方表示节约，从本账户借方转入"材料成本差异"账户的贷方；期末借方余额，反映企业尚未入库材料（即在途物资）的实际成本。

"材料成本差异"账户核算企业已入库各种材料的实际成本与计划成本的差异，借方登记超支差异，贷方登记节约差异及发出材料应负担的成本差异（超支用蓝字，节约用红字）。期末如为借方余额，反映企业库存物资（包括原材料、包装物、低值易耗品）的超支差异；如为贷方余额，反映企业库存物资（包括原材料、包装物、低值易耗品）的节约差异。该账户应分别"原材料"、"包装物"和"低值易耗品"等，按照类别或品种进行明细核算。

1. 外购原材料的核算

外购原材料，在收到发票账单等结算凭证并已支付货款时，应按发票账单的结算金额，借记"物资采购"、"应交税金——应交增值税（进项税额）"账户，贷记"银行存款"等账户。在材料验收入库时，按入库材料的计划成本，借记"原材料"账户，贷记"物资采购"账户。入库材料计划成本与实际成本的差异，应进行结转。出现超支差异，借记"材料成本差异"账户，贷记"物资采购"账户；出现节约差异，做相反会计分录。

若企业发生材料已验收入库，但月末结算凭证未到的情况，应先按计划成本估价入账，下月初再用红字分录冲转，待收到结算凭证并支付货款后，再按上述方法进行核算。

【例4－13】企业购入B材料一批，增值税专用发票上注明价款50000元，增值税额8500元，企业已收到发票及结算凭证，款项已由银行存款支付。应编制如下会计分录：

借：物资采购——B材料　　　　　　　　　50000

借：应交税金——应交增值税（进项税额）   8500
　　贷：银行存款   58500

【例4-14】企业购入C材料一批，发票及结算凭证已收到，增值税专用发票中注明价款20000元，增值税额3400元，款项已由银行存款支付，材料尚未到达，该材料计划成本为20200元。应编制如下会计分录：

借：物资采购——C材料   20000
借：应交税金——应交增值税（进项税额）   3400
　　贷：银行存款   23400

【例4-15】企业购入D材料一批，材料已验收入库，但发票账单和结算凭证尚未收到，货款尚未支付，该批材料计划成本12000元。企业应于月末按计划成本暂估入账，编制如下会计分录：

借：原材料——暂估入账户   12000
　　贷：应付账款——暂估应付账款   12000

下月初，用红字将上述分录予以冲回，应编制如下会计分录：

借：原材料——暂估入账户   12000
　　贷：应付账款——暂估应付账款   12000

次月初，收到有关发票等结算凭证并支付货款时，按正常程序记账。如取得的增值税专用发票上注明价款14000元，增值税额2380元，应编制如下会计分录：

借：物资采购——D材料   14000
借：应交税金——应交增值税（进项税额）   2380
　　贷：银行存款   16380

【例4-16】月末，汇总本月已付款的入库材料计划成本为71000元，应编制如下会计分录：

借：原材料——B 材料　　　　　　　50800
　　　　——C 材料　　　　　　　20200
　　贷：物资采购——B 材料　　　　　50800
　　　　　　——C 材料　　　　　　20200

　　月末结转本月已付款入库材料的成本差异，其实际成本为84000 元，材料成本差异额为 11000 元（82000－71000），为超支额。根据有关凭证，应编制如下会计分录：

借：材料成本差异　　　　　　　　11000
　　贷：物资采购　　　　　　　　　11000

　　2. 非外购原材料的核算

　　企业通过自制原材料、委托外单位加工材料、接受捐赠材料、接受投资入股材料、以债务重组方式取得材料、以非货币交易取得材料和盘盈材料，除在验收入库时，应按各自的计划成本，借记"原材料"账户，同时结转材料成本差异，借记或贷记"材料成本差异"账户，其他均与按实际成本计价的核算相同。

　　（二）原材料发出的核算

　　采用计划成本法计价时，也是月末根据按计划成本计价的领发料凭证，按领用部门和用途进行归类汇总，同时计算发出材料应负担的材料成本差异，汇总编制"发料凭证汇总表"，据以编制记账凭证，月末一次登记总分类账。企业根据"发料凭证汇总表"记账时，与按实际成本计价的核算方法基本相同，只是改按计划成本记入各成本费用项目和减少原材料，同时结转发出材料应负担的材料成本差异，当实际成本大于计划成本时，用蓝字借记"生产成本"、"制造费用"、"营业费用"、"管理费用"、"在建工程"、"其他业务支出"、"委托加工物资"等有关账户，贷记"材料成本差异"账户。当实际成本小于计划成本时，该笔会计分录用红字编制。

　　发出材料应分摊的成本差异，必须按月分摊，不得在季末或年末一次计算。发出材料应分摊的材料成本差异，除委托外单位加工发出材料可以按上月的成本差异率计算外，都应当使用当月的实际差异率；如果上月的成本差异率与本月的成本差异率相差不大的，也可以按上月的成本差异率计算。计算方法一经确定，不得随意变动。发出材料应分摊的成本差异，计算公式如下：

材料成本差异率＝（月初结存材料成本差异＋本月收入材料成本差异）÷（月初结存材料计划成本＋本月收入材料计划成本）×100％

公式中，材料成本差异超支用正数，节约用负数。（超支为借方，节约为贷方）

本月发出材料应负担的成本差异＝发出材料的计划成本×材料成本差异率

【例4－17】企业采用计划成本法进行材料核算，2005年4月B材料"发料凭证汇总表"列出，基本生产车间领用200000元，辅助生产车间领用100000元，车间管理部门领用40000元，企业行政管理部门领用20000元，销售部门领用2000元，该月材料成本差异率1％。根据有关凭证编制如下会计分录：

（1）发出材料时：

借：生产成本——基本生产车间 200000
     ——辅助生产车间 100000

借：制造费用 40000

借：管理费用——物料消耗 20000

借：营业费用——物料消耗 2000

  贷：原材料——B材料 362000

（2）月末，结转材料成本差异时：

借：生产成本——基本生产车间 2000
     ——辅助生产车间 1000

借：制造费用 400

借：管理费用——物料消耗   200

借：营业费用——物料消耗   20

 贷：材料成本差异   3620

二、包 装 物 的 核 算

对包装物采用计划成本进行计价的企业，除设置"包装物"账户外，其成本差异应通过设置"材料成本差异"账户核算。

（一）包装物取得的核算

企业购入、自制、委托外单位加工完验收入库包装物的核算，与原材料取得的核算相同，可按照原材料的核算方法。

（二）发出包装物的核算

企业发出包装物的核算，应按发出包装物的不同用途分别进行处理。

1. 生产领用包装物

企业生产部门领用的用于包装产品的包装物，构成了产品的组成部分，因此应将包装物的成本计入产品的生产成本，应借记"生产成本"账户，贷记"包装物"账户。按计划成本核算的，月末，还应结转领用包装物应负担的成本差异。

【例 4—18】企业生产领用包装物一批，计划成本 4000 元，应分摊成本差异额，（节约）40 元，根据领料单，应编制如下会计分录：

借：生产成本   4000

 贷：包装物   4000

同时，借：生产成本   40

   贷：材料成本差异   40

2. 随同产品出售，不单独计价的包装物

随同产品出售，不单独计价的包装物，应作为包装费用计入营业费用，应借记"营业费用"账户，贷记"包装物"账户。

【例4—19】销售产品领用包装物一批，随同产品出售而不单独计价，其计划成本为5000元，应分摊成本差异额（节约）50元，根据领料单，应编制如下会计分录：

借：营业费用　　　　　　　　　　　5000
　　贷：包装物　　　　　　　　　　　　　5000

同时，借：营业费用　　　　　　　　　50

　　　　贷：材料成本差异　　　　　　　　　50

3. 随同产品出售，单独计价的包装物

随同产品出售，单独计价的包装物应于产品发出时，视同材料销售，所销价款应作为"其他业务收入"，这部分出售包装物的成本应计入"其他业务支出"，应借记"其他业务支出"账户，贷记"包装物"账户。

【例4—20】随同产品出售而单独计价的包装物一批，其计划成本为6000元，应分摊成本差异额（节约）60元。其销售价为6800元，增值税为1156元，款项已通过银行存款收取。根据有关单证，应编制如下会计分录：

（1）结转包装物成本时：

借：其他业务支出　　　　　　　　　6000
　　贷：包装物　　　　　　　　　　　　　6000

同时，借：其他业务支出　　　　　　　60

　　　　贷：材料成本差异　　　　　　　　　60

（2）收取货款时：

借：银行存款　　　　　　　　　　　7956
　　贷：其他业务收入　　　　　　　　　　6800
　　　　应交税金——应交增值税（销项税额）　1156

4. 出租、出借包装物的核算

企业出租包装物的核算，不仅要反映包装物的发出，而且还要反映押金、租金以及包装物的报废等。出借包装物的核算除了应反映出借包装物的发出业务，同样应反映收取押金的业务。

对于出租、出借包装物可以采用一次摊销法，对于频繁、数量多、金额大的企业，出租、出借包装物的成本，也可以采用分次摊销法、五五摊销法等方法计算出租、出借包装物的摊销价值。

一次摊销法。企业领用新包装物出租、出借时，可结转其全部成本。借记"其他业务支出"（出租）、"营业费用"（出借）账户，贷记"包装物"账户，对以后收回已使用过的出租、出借包装物则不再记入"包装物"账户，只需设置备查簿登记，加强账外实物管理。

【例 4—21】出租新包装物一批，计划成本为 2000 元，分摊成本差异额（超支）20 元，采用一次摊销法，应编制如下会计分录：

（1）领用包装物：

借：其他业务支出　　　　　　　　　　　2000

　　贷：包装物　　　　　　　　　　　　　　2000

同时，借：其他业务支出　　　　　　　　　20

　　　　贷：材料成本差异　　　　　　　　　　20

收取押金 2200 元，收取租金 200 元，应负担的增值税额 34 元。

借：银行存款　　　　　　　　　　　　　2434

　　贷：其他应付款　　　　　　　　　　　　2200

　　　　其他业务收入　　　　　　　　　　　200

　　　　应交税金——应交增值税（销项税额）　34

（2）如果出租包装物逾期未退回而没收押金，被没收押金应收取的增值税额 374 元。

  借：其他应付款   2200

    贷：其他业务收入   2200

  同时，借：其他业务支出   374

      贷：应交税金——应交增值税（销项税额）

                  374

  分次摊销法。企业在第一次领用新包装物时，应将其全部成本记入"待摊费用"账户，然后再分次摊入"其他业务支出"（出租），"营业费用"（出借）账户。同一次摊销法一样，收回已用的包装物不再记账，只在备查登记簿进行登记，以加强账外实物管理。

  【例4－22】出借新包装物 100 只，计划成本为 8000 元，分摊成本差异额（超支）80 元，采用分次摊销法，应编制如下会计分录：

  （1）领用包装物时：

  借：待摊费用   8000

    贷：包装物   8000

  同时，借：待摊费用   80

      贷：材料成本差异   80

  （2）包装物成本分四个月摊销，第一个月分摊 2020 元：

  借：营业费用   2020

    贷：待摊费用   2020

  （3）收取押金 8200 元：

  借：银行存款   8200

    贷：其他应付款   8200

  如出借包装物期满收回 80 只，其余 20 只不能继续使用而报废，残料作价 500 元入库。

  借：原材料   500

　　　　贷：营业费用　　　　　　　　　　　　　　500

三、低值易耗品的核算

　　在按计划成本计价核算企业低值易耗品时，应设置"低值易耗品"账户和"材料成本差异"账户，企业购入、自制、委托外单位加工验收入库的低值易耗品、非货币性交易方式取得的以及清查盘点盘盈的低值易耗品等与原材料收入的核算相同，可比照原材料的核算方法。

　　对于低值易耗品的发出，企业应根据相应的原始凭证，在领用时分别采用一次摊销法、五五摊销法，将其价值记入制造费用、管理费用或营业费用，并于月末结转领用低值易耗品应负担的成本差异。

　　【例4-23】生产车间领用生产工具一批，计划成本1500元，厂部领用管理用具6000元，本月低值易耗品的材料成本差异率为2%，采用一次摊销法。应编制如下会计分录：

　　借：制造费用　　　　　　　　　　　　　　1500
　　　　管理费用——低值易耗品摊销　　　　　6000
　　　　贷：低值易耗品——生产工具　　　　　　　1500
　　　　　　　　　——管理用具　　　　　　　　　6000
　　同时，借：制造费用　　　　　　　　　　　　30
　　　　管理费用——低值易耗品摊销　　　　　120
　　　　贷：材料成本差异——低值易耗品　　　　　150

四、委托加工物资的核算

　　在按计划成本计价核算企业委托加工物资时，应设置"委托加工物资"账户和"材料成本差异"账户。

企业发给外单位加工物资时，应将材料物资按计划成本由"原材料"账户转入"委托加工物资"账户，同时结转成本差异。企业支付的加工费、应负担的运杂费等，应计入委托加工物资的成本，支付的增值税，记入"应交税金"账户，借记"委托加工物资"、"应交税金"，贷记"银行存款"账户。

【例4—24】某企业委托 B 企业加工材料一批，发出原材料计划成本9000元，应分摊成本差异额为（超支）20元，支付加工费2500元（不含税），增值税税率为17%，支付往返运费300元，加工材料收回按计划成本12000元入账，款项均已支付，应编制如下会计分录：

（1）结转发出委托加工物资成本：

借：委托加工物资　　　　　　　　　　9000

　　贷：原材料　　　　　　　　　　　　9000

同时，借：委托加工物资　　　　　　　　20

　　　　　贷：材料成本差异　　　　　　　20

（2）支付加工费，运杂费和增值税（该企业为一般纳税人）：

应纳增值税＝2500×17%＝425元

借：委托加工物资　　　　　　　　　　2800

　　应交税金——应交增值税（进项税额）　425

　　贷：银行存款　　　　　　　　　　　3225

（3）加工完成收回委托加工物资，按计划成本入账：

借：原材料　　　　　　　　　　　　　12000

　　贷：委托加工物资　　　　　　　　　11820

　　　　材料成本差异　　　　　　　　　180

五、库存商品的核算

在产成品种类比较多的企业，库存商品也可以采用计划成本进行日常核算。在这种情况下，除了设置"库存商品"账户外，其实际成本与计划成本的差异，可以单独设置"产品成本差异"账户进行核算。产成品的收入、发出和销售，平时可以用计划成本进行核算，月份终了，计算入库产成品的实际成本，按产成品的计划成本记入"库存商品"账户，按实际成本，贷记"生产成本"等账户，并将实际成本与计划成本的差异记入"产品成本差异"账户，然后再将产品成本差异在发出、销售和结存的产成品之间进行分配。

工业企业生产完成验收入库的产成品，按计划成本，借记"库存商品"账户，按实际成本，贷记"生产成本"等账户，按计划成本与实际成本的差异，借记或贷记"产品成本差异"账户。

分期收款销售的产成品，应在商品发出后，按实际成本，借记"分期收款发出商品"账户，贷记"库存商品"账户。采用其他销售方式的产成品，结转成本时，借记"主营业务成本"账户，贷记"库存商品"账户，在计划成本法下，还应分摊计划成本与实际成本的差异。

第四节　存货的期末计价

存货是非货币性资产，故其转换为现金的金额受未来价格变动的影响，转换时间也不确定。同时，如果存货长期不能被耗用和销售，就有可能变为积压物资或降价销售。因此，在期末企业应对存货进行全面清查，如由于存货遭受毁损、全部或部分陈旧过时，或销售价格低于成本等原因，使存货成本高于可变现净值的，应按可变现净值低于存货成本部分，提取存货跌价准备，所采取的方法是成本与可变现净值孰低法。

一、存货期末计价的原则

企业会计制度规定，企业的存货应当在期末时按成本与可变现净值孰低计量，对可变现净值低于存货成本的差额，计提存货跌价准备。

成本与可变现净值孰低法，是指对存货按照成本与可变现净值两者之中较低者计价，即当成本低于可变现净值时，按成本计价；当可变现净值低于成本时，按可变现净值计价。可变现净值，是指在日常活动中，以存货的估计售价减去至完工时将要发生的成本、销售费用以及相关税费后的金额。

当存在下列情况之一时，表明存货发生减值，期末存货应按可变现净值计价，并计提存货跌价准备：

（1）市价持续下跌，并且在可预见的未来无回升的希望；

（2）企业使用该项原材料生产的产品的成本大于产品的销售价格；

（3）企业因产品更新换代，原有库存原材料已不适应新产品的需要，而该原材料的市场价格又低于其账面成本；

（4）因企业所提供的商品或劳务过时或消费者偏好改变而使市场的需求发生变化，导致市场价格逐渐下跌；

（5）其他足以证明该项存货实质上已经发生减值的情形。

当存货有以下一项或若干项情形的，应当将存货账面价值全部转入当期损益：

（1）已霉烂变质的存货；

（2）已过期且无转让价值的存货；

（3）生产中已不再需要，并且已无使用价值和转让价值的存货；

（4）其他足以证明已无使用价值和转让价值的存货。

二、存货期末计价的方法

采用成本与可变现净值执低法对存货计价时，有以下三种不同的计算方法可供选择。

1. 单项比较法

单项比较法，指对每一种存货的成本和可变现净值逐项进行比较，均取较低者来确定期末结存存货金额的一种方法。

2. 分类比较法

分类比较法，指按存货类别的成本与可变现净值进行比较，每类存货取其较低者来确定期末结存存货金额的一种方法。

3. 总额比较法

总额比较法，指全部存货的总成本与可变现净值总额进行比较，以较低者作为期末全部存货的成本。

企业通常应当按照单项比较法计提存货跌价准备。对于数量繁多、单价较低的存货，可以按照分类比较法计提存货跌价准备。与在同一地区生产和销售的产品系列相关、具有相同或类似最终用途存货，可以采用总额比较法计提存货跌价准备。

【例 4－25】2005 年年末，某企业有 A、B、C、D 四种存货，分为甲（A、B）、乙（C、D）两类。各存货的成本与可变现净值已确定，按以上三种方法确定的期末存货成本，如表4－3所示。

表 4－3　期末存货成本与可变现净值比较表

存货种类	账面成本	可变现净值	单项比较法	分类比较法	总额比较法
A	2000	1600	1600		
B	3000	3200	3000		

续表

存货种类	账面成本	可变现净值	单项比较法	分类比较法	总额比较法
甲类	5000	4800		4800	
C	4000	4600	4000		
D	6000	5800	5800		
乙类	10000	10400		10000	
总计	15000	15200	14400	14800	15000

据表4-3，该企业期末存货价值应确定为：单项法14400元、分类法14800元、总额法15000元。企业会计制度规定，存货应按单项法确定，因此，上例企业期末存货应确定为14400元。

三、成本与可变现净值孰低法的核算

（一）成本低于可变现净值

如果期末结存存货的成本低于可变现净值，则不需做账务处理，资产负债表中的存货仍按期末账面价值列示。

（二）可变现净值低于成本

如果期末存货的可变现净值低于成本，则必须在当期确认存货跌价损失，并进行有关账务处理。具体做法是：期末，比较成本与可变现净值以计算出应计提的准备，然后与"存货跌价准备"账户的余额已提数进行比较，若应提数大于已提数，应予补提；反之，应冲销部分已提数。提取和补提存货跌价准备时，借记"管理费用——计提的存货跌价准备"账户，贷记"存货跌价准备"账户；如已计提跌价准备的存货的价值以后又得以恢复时，应按恢复增加的数额，借记"存货跌价准备"账户，贷记"管理费用——计提的存货跌价准备"账户。但是，当已计提跌

价准备的存货的价值以后又得以恢复，其冲减的跌价准备金额，应以"存货跌价准备"账户的余额冲减至零为限。

【例4—26】某企业采用"成本与可变现净值孰低法"进行期末存货计价。2000年年末存货的账面成本为100000元，可变现净值为95000元，"存货跌价准备"账户余额为零，应计提的存货跌价准备为5000元。应编制如下会计分录：

借：管理费用——计提的存货跌价准备　　　　5000
　　贷：存货跌价准备　　　　　　　　　　　　　5000

若2001年年末存货的种类和数量、账面成本和已计提的存货跌价准备均未发生变化（下同），且存货的可变现净值为90000元，计算出应计提的存货跌价准备为10000元（100000—90000）。由于前期已计提5000元，应补提存货跌价准备5000元。

借：管理费用——计提的存货跌价准备　　　　5000
　　贷：存货跌价准备　　　　　　　　　　　　　5000

假设其他条件不变，若2002年年末存货的可变现净值为97000元，计算出应计提的存货跌价准备为3000元（100000—97000），由于该存货已计提存货跌价准备为10000元，因此，应冲减已计提的存货跌价损失准备7000元（10000—3000）。

借：存货跌价准备　　　　　　　　　　　　　7000
　　贷：管理费用——计提的存货跌价准备　　　　7000

假设其他条件不变，若2003年年末存货的可变现净值为101000元，根据以上资料，2003年年末，应冲减已计提的存货跌价准备3000元（100000—97000）（以"存货跌价准备"账户余额冲减至零为限）。

借：存货跌价准备　　　　　　　　　　　　　3000
　　贷：管理费用——计提的存货跌价准备　　　　3000

第五节 存货的清查

一、存货清查的概念

为了保证企业流动资产的安全和完整，企业必须对存货进行定期或不定期的清查，确定企业各种存货的实际库存量，并与账面记录相核对，做到账实相符。存货清查通常采用实地盘点的方法，即盘点确定各种存货的实际库存数，并与账存数相核对，对于账实不符的存货，应核实盘盈、盘亏和毁损的数量，并查明造成盘亏或毁损的原因，编制"存货盘点报告表"，按规定程序报请有关部门批准，进行相应的账务处理。

二、存货清查的核算

为了核算和监督存货盘盈、盘亏的发生和处理情况，应设置"待处理财产损溢——待处理流动资产损溢"账户，借方登记发生存货盘亏和毁损金额或批准转销的盘盈金额，贷方登记发生存货盘盈或批准转销的盘亏和毁损金额，借方余额表示尚未处理的各种存货的净损失，贷方余额表示尚未处理的各种存货的净溢余。

（一）存货盘盈的核算

发生盘盈的存货，经查明是由于收发计量或核算上误差等原因造成的，应及时办理存货的入账手续。调查存货账面实存数，借记有关存货账户，贷记"待处理财产损溢"账户，经有关部门批准后，再冲减管理费用。

（二）存货盘亏的核算

发生盘亏和毁损的存货，在报经处理前应按其实际成本或计划成本转入"待处理财产损溢"账户，报经批准后，根据造成盘亏和毁损的原因，分不同情况进行处理。

其一，属于自然损耗产生的定额内的损耗，经批准后可转作管理费用。借记"管理费用"账户，贷记"待处理财产损溢"账户。

其二，属于计量收发差错和管理不善等原因造成的，应先扣除残料价值，可收回保险赔偿和过失人的赔偿，然后将净损失记入管理费用，借记"原材料"、"其他应收款"、"管理费用"等账户，贷记"待处理财产损溢"账户。

其三，属于自然灾害或意外事故造成的，应先扣除残料价值和可收回保险赔偿，然后将净损失记入"营业外支出"，借记"原材料"、"其他应收款"、"营业外支出"等账户，贷记"待处理财产损溢"账户。

【例4—27】企业在财产清查中盘盈甲材料340千克，单位实际成本为24元，经查属于材料收发计量方面的错误。应编制如下会计分录：

（1）盘盈存货时：

借：原材料——甲材料　　　　　　　　　8160
　　贷：待处理财产损溢——待处理流动资产损溢　8160

（2）报经批准处理时：

借：待处理财产损溢——待处理流动资产损溢　8160
　　贷：管理费用——物料消耗　　　　　　　8160

企业发生存货盘亏及毁损时，在报经批准前，应借记"待处理财产损溢——待处理流动财产损溢"账户；在报经批准后，区分不同情况进行处理：对于入库残料的价值，记入"原材料"账户，对于应由保险公司或过失人赔偿的部分，记入"其他应收款"账户；对于净损失的部分，若为一般经营损失，记入"管理费用"账户，若为非常损失，记入"营业外支出"账户。

【例4—28】企业在财产清查中盘亏库存商品一批，实际成本为3560元，经查属于一般经营损失，应编制如下会计分录：

(1) 盘亏存货时：

借：待处理财产损溢——待处理流动资产损溢　3560
　　　贷：库存商品——××　　　　　　　　　　　3560

(2) 报经批准处理时：

借：管理费用——物料消耗　　　　　　　　3560
　　　贷：待处理财产损溢——待处理流动资产损溢　3560

思考题：

1. 如何确认企业的存货？

2. 发出存货的计价方法有几种？各自如何进行具体计价？

3. 比较存货按实际成本核算和按计划成本核算的不同？

4. 在采用计划成本计价核算的情况下，如何核算材料成本差异？

5. 成本与可变现净值孰低法的计算方法有几种？

6. 企业发出包装物有几种用途？应如何进行会计处理？

7. 低值易耗品和包装物的核算有何特点？

练习题：

1. 材料按实际成本计价的核算

资料：某企业属于一般纳税人。2005 年 9 月发生如下经济业务：

（1）9 月 2 日，从东北购入乙材料一批，增值税专用发票上记载的材料的买价为 100000 元，增值税为 17000 元。另该厂代垫运输费 200 元，全部款项已转账支票付讫，材料已验收入库。

（2）9 月 5 日，持银行汇票 2000000 元从西北化工厂购入丙材料一批，专用发票上记载的材料的买价为 1600000 元，增值税为 272000 元，另支付运杂费 2000 元，材料已验收入库，剩余票款退回并存入银行。

（3）9 月 6 日，采用托收承付方式从 A 公司购入甲材料一批，货款 800000 元，增值税为 136000 元，对方代垫运输费 8000 元，款项在承付期内以银行存款支付，材料已验收入库。

（4）9 月 10 日，采用汇兑结算方式向北方化工厂购入丁材料一批，发票及账单已收到，货款 40000 元，增值税 6800 元，运费 200 元，材料尚未到达。

（5）9 月 15 日，收到 10 日购入的丁材料。

（6）9 月 16 日，采用托收承付方式从东西化工厂购入丙材料一批，货款 1000000 元，增值税 170000 元，对方代垫运费 6000 元，银行转来结算凭证已到，款项尚未支付，材料已验收入库。

（7）9 月 28 日，采用委托收款结算方式从东方化工厂购入丁材料一批，材料已验收入库，月末发票账单尚未收到也无法确定其实际成本，暂估价为 172000 元。下月初用红字冲回。

（8）10 月 2 日，收到上述购入丁材料的发票账单，货款 160000 元，增值税 27200 元，对方代垫运杂费 2000 元，已由银行存款付讫。

（9）10 月 6 日，根据与东方钢厂的购销合同规定，甲公司为购买乙材料向东方钢厂预付 800000 元货款的 80%，计 640000

元，已通过汇兑方式汇出。

（10）10月12日，收到东方钢厂发运来的乙材料，已验收入库。在有关发票单上记载，该批货物的货款800000元，增值税136000元，对方代垫运杂费4000元，所欠款项以银行存款付讫。

（11）10月30日，根据"发料凭证汇总表"的记录，10月份基本生产车间领用乙材料1000000元，辅助生产车间领用乙材料80000元，车间管理部门领用乙材料10000元，企业行政管理部门领用乙材料8000元，计1098000元。

要求：根据上述资料，编制会计分录。

2. 材料按计划成本法的核算

资料：某企业为增值税一般纳税人，该企业采用计划成本进行原材料核算，2002年发生的经济业务如下：

（1）1月1日，原材料账面计划成本为500000元，材料成本差异的借方余额为10000元。

（2）1月5日，购入原材料一批，增值税专用发票上注明价款为100000元，增值税额为17000元，外地进货费用为10000元，款项已通过银行存款支付。

（3）上述材料的计划成本为110000元，材料已验收入库。

（4）本月领用的材料计划成本为400000元，其中：生产领用250000元，车间管理部门领用40000元，厂部管理部门领用10000元，在建工程领用100000元。

（5）1月25日购入材料一批，材料已到并验收入库，但发票等结算凭证尚未收到，货款尚未支付。该批材料的计划成本为35000元。

（6）2月5日，收到1月25日购进材料的结算凭证，并支付有关款项，该批材料的实际成本为40000元，增值税额为6800元，企业开出期限为三个月的商业承兑汇票结算价款。

（7）2月10日，进口原材料一批，其关税完税价格为50000

元，支付的进口关税为 10000 元，支付的消费税为 3600 元，适用的增值税税率为 17%，款项已用银行存款支付。

（8）上述进口材料已验收入库，其计划成本为 80000 元。

（9）2 月 19 日，接到某企业投资转入一批原材料，按市价评估确认的价值为 200000 元，该批原材料的计划成本为 250000 元，投资方适用的增值税税率与本企业相同。

（10）2 月份领用原材料的计划成本为 450000 元，其中：生产部门领用 300000 元，车间管理部门领用 50000 元，在建工程领用 80000 元，厂部管理部门领用 20000 元。

要求：（1）计算分摊 1、2 月份的材料成本差异。

（2）根据上述经济业务，编制会计分录。

3. 发出存货的核算

资料：某企业 2005 年 10 月份期初存货数量 300 件，单位成本 20 元，购入和发出情况如下：

日期	单位成本	购入数量	发出数量
10 月 2 日			200
10 月 5 日	22.5	300	
10 月 10 日			100
10 月 15 日	26.00	1000	
10 月 25 日	25.00	500	
10 月 30 日			600

要求：分别采用先进先出法、后进先出法、一次加权平均法、移动加权平均法，计算期末存货价值和本期发出存货的成本。

4. 包装物的核算

资料：某工业企业 2005 年 8 月 1 日出租新包装物，价值 600 元，采用分期摊销的方法，出租期为 3 个月，每月租金 150 元；承租单位支付押金 800 元，已存入银行。租期满时，收回出租包装物，退回押金。收回的包装物中有一只不能使用，需报废，残料价值 50 元，已存入银行，其余两只重新入库。包装物摊销期为 10 个月。

要求：根据上述业务编制相应的会计分录。

5. 低值易耗品的核算

资料：某车间从 2002 年 1 月 1 日起，需使用下列工具各一件，各种工具均在报废后以旧换新。

工具名称	通常可使用的月数	每件实际成本
A	12	600
D	3	100

要求：假定两种工具同时领用，不考虑残值，试比较在一次摊销法、分期摊销法下，年内各月应计摊销额有何不同？从成本负担和低值易耗品管理的角度来考虑，哪一种摊销方法较好。

6. 委托加工材料的核算

资料：乙企业委托丙企业加工材料一批（属于应税消费品）。原材料成本为 100000 元，支付的加工费为 17000 元（不含增值税），消费税税率为 10％，材料加工完结验收入库，加工费用等尚未支付，加工后的材料用于继续生产应税消费。双方适用的增值税税率为 17％。

要求：编制乙企业拨付委托加工材料、支付加工费、交纳税金、加工完成收回加工物资等业务的相关会计分录。

7. 存货跌价损失的核算

资料：某股份有限公司采用备抵法核算存货跌价损失。假设 2003 年年末甲种存货的实际成本为 60000 元，可变现净值为 57000 元；2004 年年末，该存货的预计可变现净值为 53000 元；2005 年年末，该存货的预计可变现净值为 58500 元；2006 年年末，该存货的预计可变现净值为 61500 元。

要求：计算各年应提取的存货跌价准备，并编制相应的会计分录。

第五章 对外投资

【学习目的与要求】通过本章学习，要求了解投资的概念和分类，掌握短期投资、长期股权投资、长期债权投资的核算理论与方法，了解长期投资减值准备的理论与核算方法。

第一节 投资概述

一、投资的概念与意义

在市场经济条件下，作为一个独立生产经营的企业，在其组织管理好自身正常的生产经营活动外，对于企业闲置的资金，都希望有一个合理的方法得到充分有效的利用。企业可以充分利用资金市场，利用自身的闲置资金，对其他经济实体开展投资活动。

《企业会计准则——投资》中对投资做出了如下定义：投资，指企业为通过分配来增加财富，或为谋求其他利益，而将资产让渡给其他单位所获得的另一项资产。企业合理的投资活动，一方面可以使企业闲置资金得到充分有效的利用，给企业带来额外收益，另一方面可以扩大企业生产经营的领域与范围，增强企业在市场中的生存与竞争能力。

二、投资的分类

投资可以按照不同的分类标准，进行如下的分类：

（一）按投资性质分类

按投资性质分类，分为股权性投资、债权性投资、混合性投资。

股权性投资，是指企业因对外投资而取得的被投资企业的所有权份额，由此而形成的投资企业与被投资企业的投资与被投资的关系，使得投资企业对被投资企业的生产经营进行控制或影响，如投资企业购买被投资企业的股票等。

债权性投资，是指企业因对外投资而获得的被投资企业的债权，被投资企业因而承担了债务，到期时需要以资产或劳务偿付投资企业。如投资企业购买被投资企业债券等投资行为。

混合性投资，是指既有股权性性质，又有债权性性质的投资。如企业购买另一企业发行的优先股股票、购买可转换公司债券等，属于混合性投资。

（二）按投资目的与期限分类

按投资目的与期限分类，分为短期投资、长期投资。

短期投资，指能够随时变现并且持有时间不准备超过一年的投资。短期投资按照投资性质可以分为短期股票投资、短期债券投资和短期其他投资。短期投资通常是企业利用暂时闲置的资金购买的能够在短期内变现的股票、债券以及其他能随时变现的投资。

长期投资，指短期投资以外的投资。长期投资的目的不仅在于获取投资收益，更重要的是企业通过长期投资参与被投资企业的生产经营，控制其生产经营活动，扩大自身的生产经营领域，实现投资企业自身的战略目的。长期投资可以分为长期股权投资和长期债权投资。

（三）按投资形式分类

按投资形式分类，可以分为货币资金投资、实物资产投资以及无形资产投资等。

（四）按投资对象的变现能力分类

按投资对象的变现能力分类，可分为易于变现的投资，如能够上市交易的股票、债券、期货等，以及不易于变现的投资，如各类不能上市交易的实物投资等。

第二节　短期投资

一、短期投资的特点与分类

《企业会计准则——投资》中对短期投资做出如下定义：短期投资指能够随时变现并且持有时间不准备超过一年的投资。企业进行短期投资，在很大程度上是为了暂时存放剩余资金，并通过这种投资取得高于银行存款利率的利息收入，或价差收入，待需要使用现金时即可兑换成现金，如企业购买的可上市交易的股票和债券。在证券市场规范的条件下，短期投资便于出售，具有很强的变现能力，一旦企业需要资金就可以随时变现。

作为短期投资，应当符合以下两个条件：第一，能够在公开市场交易并且有明确市价，例如各种上市的股票和债券，通常均有明确市价；第二，持有投资作为剩余资金的存放形式，并保持其流动性和获利性，这一条取决于企业管理当局的意图。不符合上述条件的投资，作为长期投资。

短期投资按照投资的性质可以分为短期股票投资、短期债券投资和短期其他投资。

短期股票投资，是指企业不准备长期持有的股权性质的投资，如购入的普通股投资。企业进行该项投资主要目的是获取股票转让的价差及所分配的股利等收益。

短期债券投资，是指企业不准备长期持有的在债权性质上的投资，如购入的国库券、金融债券、企业债券等投资。企业进行该项投资的主要目的是获取利息收益。

除上述两种短期投资外，还有其他短期投资，主要是指符合短期投资条件的其他各类投资。

二、短期投资初始成本的确定

短期投资取得时的成本，是指取得短期投资时实际支付的全部价款，包括税金、手续费等相关费用。下列实际支付的价款中所包含的股利和利息不构成初始投资成本：

（1）短期股票投资实际支付的价款中包含的已宣告但尚未领取的现金股利。该项目是指购入短期投资时支付的价款中所垫付的、被投资单位已宣告但尚未领取的现金股利，不包括股票股利。

（2）短期债券投资实际支付的价款中包含的已到付息期但尚未领取的债券的利息。购入一次还本付息债券，实际支付的价款中含有的应计利息，一般计入短期投资成本，以简化核算。

三、短期投资投入

（一）账户的设置

1. "短期投资"账户

该账户属于资产类账户，用来反映各种准备随时变现的持有期不超过一年的股票和债券投资等。借方登记取得短期投资的实际成本，贷方登记短期投资持有期间所获得的现金股利和利息以及处置短期投资时结转的实际成本。余额在借方，反映各种短期投资的实际成本。该账户按投资的种类设置明细分类账户进行明细核算。

2. "投资收益"账户

该账户属于损益类账户，用来反映企业因短期投资而取得的投资收益或损失。该账户属于损益类账户，贷方登记取得的投资收益，借方登记发生的投资损失，期末将本账户的借贷方差额转入"本年利润"账户，结转后该账户无余额。该账户应按投资收益的种类设置明细分类账户进行投资的明细分类核算。

（二）短期债券的购入

企业购入债券进行短期投资时，应按实际支付的价款借记"短期投资"账户，反映企业该项短期投资的投资成本，如果价款中包含已到期但尚未领取的分期付息到期还本的债券利息时，应将其从投资成本中扣减，计入"应收利息"账户。如果企业购买的是到期还本付息的债券，则支付的全部价款中包含的自发行日起到购买日止的利息包含在投资的账面价值中，不单独核算。

【例5－1】某企业1月1日购入宏光公司该日发行的面值10000元五年期的公司债券，年利率为8％，每半年付息一次，购买手续费为250元，价款10250元，全部以银行存款支付，某企业不打算长期持有该债券。根据有关原始凭证，应编制如下会计分录：

  借：短期投资——债券投资   10250

    贷：银行存款   10250

【例5-2】某企业7月1日购入宏光公司于该年1月1日发行的面值10000元五年期的公司债券，年利率为8%，每半年计息一次，购买手续费为250元，价款10650元，全部以银行存款支付，某企业不打算长期持有该债券。根据有关原始凭证，应编制如下会计分录：

  借：短期投资——债券投资   10250

    应收利息   400

    贷：银行存款   10650

【例5-3】某企业3月1日购入宏光公司于该年1月1日发生的面值10000元五年期到期还本付息的公司债券，年利率为8%，购买手续费为250元，价款10384元，全部以银行存款支付，某企业不打算长期持有该债券。根据有关原始凭证，应编制如下会计分录：

  借：短期投资——债券投资   10384

    贷：银行存款   10384

（三）短期股票投资的购入

企业购入股票时，应按实际支付的价款借记"短期投资"账户。如果购入股票支付的价款中包含已宣告发放但尚未领取的现金股利，应将其作为"应收股利"核算，不计入短期投资的实际成本。

【例5-4】某企业5月1日购入宏光公司发行在外的普通股1000股，每股面值5元，购买价格为5.2元，手续费用200元，一并以银行存款支付。根据有关凭证，应编制如下会计分录：

  借：短期投资——股票投资   5400

    贷：银行存款   5400

【例5—5】某企业5月1日购入宏光公司发行在外的普通股1000股，每股面值5元，每股买价5.25元，其中含已宣告发放但尚未领取的现金股利共计50元，另外支付手续费200元，共计5450元，一并以银行存款支付。根据有关凭证，应编制如下会计分录：

借：短期投资——股票投资　　　　　5400
　　应收股利　　　　　　　　　　　　50
　　贷：银行存款　　　　　　　　　　　　5450

四、持有期内收到的现金股利及利息处理

短期投资持有期间所获得的现金股利或利息，除取得时已计入应收项目的现金股利或利息外，以实际收到时作为初始投资成本的收回，冲减短期投资账面价值。

短期投资取得时实际支付的价款中包含的已宣告但尚未领取的现金股利，或已到付息期但尚未领取的利息，以实际收到时冲减已记录的应收股利或应收利息，不冲减短期投资的账面价值。

【例5—6】接【例5—1】，某企业7月1日收到债券利息400元（10000×8%×6/12＝400元），款项存入银行。根据有关原始凭证，应编制如下会计分录：

借：银行存款　　　　　　　　　　　400
　　贷：短期投资——债券投资　　　　　　400

【例5—7】接例【例5—5】，某企业于5月20日，收到宏光公司已宣告发放的股利50元。根据有关原始凭证，应编制如下会计分录：

借：现金　　　　　　　　　　　　　50
　　贷：应收股利　　　　　　　　　　　　50

五、短期投资的处置

处置短期投资时，按所收到的处置收入与短期投资账面价值的差额确认为当期投资损益。需要注意的是，处置短期投资时，可同时结转已计提的短期投资跌价准备。部分处置某项短期投资时，应按该项投资的总平均成本确定其处置部分的成本。短期投资的跌价准备的计提，在下面另行阐述。

【例5—8】接【例5—6】，某企业于7月20日将该项债券投资出售，所得价款为10850元，全部存入银行。根据有关原始凭证，应编制如下会计分录：

借：银行存款 10850
  贷：短期投资——债券投资 9850
    投资收益 1000

【例5—9】接【例5—4】，某企业于5月20日将该项股票出售，所得价款为5800元，全部存入银行。根据有关原始凭证，应编制如下会计分录：

借：银行存款 5800
  贷：短期投资——股票投资 5400
    投资收益 400

六、短期投资的期末计价

短期投资的期末计价，是指期末短期投资在资产负债表上反映的价值。短期投资的期末计价有两种方法：成本法和成本与市价孰低法。按企业会计准则的规定采用成本与市价孰低法。市价，是指在证券市场上挂牌的交易价格，在具体计算时应按期末证券市场上的收盘价格作为市价。采用成本与市价孰低计价时，可根据企业的具体情况分别采用按投资总体、投资类别或单项计算并确定计提的跌价准备；如果某项短期投资比较重大（如占整个短期投资 10％及以上），应按单项投资为基础计算并确定计提的跌价损失准备。

【例 5－10】某企业短期投资按成本与市价孰低法计价，2001 年 12 月 31 日短期投资成本与市价金额见表 5－1。

表 5－1

项　目	2001 年 12 月 31 日		
	成本	市价	预计跌价（损）益
短期投资——股票			
股票 A	1500	1550	50
股票 B	3780	3500	－280
股票 C	4000	3780	－220
小计	9280	8830	－450
短期投资——债券			
债券 A	2370	2500	130
债券 B	4780	4000	－780
小计	7150	6500	－650
合计	16430	15330	－1100

某企业分别按单项投资、投资类别、投资总体计提跌价准备。

（1）按单项投资计提时，根据有关原始凭证，应编制如下会计分录：

借：投资收益　　　　　　　　　　1280
　　贷：短期投资跌价准备——股票 B　　280
　　　　　　　　　　　——股票 C　　220
　　　　　　　　　　　——债券 B　　780

某企业 2001 年 12 月 31 日"短期投资"账面价值为 15150 元（16430－1280）

（2）按投资类别计提时，根据有关原始凭证，应编制如下会计分录：

借：投资收益 　　　　　　　　　　　1100

　　贷：短期投资跌价准备——股票 　　　　　450

　　　　　　　　　　　——债券 　　　　　650

某企业 2001 年 12 月 31 日"短期投资"账面价值为 15330 元（16430－1100）

（3）按投资总体计提时，根据有关原始凭证，应编制如下会计分录：

借：投资收益 　　　　　　　　　　　　1100

　　贷：短期投资跌价准备 　　　　　　　　　1100

某企业 2001 年 12 月 31 日"短期投资"账面价值为 15330 元（16430－1100）

短期投资跌价准备可按以下公式计算：

当期应提取的短期投资跌价准备＝当期市价低于成本的金额－"短期投资跌价准备"科目的贷方余额

如果当期短期投资市价低于成本的金额大于"短期投资跌价准备"科目的贷方余额，应按其差额提取跌价损失准备；如果当期短期投资市价低于成本的金额小于"短期投资跌价准备"科目的贷方余额，应按其差额冲减已计提的跌价准备；如果当期短期投资市价高于成本，应在已提的跌价准备的范围内冲回。

另外，当部分处置短期投资时，应按该项投资的总平均成本确定其处置部分的成本。例如，某企业购买 B 股票，投资成本为 3780 元，计提的跌价准备为 280 元，假如处置该股票 50%时，其处置部分的成本为 1890 元，同时按 50%的比例，结转已计提的跌价准备 140 元。

第三节　长期股权投资的核算

一、长期股权投资的特点

长期股权投资是指企业打算长期持有的股权性质的投资。长期股权投资不仅可以使投资企业持续性地得到投资收益，更重要的是投资企业还可以根据所持股份的多少，对被投资企业的生产经营以及财务政策参与管理，产生影响，从而实现投资企业的战略目的。另外，投资企业还可以通过多元化的投资，分散本企业的风险，提高企业对市场环境的适应与应对能力。

长期股权投资依据对被投资单位产生的影响，分为以下四种类型：

1. 控制

是指有权决定一个企业的财务和经营政策，并能据以从该企业的经营活动中获取利益。一般包括直接拥有被投资单位50%以上的表决权资本和虽然直接拥有被投资单位50%或以下的表决权资本，但具有实质控制权的。在这种情况下，长期股权投资采用权益法进行核算。

2. 共同控制

是指按合同约定对某项经济活动所共有的控制。共同控制，是指由两个或多个企业共同投资建立实体，该被投资单位的财务和经营政策必须由投资双方或若干方共同决定。在这种情况下，长期股权投资采用权益法进行核算。

3. 重大影响

是指对一个企业的财务和经营政策有参与决策的权力，但并不决定这些政策。当投资企业直接拥有被投资单位 20％或以上至 50％的表决权资本时，一般认为对被投资单位具有重大影响。此外，虽然投资企业直接拥有被投资单位 20％以下的表决权资本，但具有重大影响情况的，也可视为重大影响。在这种情况下，长期股权投资采用权益法进行核算。

4. 无控制、无共同控制且无重大影响

是指上述三种类型以外的情况，如投资企业直接拥有被投资单位 20％以下的表决权资本，或投资企业虽然拥有被投资单位 20％或以上的表决权资本，但实质上对被投资单位不具有控制、共同控制和重大影响。在这种情况下，长期股权投资采用成本法进行核算。

二、长期股权投资的初始成本的确定

长期股权投资初始成本的确定分为企业合并取得和非合并取得。

1. 同一控制下的企业合并取得的股权投资，合并方以支付现金、转让非现金资产或承担债务方式作为合并对价的，应当在合并日按照取得被合并方所有者权益账面价值的份额作为长期股权投资的初始投资成本。长期股权投资初始成本与支付的现金、转让的非现金资产以及所承担债务账面价值之间的差额，应当调整资本公积；资本公积不是冲减的，调整留存收益。

2. 非同一控制下的企业合并取得的股权投资，初始投资本为投资方在购买日为取得对被购买方的控制权而付出的资产、发生或承担的负债以及发行的权益性证券的公允价值，即以付出的资产等的公允价值作为初始投资成本。

3. 非企业合并取得长期股权投资，其初始投资成本的确定与非同一控制下的企业合并取得的股权投资基本一致，也是以付出资产的公允价值作为初始投资成本。

三、长期股权投资的核算

为了核算长期股权投资业务，企业应设置"长期股权投资"、"应收股利"等账户。

"长期股权投资"属资产类账户，借方登记长期股权投资的取得成本，权益法下应享有的被投资单位实现的利润份额以及被投资单位所有者权益的增加，贷方登记处置长期股权投资的实际成本，权益法下应分担被投资单位的亏损以及长期股权投资持有期间分得非应享有的股份或利润，余额在借方，表示结存的长期股权投资。该账户应设置"股票投资"和"其他股权投资"两个明细账户。在权益法下，企业还应设置"投资成本"、"损益调整"、"股权投资准备"等三级明细账，并按被投资单位设置明细账进行明细核算。

1. 成本法

（1）成本法的适用范围。成本法是指按投资成本核算的方法。投资企业对被投资单位不具有共同控制或重大影响，并且在活跃市场中没有报价、公允价值不能可靠计量的长期股权投资，应采用成本法核算。

（2）成本法的核算要点。

①长期股权投资应当按照初始投资成本计价，追加或收回投资应当调整长期股权投资的成本。

②被投资单位宣告分派的利润或现金股利，投资企业按应享有的部分，确认为当期投资，但投资企业确认的投资收益，仅限于所获得的被投资单位在接受投资后产生的累积净利润的分配

额。所获得的被投资单位宣告分派的利润或现金股利超过被投资单位在接受投资后产生的累积净利润的部分，作为初始投资成本的收回。

③投资企业获得的投资年度的利润或现金股利，确认投资收益或冲减初始投资成本金额，按以下公式计算：

投资企业投资年度应享有的投资收益＝投资当年被投资单位每股盈余×投资企业所持股份×当年投资持有月份/12

投资企业投资年度应享有的投资收益＝投资当年被投资单位实现的净损益×投资企业所持股份×当年投资持有月份/12

④以后年度，投资企业所获得的利润或现金股利确认投资收益或冲减投资成本，按以下公式计算：

应冲减初始投资成本的金额＝（投资后至本年末止被投资单位累积分派的利润或现金股利－投资后至上年年末止被投资单位累积实现的净收益）×投资企业的持股比例－投资企业已冲减的初始投资成本

应确认的投资收益＝投资企业当年获得的利润或现金股利－应冲减初始投资成本的金额

【例 5－11】某企业 1998 年 3 月 1 日购入宏光公司股份 10000 股，每股价格 5 元，另支付相关税费 1200 元，所购股份占宏光公司有表决权资本的 10％，并准备长期持有。宏光公司于 1998 年 4 月 1 日宣告分派 1997 年度的现金股利，每股 0.2 元。某企业应编制如下会计分录：

初始投资成本＝10000×5＋1200＝51200 元

购入时：

借：长期股权投资——股票投资（宏光公司）

　　　　　　　　　　　　　　　　　　 51200

　　贷：银行存款　　　　　　　　　　　 51200

宏光公司宣告分派股利：

借：应收股利 （10000×0.2）2000

  贷：长期股权投资——股票投资（宏光公司）2000

【例5-12】接【例5-11】，假设宏光公司1999年4月10日宣告以3月1日为基准日，分派每股现金股利2元，如果宏光公司1998年度每股盈余1.5元，其他资料见【例5-11】，则某企业应编制如下会计分录：

某企业1998年度所持股票应享有的每股盈余

＝1.5×9/12＝1.125（元）

宏光公司分派现金股利应冲减的初始投资成本

＝（2-1.125）×10000＝8750元

投资收益＝1.125×10000＝11250（元）

借：应收股利 （2×10000）20000

  贷：长期股权投资——股票投资（宏光公司）8750

   投资收益 11250

2. 权益法

（1）权益法的适用范围。权益法是指投资企业最初以投资成本计价，以后根据投资企业享有被投资单位所有者权益份额的变动对投资的账面价值进行调整的方法。当投资企业对被投资单位具有共同控制或重大影响时，投资企业对被投资单位的长期股权投资应采用权益法进行核算。当投资企业对被投资单位不再有控制、共同控制或重大影响时，投资企业对被投资单位的长期股权投资应中止采用权益法，改按成本法核算。

（2）权益法的账务处理方法。

①初始投资或追加投资时，按照初始投资或追加投资时的投资成本增加长期股权投资的账面价值。

②投资后，随着被投资单位所有者权益的变动而相应增加或减少长期股权投资的账面价值。长期股权投资采用权益法核算，在会计核算上，主要解决以下问题：投资企业在投资后被投资单

位实现净利润或发生净亏损的处理；被投资单位除净损益以外其他所有者权益变动的处理。

投资企业在投资后被投资单位实现净利润或发生净亏损的处理：

投资后，随着被投资单位所有者权益的变动而相应调整增加或减少长期股权投资的账面价值，并分别以下情况处理：

第一，属于被投资单位当年实现的净利润而影响的所有者权益的变动，投资企业应按所持表决权资本比例计算应享有的份额，增加长期股权投资的账面价值，并确认为当期投资收益。

第二，属于被投资单位当年发生的净亏损而影响的所有者权益的变动，投资企业应按所持表决权资本的比例计算应分担的份额，减少长期股权投资的账面价值，并确认为当期投资损失。

投资企业确认被投资单位发生的净亏损，以投资账面价值减记至零为限。这里的投资账面价值是指该项股权投资的账面余额减去该项投资已提的减值准备，股权投资的账面余额包括投资成本、股权投资差额等。如果以后各期被投资单位实现净利润，投资企业应在计算的收益分享额超过未确认的亏损分担额以后，按超过未确认的亏损分担额的金额，恢复投资的账面价值。

【例5—13】某企业1996年1月1日向宏光公司投出如下资产（单位：元）：

项　　目	原始价值	累计折旧	账面价值
机器设备	700000	200000	500000
汽　　车	300000	50000	250000
商　　标			200000
合　　计	1000000	250000	950000

某企业的投资占宏光公司有表决权资本的50%，其投资成本与应享有宏光公司所有者权益份额相等。1996年宏光公司全

年实现净利润 800000 元；1997 年 2 月份宣告分派现金股利 400000 元；1997 年宏光公司全年净亏损 2400000 元；1998 年宏光公司全年实现净利润 2000000 元。根据资料（不考虑相关税费），某企业应编制如下会计分录：

（1）投资时：

借：长期股权投资——宏光公司（投资成本）

　　　　　　　　　　　　　　950000

　　累计折旧　　　　　　　　250000

　　贷：固定资产　　　　　　　　1000000

　　　　无形资产　　　　　　　　200000

（2）1996 年 12 月 31 日：

借：长期股权投资——宏光公司（损益调整）

　　　（800000×50%）400000

　　贷：投资收益　　　　　　　　400000

（3）1996 年年末"长期股权投资——宏光公司"科目的账面余额＝950000＋400000＝1350000（元）

（4）1997 年宣告分派股利：

借：应收股利——宏光公司

　　　（400000×50%）200000

　　贷：长期股权投资——宏光公司（损益调整）

　　　　　　　　　　　　　　200000

宣告分派股利后"长期股权投资——宏光公司"科目的账面余额＝1350000－200000＝1150000（元）

（5）1997 年 12 月 31 日：

可减少"长期股权投资——宏光公司"账面价值的金额为 1150000 元

借：投资收益　　　　　　　　1150000

贷：长期股权投资——宏光公司（损益调整）

　　　　　　　　　　　　　　　1150000

通常情况下，长期股权投资的账面价值减记至零为限。备查登记中应当记录未减记长期股权投资的金额为 50000 元（2400000×50％－1150000）

（6）1997 年 12 月 31 日"长期股权投资——宏光公司"科目的账面余额为零。

（7）1998 年 12 月 31 日：

可恢复"长期股权投资——宏光公司"科目的账面价值＝2000000×50％－50000＝950000（元）

借：长期股权投资——宏光公司（损益调整）

　　　　　　　　　　　　　　　950000

　　贷：投资收益　　　　　　950000

被投资单位除净损益以外其他所有者权益变动的处理：

因被投资单位接受捐赠资产所引起的所有者权益的变动，投资企业应按所持股权比例计算应享有的份额，增加长期股权投资的账面价值，作为股权投资准备，在长期股权投资中应单独核算，并作为资本公积的明细项目。等原计入资本公积的股权投资准备项目实现后可按规定程序转增资本。

因被投资单位外币资本折算所引起的所有者权益的变动，投资企业应按所拥有的表决权资本的比例计算应享有或分担的数额，调整长期股权投资的账面价值，并计入资本公积（股权投资准备）。

【例 5—14】某企业对宏光公司的投资占宏光公司注册资本的 50％。1996 年 12 月宏光公司接受捐赠设备一台，价值 1000000 元，预计使用 10 年，预计净残值为零。宏光公司 2000 年 12 月出售该台设备，所得出售收入 600000 元。假设所得税率 33％。

（1）宏光公司应编制如下会计分录：

1996 年接受捐赠设备：

借：固定资产品 1000000

    贷：资本公积——接受捐赠非现金资产准备670000

        递延税款 330000

2000 年出售该设备：

借：固定资产清理 600000

    累计折旧 400000

    贷：固定资产 1000000

借：银行存款 600000

    贷：固定资产清理 600000

借：递延税款 330000

    贷：应交税金——应交所得税 330000

借：资本公积——接受捐赠非现金资产准备670000

    贷：资本公积——其他资本公积 670000

（2）某企业应编制如下会计分录：

1996 年宏光公司接受捐赠设备：

借：长期股权投资——宏光公司（股权投资准备）

                        335000

    贷：资本公积——股权投资准备 335000

四、长期股权投资的处置

处置长期股权投资时，按实际取得的价款与长期股权投资账面价值的差额确认为当期投资收益，原计入资本公积——股权投资准备项目的金额转入"资本公积——其他资本公积"账户。处置长期股权投资时，应同时结转已计提的减值准备。部分处置某项长期股权投资时，应按该项投资的总平均成本确定其处置部分的成本，并按相应比例结转已计提的减值准备。

【例5－15】某企业1997年对宏光公司投资，初始投资成本为40000元，采用成本法核算。1998年某企业出售该项投资，出售所得价款50000元。假设该项投资未提减值准备。某企业应编制如下会计分录（不考虑相关税费）：

借：银行存款　　　　　　　　　　　　　　50000
　　贷：长期股权投资——宏光公司　　　　　40000
　　　　投资收益　　　　　　　　　　　　　10000

第四节　长期债权投资的核算

一、长期债权投资的特点

长期债权投资是指企业持有的各种长期债权性质的投资，包括长期债券投资和其他长期债权投资。债权投资是企业的一种重要的投资方式，具有安全性、流动性、收益稳定性等特点。投资者有权了解被投资单位的财务状况，有权转让债权性投资，在对被投资单位进行清算时可以首先得到偿付。债权性投资的收益率较低，投资企业应根据自身的实际情况，实现企业最佳的投资组合。

二、长期债券投资初始成本的确定

长期债权投资中最重要的一种投资是长期债券投资。本章着重讲解长期债券投资的核算。长期债券投资取得时的初始投资成本，是指取得长期债券投资时支付的全部价款，包括税金、手续费等相关费用。其实际支付的价款中含有已到付息期但尚未领取的利息，作为应收项目单独核算，实际支付的价款中含有尚未到期的利息，构成初始成本，在长期债券投资中单独核算。企业为取得债权投资所发生的税金、手续费等相关费用，按以下规定处理：

第一，所发生的相关费用数额不大的，可采用一次摊销方法，于取得时直接计入当期投资收益。

第二，所发生的相关费用数额较大的，可采用分次摊销方法，于取得后至到期前的期间内于确认相关债券利息收入时摊销，计入投资收益。未摊销的相关费用，应在"长期债权投资"科目中单独核算。

三、长期债券投资的核算

长期债券的购入，有时按债券的面值购入，有的按高于或低于债券面值的价格购入，这主要是由于债券的票面利率与市场利率不一致而引起的。为了核算长期债券投资业务，企业应设置"长期债权投资"账户进行核算。"长期债权投资"账户属于资产类账户，用来核算企业持有的各种长期债权性质的投资。在该账户下设置"债券投资"和"其他长期债权投资"明细账户，并在"债券投资"明细账户下设置"债券面值"、"债券费用"、"应计利息"等三级明细账户进行明细核算。

1. 按面值购入债券的核算

当债券的票面利率等于市场利率时，投资企业按债券的面值购入债券，即平价购入。

【例5—16】某企业以1050000元价格购入宏光公司发行五年期债券1000张，每张面值1000元，年利率10%，同期市场

利率 10％，债券已发行 6 个月，支付手续费、税金等相关费用
800 元，款项以银行存款支付。该债券每年年末付息一次，到期
还本并支付最后一年的利息。根据有关原始凭证，应编制如下会
计分录：

（1）购入债券时：

借：长期债权投资——债券投资（债券面值）

$\qquad$ 1000000

$\qquad$ 应收利息　　　　　　　　50000

$\qquad$ 财务费用　　　　　　　　　800

$\qquad$ 贷：银行存款　　　　　　　　1050800

（2）按期预计利息时：

第一年的利息＝1000000×10％－50000＝50000

借：应收利息　　　　　　　　50000

$\qquad$ 贷：投资收益——债券利息收入　　　50000

（3）收到利息时：

借：银行存款　　　　　　　　100000

$\qquad$ 贷：应收利息　　　　　　　　100000

（4）债券到期收回：

借：银行存款　　　　　　　1100000

$\qquad$ 贷：长期债权投资——债券投资（面值）1000000

$\qquad$ 投资收益——债券利息收入区性　　100000

2. 溢价购入债券的核算

当债券的票面利率高于市场利率时，为了补偿以高于市场利
率水平而逐期多付的利息，发行债券的企业会以高于债券面值的
价格出售债券，这时投资企业要以高于债券面值的价格购入债
券，即溢价购入。对于投资企业来讲，溢价购入是为了以后各期
多获得利息而预先付出的代价。

【例 5－17】某企业于 1995 年 1 月 3 日，购入宏光公司 1995

年 1 月 1 日发行的五年期债券，票面利率 12%，债券面值 1000 元，企业按 1050 元的价格购入 80 张，另支付相关税费 400 元（直接计入当期损益）。发行时市场实际利率为 10.66%。该债券每年付息一次，最后一年还本并付最后一次利息。

（1）购入债券时：

借：长期债权投资——债券投资（债券面值）80000

        ——债券投资（债券溢价）4000

   财务费用 400

   贷：银行存款 84400

（2）按期预计利息并摊销溢价：

为了准确计算每期实际投资收益并使"长期债权投资——债券投资"账户的账面价值与票面价值相同，在每期计算长期债权投资应计利息并进行账务处理时，必须进行溢价摊销，摊销的方法有直线法和实际利率法两种。

①直线法。直线法是将债券的溢价按债券的还款期限（或付息期数）平均分摊，每期都按不变的数额进行摊销。

计息次数	应收利息 1 面值×12%	溢价摊销 2 溢价/期数	利息收入 3 3＝1－2	未摊销溢价 4 4＝上期 4－2	账面价值 5 5＝上期 5－2
				4000	84000
1	9600	800	8800	3200	83200
2	9600	800	8800	2400	82400
3	9600	800	8800	1600	81600
4	9600	800	8800	800	80800
5	9600	800	8800	0	80000
合计	48000	4000	44000	—	—

借：应收利息　　　　　　　　　　　　9600
　　贷：投资收益——债券利息收入　　　　　8800
　　　　长期债权投资——债券投资（债券溢价）　800

②实际利率法。在实际利率法下，债权投资的每期应计利息收入等于债券每期期初账面价值乘以实际利率。由于债券的账面价值随着债券溢价的摊销而减少，因此，所计算出的应计利息收入逐年减少。每期利息收入和按票面利率计算的应计利息收入的差额，即为每期溢价的摊销数。

计息次数	应收利息 1	溢价摊销 2	利息收入 3	未摊销溢价 4	账面价值 5
	面值×12%	5×10.66%	3＝1－2	4＝上期4－3	5＝上期5－3
				4000	84000
1	9600	8954	646	3354	83354
2	9600	8886	714	2640	82640
3	9600	8809	791	1849	81849
4	9600	8725	875	974	80974
5	9600	8626	974	0	80000
合计	48000	44000	4000	—	—

根据有关原始凭证，应编制如下会计分录：

借：应收利息　　　　　　　　　　　　9600
　　贷：投资收益——债券利息收入　　　　　8954
　　　　长期债权投资——债券投资（债券溢价）　646

以后各年依此类推，只是各年的溢价摊销金额不一样，到第五年末，将溢价摊销完毕，"长期债权投资——债券投资"账户的账面价值与债券面值相等。

（3）债券到期收回：

借：银行存款　　　　　　　　　　　　89600

贷：长期债权投资——债券投资（面值）　　80000

　　　应收利息　　　　　　　　　　　　　　9600

3. 折价购入债券的核算

如果债券的票面利率低于市场利率，意味着发行单位以后实际支付的利息会低于按照市场利率计算的利息，则发行单位会按照低于票面价值的价格发行债券，即折价发行。对于发行者而言，折价是为今后少付利息而事先付出的代价，而对于投资者而言，是为今后少得利息而事先得到的补偿。

【例5-18】某企业2003年1月3日以950000元的价格，购入宏光公司2003年1月1日发行的五年期债券1000张，每张面值1000元，年利率8%，同期市场利率10%，支付手续费、税金等相关费用800元，款项以银行存款支付。该债券到期一次还本付息。应编制如下会计分录：

购买债券时：

借：长期债权投资——债券投资（债券面值）　1000000

　　财务费用　　　　　　　　　　　　　　　　800

　　贷：银行存款　　　　　　　　　　　　　　950800

　　　　长期债权投资——债券投资（债券折价）　50000

按直线法计提利息时：

借：长期债权投资——债券投资（应计利息）　80000

　　　　　　　　　——债券投资（债券折价）　10000

　　贷：投资收益——债券利息收入　　　　　　90000

债券到期收回时：

借：银行存款　　　　　　　　　　　　　　1400000

　　贷：长期债权投资——债券投资（债券面值）1000000

　　　　　　　　　　——债券投资（应计利息）400000

四、长期债权投资的处置

处置长期债权投资时，按所收到的处置收入与长期债权投资账面价值的差额确认为当期投资损益。处置长期债权投资时，应同时结转已计提的减值准备。部分处置某项长期债权投资时，应按该项投资的总平均成本确定其处置部分的成本，并按相应比例结转已计提的减值准备。

第五节　长期投资减值的核算

一、长期投资减值的确认

根据《企业会计准则——长期股权投资》的有关规定，企业应对长期投资的账面价值定期地逐项进行检查，至少于每年年末检查一次。如果由于市价持续下跌或被投资单位经营状况变化等原因导致其可收回金额低于投资的账面价值，应将可收回金额低于长期投资账面价值的差额，确认为当期投资损失。

可收回金额，指资产的出售净价与预计从该资产的持有和投资到期处置中形成的预计未来现金流量的现值两者之中的较高者。其中，出售净价是指资产的出售价格减去所发生的资产处置费用后的余额。可收回金额应当根据被投资单位的财务状况、市场价值等具体情况确定。

（一）有市价的长期投资

对于有市价的长期投资，是否应当计提减值准备，可以根据以下迹象判断：

（1）市价持续 2 年低于账面价值。

（2）该项投资暂停交易 1 年或 1 年以上。

（3）被投资单位当年发生严重亏损。

（4）被投资单位持续 2 年发生亏损。

（5）被投资单位进行清理整顿、清算或出现其他不能持续经营的迹象。

（二）无市价的长期投资

对于无市价的长期投资，是否应当计提减值准备，可以根据以下迹象判断：

（1）影响被投资单位经营的政治或法律等环境的变化，如税收、贸易等法规的颁布或修订，可能导致被投资单位出现巨额亏损。

（2）被投资单位所供应的商品或提供的劳务因产品过时或消费者偏好改变而使市场的需求发生变化，从而导致被投资单位财务状况发生严重恶化。

（3）被投资单位所在行业的生产技术等发生重大变化，被投资单位已失去竞争能力，从而导致财务状况发生严重恶化，如进行清理整顿、清算等。

（4）有证据表明该项投资实质上已经不能再给企业带来经济利益的其他情形。

长期投资的减值准备应按照个别投资项目计算确定，如果按照上述判断标准其估计未来可收回金额低于投资的账面价值的，应将可收回金额低于长期投资账面价值的差额，确认为当期投资损失。但已确认损失的长期投资的价值又得以恢复，应在原已确认的投资损失的数额内转回。

二、长期投资减值准备的核算

在计提长期投资减值准备时，应注意以下几个问题：

（1）长期投资的减值准备应按照个别投资项目计算确定。

（2）计提的减值准备，直接计入当期损益。

【例5—19】某企业 1999 年 1 月 1 日对宏光公司长期股权投资（该项长期股权投资系以银行存款购买取得的）的账面价值为 450000 元，持有宏光公司的股份 75000 股，并按权益法核算。同年 7 月 5 日，由于宏光公司所在地区发生洪水，企业被冲毁，大部分资产已损失，并难有恢复的可能。使其股票市价下跌为每股 2 元。某企业提取该项投资的减值准备应编制如下会计分录：

应提减值准备＝450000－2×75000＝300000（元）

借：投资收益——长期股权投资减值准备　　300000

　　贷：长期减值准备——宏光公司　　　　　　300000

思考题：

1. 如何对投资进行分类？

2. 短期投资有何特点？短期投资的初始成本包括哪些内容？

3. 什么是长期股权投资？

4. 什么是长期股权投资的成本法？什么是长期股权投资的权益法？什么是股权投资差额？

5. 什么是长期债权投资？长期债权投资的特点是什么？

练习题：

1. 长期股权投资成本法的核算

资料：港龙公司 2002 年 1 月 1 日以银行存款 140 万元向龙海公司投资，取得龙海公司 10％的股权，并准备长期持有。龙海公司 2002 年 1 月 1 日所有者权益总额为 1000 万元，其中股本为 600 万元，未分配利润为 400 万元。龙海公司 2002 年 4 月 20 日宣告分派 2001 年度现金股利 100 万元。2002 年度实现净利润为 500 万元。2003 年 4 月 20 日龙海公司宣告分派现金股利为 600 万元；2003 年度实现利润为 400 万元。2004 年 4 月 10 日龙海公司宣告分派现金股利为 250 万元；2004 年度实现净利润 600 万元。2005 年 4 月 10 日龙海公司宣告分派现金股利为 200 万元。

要求：（1）分别计算 2003 年度、2004 年度和 2005 年度龙海公司宣告分派现金股利时港龙公司应确认的投资收益和应冲减的投资成本。

（2）编制股权投资的有关会计分录。

2. 长期股权投资权益法的核算

资料：2003 年 1 月 1 日龙海公司购入华泰公司持有的宏大公司 30％的股权，支付价款 560 万元，对宏大公司具有重大影响，龙海公司对该项投资采用权益法核算。投资时，宏大公司所有者权益数额为 2000 万元。（1）2004 年 1 月 1 日，龙海公司再次购入宏大公司 10％的股份，支付价款 280 万元，再购入股份时，宏大公司所有者权益数额为 2300 万元。股权投资差额按 10 年平均摊销。（2）如果 2004 年 1 月 1 日龙海公司再投资时支付的价款为 260 万元，其他资料不变。

要求：分别编制龙海公司相关的会计分录。

3. 短期投资跌价准备的计提

资料：华丰公司 2004 年短期投资业务如下：

（1）6 月 1 日，从证券市场上购入龙海公司股票 5000 股作为短期投资，每股价格为 10 元，另外支付税费及手续费 500 元。

（2）6 月 20 日，以银行存款购入华泰公司已宣告但尚未分派现金股利的股票 50000 股作为短期投资，每股成交价 8 元，另支付印花税及证券手续费 2000 元；华泰公司已于 6 月 10 日宣告分股发放现金股利 0.5 元，股权截止日为 6 月 30 日。

（3）8 月 1 日，购入宏大公司同年 4 月 1 日发行、半年付息一次、年利率 10%，5 年期面值总额为 100000 元的公司债券作为短期投资。以银行存款支付价款 110000 元，另支付手续费 1000 元。

（4）7 月 5 日，收到华泰公司发放的现金股利。

（5）10 月 2 日，收到宏大公司的债券利息。

（6）12 月 1 日，购入泰山公司上年 6 月 1 日发行的 3 年期债券作为短期投资，该债券面值总额 300000 元，年利率 8%，华丰公司按 315000 元的价格购入，另支付税费等相关费用 3000 元，该债券到期还本付息。

（7）12 月 20 日，将宏大公司债券全部售出，取得 120000 元收入，并支付手续费 800 元。

（8）12 月 30 日，企业短期投资按成本与市价孰低法计价，其投资成本与市价金额如下：

短期投资——股票	成本	市价	预计跌价（损益）
股票龙海	50500	60000	9500
股票华泰	377000	350000	（27000）
小计	427500	410000	（17500）

续表

短期投资——股票	成本	市价	预计跌价（损益）
短期投资——债券			
债券泰山	318000	320000	2000
小计	318000	320000	2000
合计	745500	730000	（15500）

要求：编制上述经济业务的会计分录。（分别按单项投资、投资类别、投资总体计提跌价准备）

4. 长期股权投资的核算

资料：宏大股份有限公司（以下简称宏大公司）2001 年至 2004 年投资业务有关的资料如下：

（1）宏大公司于 2001 年 1 月 1 日以 250 万元向东方企业投资，取得东方企业 10% 的股权，宏大公司对该项投资采用成本法核算。东方企业 2001 年 1 月 1 日的所有者权益总额为 2000 万元（其中实收资本 1000 万元，资本公积 500 万元，盈余公积 200 万元，未分配利润 300 万元）。

（2）2001 年 4 月 20 日东方企业宣告发放现金股利 100 万元，宏大公司已收到现金股利。2001 年东方企业实现净利润 500 万元。

（3）2002 年 1 月 1 日宏大公司又以银行存款 780 万元收购另一投资者持有的东方企业 30% 的股权。

（4）2002 年 4 月 10 日东方企业宣告发放现金股利 100 万元，宏大公司已收到现金股利。

（5）2002 年东方企业全年实现净利润 600 万元。

（6）2003 年 4 月 10 日东方企业宣告发放现金股利 300 万元，宏大公司已收到现金股利。2003 年度东方企业全年发生亏损 200 万元，宏大公司预计对东方企业的投资可收回金额为 980

万元。

（7）2004 年 1 月 20 日宏大公司出售对东方企业的全部投资，收到出售价款 940 万元，已收入银行。

要求：编制宏大公司股权投资的有关会计分录（股权投资差额按 5 年摊销）。

第六章　固定资产

【学习目的与要求】固定资产是企业生产经营过程中非常重要的劳动资料，是企业资产的重要组成部分，其规模大小往往与企业的生产特点、技术水平直接相关，是企业生产经营能力的源泉。本章主要讲述固定资产的概念、分类、计价，固定资产增加、减少的核算，折旧的计算等内容。通过本章的学习，学生应了解固定资产的分类与计价，理解固定资产入账价值的构成，掌握固定资产的核算和折旧的计提以及固定资产修理与改扩建的核算。

第一节　固定资产概述

一、固定资产概念

固定资产是指为生产商品、提供劳务、出租或经营管理而持有的，使用寿命超过一个会计年度的有形资产。固定资产作为一种有形的长期资产，既有别于流动资产，又不同于无形资产、长期投资，它的确认条件为：

（一）与该固定资产有关的经济利益很可能流入企业；

（二）该固定资产的成本能够可靠地计量。

如果一项综合性固定资产的各组成部分具有不同特点，或不同使用寿命，或以不同方式为企业提供经济利益，适用不同折旧率或折旧方法的，应当分别将各组成部分确认为单项固定资产，而不应作为一项固定资产确认。

二、固定资产的分类

企业的固定资产种类繁多，规格不一，为了正确进行核算，应按不同标准对固定资产进行分类，如图 6-1 所示：

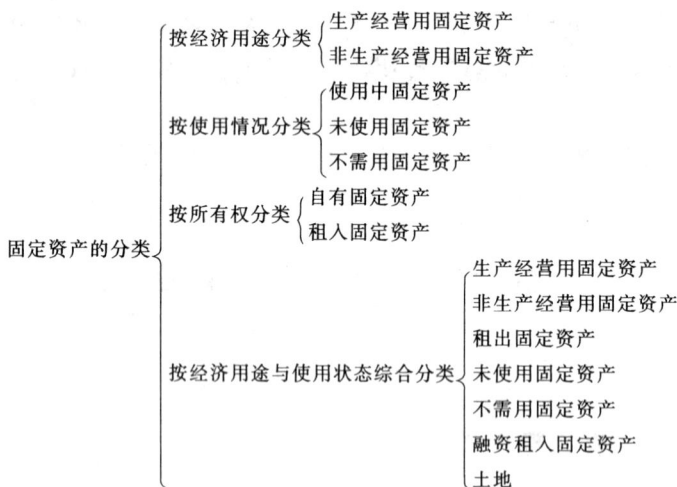

```
                            ┌ 生产经营用固定资产
            按经济用途分类 ─┤
            │               └ 非生产经营用固定资产
            │               ┌ 使用中固定资产
            │  按使用情况分类┤  未使用固定资产
            │               └ 不需用固定资产
  固定资产的 │              ┌ 自有固定资产
  分类      ─┤ 按所有权分类┤
            │              └ 租入固定资产
            │                          ┌ 生产经营用固定资产
            │                          │ 非生产经营用固定资产
            │                          │ 租出固定资产
            └ 按经济用途与使用状态综合分类┤ 未使用固定资产
                                       │ 不需用固定资产
                                       │ 融资租入固定资产
                                       └ 土地
```

图 6-1

（一）按经济用途分类，可将固定资产分为生产经营用固定资产和非生产经营用固定资产两类

生产经营用固定资产，是指直接用于企业生产经营过程的各种固定资产，主要包括生产经营用的房屋、建筑物、机器设备、运输设备、工具器具和管理用具等。非生产经营用固定资产，是指不直接用于企业生产经营过程的各种固定资产，主要包括非生产经营部门使用的房屋器具等，如职工宿舍、食堂等。

（二）按使用情况分类，可将固定资产分为使用中固定资产、未使用固定资产，不需用固定资产三类

使用中固定资产，是指正在使用的各种固定资产，以及由于季节性停用和因修理停用的固定资产。另外，企业以收取租金的方式租给外单位使用的固定资产也应列在其中。未使用固定资产，是指企业已购建完成尚未使用的新增固定资产，因改、扩建原因暂停使用的固定资产。不需用固定资产是指企业多余不用或不适用而准备调配处理的固定资产。

（三）按所有权分类，可将固定资产分为企业自有固定资产和租入固定资产两类

自有固定资产，是指企业拥有的可供企业自行支配使用的固定资产。租入固定资产，是指企业采用融资租赁方式从其他单位租入的固定资产。

（四）按经济用途与使用状态综合分类，可将固定资产分为以下七类

（1）生产经营用固定资产；

（2）非生产经营用固定资产；

（3）租出固定资产；

（4）未使用固定资产；

（5）不需用固定资产；

（6）融资租入固定资产；

（7）土地，指过去已经单独估价入账的土地。

三、固定资产的计价

固定资产的计价基础一般有三种：原始价值、重置价值、净值。

（一）原始价值

固定资产的原始价值也称为固定资产的原始成本、历史成本，是指固定资产达到可使用状态前所发生的一切合理、必要的支出。它可以如实反映固定资产的原始投资价值，反映固定资产的规模、生产能力和使用价值，它是固定资产的基本计价标准。

（二）重置价值

重置价值也称重置成本，是指在现时的生产技术条件下，重新购置同样的固定资产所需的全部支出。一般在以下几种情况下采用重置价值：

（1）盘盈的固定资产；

（2）接受外界捐赠的固定资产，无法确定其价值时；

（3）接受投资固定资产；

（4）对会计报表进行补充、附注说明时。

（三）净值

固定资产的净值是指固定资产的原值减去已提折旧后的余额，它反映了企业实际占用在固定资产上的资金数额，体现了固定资产的新旧程度。

四、固定资产核算应设置的账户

为了核算固定资产的增减变动和期末结存情况，企业应设置"固定资产"、"在建工程"、"工程物资"、"累计折旧"、"固定资产清理"、"待处理财产损溢"、"在建工程减值准备"、"固定资产减值准备"等账户。

1. "固定资产"账户

它用来核算固定资产原值的增减变动和结存情况。其借方登记增加固定资产的原值，贷方登记减少固定资产的原值，期末余额在借方，表示现有固定资产的原值。企业应设置"固定资产登记簿"和"固定资产卡片"，按固定资产类别、使用部门和每项固定资产进行明细核算。

2. "在建工程"账户

它用来核算各项工程的实际成本。借方登记各项工程建设发生的实际成本，贷方登记已完工工程的实际成本，期末余额在借方，表示尚未完工的工程实际成本，同时企业应按工程项目进行明细核算。

3. "工程物资"账户

它用来核算为各项工程准备的各种物资实际成本的增减变动和结存情况，借方登记验收入库的工程物资的实际成本，贷方登记出库的工程物资的实际成本，期末余额在借方，表示库存的工程物资的实际成本，同时企业应按工程物资的品种进行明细核算。

4. "累计折旧"账户

它是"固定资产"账户的备抵调整账户，用来核算企业固定资产的累计折旧数额。贷方登记企业各期计提的折旧额和增加固定资产已提折旧额，借方登记减少固定资产的累计折旧额，期末余额在贷方，表示全部固定资产已提折旧的累计额。

5. "固定资产清理"账户

它用来核算企业因出售、报废和毁损等原因转入清理的固定资产价值及其在清理过程中发生的各项收入、费用和净损益，借方登记转入清理过程的固定资产净值以及清理过程中所发生的费用，销售不动产等应交纳的税金，贷方登记清理过程中的残料收入、变卖收入以及应向保险公司或有关责任者收取的赔款等。若期末余额在借方，表示在清理过程中发生的净损失，应转入"营业外支出"账户，若期末余额在贷方，表示清理过程中取得的净收益，应转入"营业外收入"账户。清理工作完毕后，经过结转该账户应无余额。同时企业应按被清理的固定资产的品种进行明细核算。

6."固定资产减值准备"账户

它用来核算企业提取的固定资产减值准备，它是固定资产净值的备抵账户，其贷方登记固定资产减值准备的提取额，借方登记已计提减值准备的固定资产价值的转回数，期末余额在贷方，表示企业已提取的固定资产减值准备。

7."在建工程减值准备"账户

它用来核算企业提取的在建工程减值准备，是"在建工程"账户的备抵账户，其贷方反映在建工程减值准备的提取额，借方登记已计提的减值准备的转回数，期末余额在贷方，反映企业已提取的在建工程减值准备。

第二节　固定资产增加的核算

一、固定资产入账价值的构成

固定资产应当按照成本进行初始计量。不同取得方式有其实际成本计量的具体标准。

（一）企业外购的固定资产

外购固定资产的成本，包括购买价款、相关税费、使固定资产达到预定可使用状态前所发生的可归属于该项资产的运输费、装卸费、安装费和专业人员服务费等；购买固定资产的价款超过正常信用条件延期支付的，实质上具有融资性质的，固定资产的成本以购买价款的现值为基础确定。实际支付的价款与购买价款的现值之间的差额，符合借款费用准则应予资本化。

以一笔款项购入多项没有单独标价的固定资产，应当按照各项固定资产公允价值比例对总成本进行分配，分别确定各项固定资产的成本。

（二）自行建造的固定资产

自行建造固定资产的成本，由建造该项资产达到预定可使用状态前所发生的必要支出构成，符合资本化原则的借款费用应计入固定资产成本。

（三）投资者投入固定资产

投资者投入固定资产的成本，应当按照投资合同或协议规定的价值确定，但合同或协议约定价值不公允的除外。

（四）融资租入的固定资产

融资租入的固定资产的成本，应当按照租赁开始日租赁资产公允价值与最低租赁付款额款值两者中较低者作为租入资产的入账价值，将最低租赁付款额作为长期应付款的入账价值，其差额作为未确认融资费用。

（五）在原有基础上进行改建、扩建的固定资产

按原有固定资产账面价值，减去改建、扩建过程中发生的变价收入，加上由于改建、扩建而使该项固定资产达到预定可使用状态前发生的支出作为入账价值。

（六）接受捐赠的固定资产

应按以下规定确定其入账价值：

其一，捐赠方提供了有关凭据的，按凭据上表明的金额加上应支付的相关税金作为入账价值；

其二，捐赠方没有提供有关凭据时，如果同类或类似资产存在活跃市场的，按市场价格估计的金额加上应支付的相关税费作为入账价值，否则按该接受捐赠资产预计未来现金流量现值，作为入账价值；

其三，如果接受捐赠旧的固定资产，按照上述方法确定价值后，减去按该项资产的新旧程度估计的价值损耗后的余额，作为入账价值。

（七）盘盈的固定资产

以同类或类似固定资产的市场价格，减去按该项资产的新旧程度估计的价值损耗后的余额作为入账价值。

（八）企业接受的债务人以非现金资产抵偿债务方式取得的固定资产

按应收债权的账面价值加上应付相关税费作为入账价值。如涉及补价的，按以下规定确定受让的固定资产的入账价值：

（1）收到补价的，按应收债权的账面价值减去补价加上应支付的相关税费作为入账价值；

（2）支付补价的，按应收债权的账面价值加上支付的补价和应支付的相关税费，作为入账价值。

（九）以非货币性交易换入的固定资产

以非货币性交易换入的固定资产在满足以下两个条件时，应当以公允价值和应支付的相关税费作为换入固定资产的成本，否则按换出资产的账面价值。两个条件为：一是交换是否具有商业性质；二是换入或换出资产的公允价值能够可靠地计量。

（十）经批准无偿调入的固定资产

按调出单位的账面原值加上发生的运输费、安装费等相关费用作为入账价值。

二、固定资产增加的核算

(一)购入固定资产的核算

企业购入不需要安装的固定资产,应按实际支付的价款作为购入固定资产的原值,借记"固定资产"账户,贷记"银行存款"等账户。购入需要安装的固定资产,应通过"在建工程"账户核算,安装完毕交付使用时,再从"在建工程"账户转入"固定资产"账户。

【例6-1】某企业购入汽车1辆,买价60000元,增值税额10200元,运输费、保险费1500元,款项已支付。应编制如下会计分录:

借:固定资产　　　　　　　　　　　71700
　贷:银行存款　　　　　　　　　　　　　71700

【例6-2】某企业购入需要安装的设备1台,价款为100000元,增值税17000元,运费1000元,款项已支付。设备安装时,耗用原材料20000元,增值税额3400元,应支付安装人员的工资2000元,安装完毕后交付生产使用。应编制如下会计分录:

购入设备,支付款项后交付安装:

借:在建工程　　　　　　　　　　　118000
　贷:银行存款　　　　　　　　　　　　118000

设备安装时,耗用原材料:

借:在建工程　　　　　　　　　　　23400
　贷:原材料　　　　　　　　　　　　　20000
　　应交税金——应交增值税(进项税额转出)
　　　　　　　　　　　　　　　　　　　3400

结转设备安装人员的工资:

借:在建工程　　　　　　　　　　　2000

　　　　贷：应付工资　　　　　　　　　　　2000

设备安装完毕，交付使用时：

　　借：固定资产　　　　　　　　　　143400

　　　　贷：在建工程　　　　　　　　　　143400

（二）自行建造的固定资产

企业可以根据自身生产经营的特殊需要，利用自己的人力、物力条件，自营建造以及出包给他人建造的固定资产称之为自行建造固定资产。企业自行建造的固定资产应按建造过程中的全部支出（包括所消耗的材料、人工、其他费用和交纳的有关税金等）确定其价值，并均应通过"在建工程"账户进行核算。

1. 自营建造固定资产的核算

企业购入工程物资时，应借记"工程物资"账户，贷记"银行存款"账户；领用工程物资时，应借记"在建工程"账户，贷记"原材料"、"应交税金——应交增值税（进项税额转出）"账户；若工程领用本企业生产的产品时，借记"在建工程"账户，贷记"库存商品"、"应交税金——应交增值税（销项税额）"账户；工程应负担的职工工资和福利费，企业辅助生产部门为工程提供的水、电、设备安装、修理、运输等劳务，借记"在建工程"账户、贷记"应付工资"、"应付福利费"、"生产成本——辅助生产成本"等账户；自营工程中发生的报废损失，应根据报废部件的实际成本扣除残料和应收赔偿款后的净损失，借记"在建工程"或"营业外支出"账户，根据残料价值和应收赔款，借记"原材料"、"其他应收款"账户，根据报废部件的实际成本，贷记"在建工程"账户；工程物资盘点时，如发生盘亏，应根据盘亏物资的实际成本，借记"在建工程"或"营业外支出"账户，贷记"工程物资"账户，盘盈的，应做相反的处理；工程完工，办理竣工结算并交付使用，应按自营工程的实际成本，借记"固定资产"账户，贷记"在建工程"账户。已领出的剩余工程专用材料，应办理退库手续或转为本企业的存货。

【例 6-3】某企业为其自营工程购入各种物资 200000 元，增值税额 34000 元，款项已支付，实际领用工程物资 222300 元，剩余物资转为企业的存货。此外还领用了本企业的原材料一批，价款 8000 元，增值税 1360 元，应负担工程人员的工资 10000 元，福利费 1400 元，辅助生产车间为工程提供修理业务的支出为 2000 元，工程完工后及时办理决算并交付使用。应编制如下会计分录：

购入工程物资时：

借：工程物资　　　　　　　　　　234000

　　贷：银行存款　　　　　　　　　　　234000

领用工程物资时：

借：在建工程　　　　　　　　　　222300

　　贷：工程物资　　　　　　　　　　　222300

领用企业原材料：

借：在建工程　　　　　　　　　　9360

　　贷：原材料　　　　　　　　　　　　8000

　　　应交税金——应交增值税（进项税额转出）

　　　　　　　　　　　　　　　　　　1360

辅助生产车间提供的修理业务支出：

借：在建工程　　　　　　　　　　2000

　　贷：生产成本——辅助生产车间　　　2000

分配工程人员的工资、福利费：

借：在建工程　　　　　　　　　　11400

　　贷：应付工资　　　　　　　　　　　10000

　　　应付福利费　　　　　　　　　　　1400

工程完工、交付使用：

自营工程的实际成本 = 222300 + 9360 + 2000 + 11400

＝245060

借：固定资产   245060
    贷：在建工程   245060

剩余工程物资转作本企业存货：

借：原材料   10000
    应交税金——应交增值税（进项税额）   1700
    贷：工程物资   11700

2. 出包方式建造固定资产的核算

企业采用出包方式建造固定资产，其工程的具体支出在承包单位核算。企业按规定预付和补付承包工程价款时，借记"在建工程"账户，贷记"银行存款"账户，工程完工交付使用时，按实际的全部支出，借记"固定资产"账户，贷记"在建工程"账户。

【例6—4】某企业将一建造工程出包给 A 公司，并向该公司预付工程款 500000 元，工程完工后收到该公司的有关账单，需补付工程款 50000 元，工程完工后，办理决算并交付使用。应编制如下会计分录：

预付工程款：

借：在建工程   500000
    贷：银行存款   500000

补付工程款：

借：在建工程   50000
    贷：银行存款   50000

工程完工：

借：固定资产   550000
    贷：在建工程   550000

（三）投资者投入的固定资产

企业收到投资者投入的固定资产，按投资合同规定的价值，借记"固定资产"账户，贷记"实收资本"（非股份有限公司）或"股东"（股份有限公司）账户。

【例6—5】某企业收到红光公司投入生产用的不需安装的设备一台，双方确认的价值为100000元，设备交付使用。企业收到设备时，应编制如下会计分录：

借：固定资产　　　　　　　　　　100000
　　贷：实收资本　　　　　　　　　　　100000

（四）接受捐赠的固定资产

捐赠人捐赠固定资产，可以形成企业权益的增加，但捐赠人不是企业的所有者，因此这种捐赠不形成企业的实收资本，而是作为所有者权益中的资本公积处理。企业接受捐赠的固定资产，按确定的固定资产入账价值，借记"固定资产"账户，按未来应交的所得税，贷记"递延税款"账户，按确定的入账价值减去未来应交所得税后的余额，贷记"资本公积"账户，按应支付的相关税费，贷记"银行存款"等账户。

【例6—6】某企业接受外单位捐赠的设备一台，根据捐赠单位提供的设备发票等有关单据，确定其价值为100000元，估计折旧额10000元，企业适用的所得税税率为33%。企业根据有关原始凭证，应编制如下会计分录：

借：固定资产　　　　　　　　　　100000
　　贷：资本公积——接受捐赠的非现金资产准备
　　　　　　　　　　　　　　　　　　60300
　　　　递延税款　　　　　　　　　　29700
　　　　累计折旧　　　　　　　　　　10000

（五）租入的固定资产

目前我国租赁业务主要有经营租赁和融资租赁两种。

1. 经营租赁

经营租赁是为了满足企业生产经营上的临时性需要而进行的

租赁，其特点是租入方对固定资产只有使用权，没有所有权，而且租期一般较短。经营性租入的固定资产，不作为自有固定资产入账，只通过备查登记的方式进行记录和管理，不需计提折旧，仅需按期支付租金。

经营租赁租入的固定资产所支付的租赁费，按租入固定资产用途，借记"管理费用"、"制造费用"等账户，贷记"银行存款"账户；如需预付租金，可先借记"待摊费用"账户，贷记"银行存款"账户，在租赁期内分期摊销时，借记"管理费用"、"制造费用"等账户，贷记"待摊费用"账户。

【例6—7】某企业由于生产经营的需要，20××年6月至12月，租入汽车5辆，以满足进货之需，租期为6个月，每月租金15000元，共计90000元，租金于开始时一次付清。应编制如下会计分录：

预付租金时：

借：待摊费用——待摊租赁费　　　　　90000
　　贷：银行存款　　　　　　　　　　　　90000

分期摊销时：

借：制造费用　　　　　　　　　　　　15000
　　贷：待摊费用——待摊租赁费　　　　　15000

2. 融资租赁

融资租赁是指实质上转移了与资产所有权有关的全部风险和报酬的租赁。与经营租赁相比，融资租赁的特点是：租赁期限较长（一般达到租赁资产使用年限的75％以上）；租约一般不能取消；支付的租金包括了设备的价款、租赁费和借款利息等；租赁期满后，租赁的固定资产的产权一般要转归承租方所有。融资租入的固定资产，在会计核算时，通常被视为企业自有固定资产来核算，折旧由承租方提取。

融资租入固定资产应通过"固定资产——融资租入固定资

产"账户进行核算。其核算要点如下：

（1）当租赁资产占企业资产总额比例大于 30％时，企业应在租赁开始日，按租赁资产的公允价值与最低租赁付款额的现值两者中较低者作为入账价值，借记"固定资产——融资租入固定资产"账户，按最低租赁付款额，贷记"长期应付款——应付融资租赁款"账户，按其差额，借记"未确认融资费用"账户；对未确认的融资费用，应在租赁期内，按合理的方法进行分摊，分摊的方法可以采用实际利率法、直线法、年数总和法等；分摊时，借记"财务费用"账户，贷记"未确认融资费用"。租赁期满后，按合同规定将设备所有权转归承租企业，并进行转账，将固定资产从"融资租赁固定资产"明细账户转入"生产经营用固定资产"明细账户。

（2）若租赁资产占企业资产总额比例等于或低于 30％，在租赁开始日，企业应按最低租赁付款额，作为固定资产和长期应付款的入账价值，借记"固定资产"账户，贷记"长期应付款——应付融资租赁款"账户，不核算"未确认融资费用"。

（3）所谓最低租赁付款额，是指在租赁期内，企业（承租人）应支付或可能被要求支付的各种款项（不包括或有租金和履约成本），加上由企业（承租人）或与其有关的第三方担保的资产余值。但是，如果企业（承租人）有购买租赁资产的选择权，所订立的购价预计将远低于行使选择权时租赁资产的公允价值，因而在租赁开始日就可以合理确定企业（承租人）将会行使这种选择权，则购买价格也包括在内。

资产余值是指租赁开始日估计的租赁期届满时租赁资产的公允价值。

（4）企业（承租人）在计算最低租赁付款额的现值时，关键是确定适当的折现率。如果知悉出租人的租赁内含利率，应采用出租人的内含利率作为折现率；否则，应采用租赁合同规定的利率作为折现率。如果出租人的租赁内含利率和租赁合同规定的利率均无法知悉，应当采用同期银行贷款利率作为折现率。

（5）融资租入的固定资产，应当采用与自有资产相一致的折旧政策。能够合理确定租赁期届满时将会取得租赁资产所有权的，应当在租赁资产尚可使用年限内计提折旧；无法合理确定租赁届满时能够取得租赁资产所有权的，应当在租赁期与租赁资产尚可使用年限两者中较短的期间内计提折旧。

（6）在租赁谈判和签订租赁合同的过程中承租人发生的、可直接归属于租赁项目的初始直接费用，如印花税、佣金、律师费、差旅费等，应当确认为当期费用。

【例6—8】某企业20×2年1月1日，融资租入一台设备，租赁协议规定，租期8年，每年年底分别支付租金46000元，规定的利率为6％。租赁开始日该设备的账面价值为280000元，企业另支付设备的运输费、安装调试费等30000元。该设备采用直线法计提折旧，假设无残值。该租赁设备占企业资产总额比例大于30％，应编制如下会计分录：

设备最低租赁付款额的现值＝46000×（P/A，8，6％）

＝46000×6.21

＝285660（元）

设备最低租赁付款额的现值大于租赁设备的原账面价值（285660＞280000），所以以该设备的账面价值280000元作为租赁资产的入账价值。

租入设备时：

借：固定资产——融资租入固定资产　　　280000

　　未确认融资费用　　　　　　　　　　88000

　　　贷：长期应付款——应付融资租赁款　　　368000

支付运输费、安装调试费：

借：固定资产——融资租入固定资产　　　30000

　　　　贷：银行存款　　　　　　　　　　　　30000

　　每年支付租金：

　　借：长期应付款——应付融资租赁款　　46000

　　　　贷：银行存款　　　　　　　　　　　　46000

　　对未确认融资费用，应在租赁期内分期摊销：

　　每期摊销未确认融资费用（采用直线法）＝88000/8＝11000（元）

　　借：财务费用　　　　　　　　　　　　　11000

　　　　贷：未确认融资费用　　　　　　　　　11000

　　计提折旧：

　　每年折旧＝（280000＋30000）/8＝38750（元）

　　借：制造费用　　　　　　　　　　　　　38750

　　　　贷：累计折旧　　　　　　　　　　　　38750

　　租赁期满，资产产权转入企业：

　　借：固定资产——生产经营用固定资产　310000

　　　　贷：固定资产——融资租入固定资产　310000

　　【例6-9】如果【例6-8】中租赁资产占企业资产总额比例小于30%，企业应按最低付款额作为固定资产的入账价值，不存在未确认融资费用及其摊销。应编制如下会计分录：

　　租入设备时：

　　借：固定资产——融资租入固定资产　　368000

　　　　贷：长期应付款——应付融资租赁款　368000

　　支付运输费、安装调试费：

　　借：固定资产——融资租入固定资产　　30000

　　　　贷：银行存款　　　　　　　　　　　　30000

　　每年支付租金：

　　借：长期应付款——应付融资租赁款　　46000

　　　　贷：银行存款　　　　　　　　　　　　46000

计提折旧：

每年折旧＝（368000＋30000）/8＝49750（元）

借：制造费用   49750

  贷：累计折旧   49750

租赁期满，资产产权转入企业：

借：固定资产——生产经营用固定资产 398000

  贷：固定资产——融资租入固定资产 398000

（六）固定资产盘盈

在固定资产清查过程中发现的盘盈固定资产，经查明确属企业所有，应确定固定资产重置价值和估计已提折旧，并及时入账，以全面反映企业所有的固定资产价值，同时为其开立固定资产卡片。

企业盘盈的固定资产，在批准处理之前，应根据重置价值借记“固定资产”账户，根据估计的已提折旧，贷记“累计折旧”账户，根据净值，贷记“待处理财产损溢”账户。按照规定，企业清查的各种财产损溢，应于期末前查明原因，并根据企业的管理权限，经股东大会或董事会、经理（厂长）会议或类似机构批准后，在期末结账前处理完毕。对盘盈固定资产，待有关部门审批之后，应借记“待处理财产损溢”账户，贷记“营业外收入”账户。

【例6—10】某企业盘盈机器设备1台，重置价值为50000元，六成新。报经有关部门审批后，将盘盈固定资产的净值转为营业外收入。根据以上资料，企业应编制如下会计分录：

盘盈固定资产：

借：固定资产   50000

  贷：累计折旧   20000

    待处理财产损溢——待处理固定资产损溢

               30000

有关部门审批后：

借：待处理财产损溢——待处理固定资产损溢

30000

贷：营业外收入　　　　　　　　　　30000

第三节　固定资产折旧的核算

固定资产折旧是指固定资产在使用过程中由于磨损而逐渐损耗的价值。企业的固定资产是长期参加生产经营的，并不改变原有实物形态，它在为企业带来经济利益的同时，其价值是随着固定资产的使用逐渐转移的，并计入产品成本或形成当期费用的，同时通过取得相应的收入而得到补偿。

一、影响固定资产折旧的因素

影响固定资产折旧的因素主要有固定资产原值、预计净残值和预计使用年限。

1. 固定资产的原值

即取得的固定资产的实际成本，它是计算固定资产折旧额的主要依据。

2. 固定资产预计净残值

即假定固定资产预计使用寿命已满并处于使用寿命终了时的预期状态，目前从该项资产处置中获得的扣除预计处置费用后的金额。在计算固定资产折旧额时，固定资产的净残值要预先估计，按照规定，残值比例在原值5％以内由企业自行确定，若不在此范围之内或需要调整比例的，应报经有关部门批准。

3. 固定资产预计使用年限

即固定资产应计折旧额的分摊期限,是固定资产的折旧年限。在确定固定资产使用年限时,不仅要考虑固定资产的有形损耗,还要考虑固定资产的无形损耗。企业应根据国家的有关规定,结合本企业的具体情况合理地确定固定资产的使用年限。

二、固定资产折旧的范围

按照《企业会计制度》规定,下列固定资产应当计提折旧:

(1) 房屋和建筑物;

(2) 在用的机器设备、仪器仪表、运输工具、工具器具;

(3) 季节性停用、大修理停用的固定资产;

(4) 融资租入和以经营租赁方式租出的固定资产。

已达到预定可使用状态的固定资产,如果尚未办理竣工决算手续的,应按照暂估价值入账,并计提折旧;待办理了竣工决算手续后,按实际成本调整原来的暂估价值,并调整已计提的折旧额。当期计提的折旧额和对原折旧额的调整,均作为当期的成本、费用处理。

下列固定资产不计提折旧:

(1) 房屋、建筑物以外的未使用、不需用的固定资产;

(2) 以经营租赁方式租入的固定资产;

(3) 已提足折旧仍继续使用的固定资产和未提足折旧提前报废的固定资产;

(4) 按规定单独估价作为固定资产入账的土地。

在实际工作中,企业通常按期初应提折旧的固定资产计提折旧,即本期增加的固定资产,本期不提折旧,下期开始计提折旧;本期减少的固定资产,本期照提折旧,下期开始不提折旧。计提固定资产折旧额的基本公式为:

当期固定资产计提的折旧额＝上期固定资产应计提的折旧额＋上期增加固定资产应计提的折旧额－上期减少固定资产应计提的折旧额

三、固定资产折旧的计算方法

根据我国会计制度规定，企业固定资产折旧方法可以采用平均年限法、工作量法、双倍余额递减法和年数总和法等。折旧方法一经确定，不得随意变更，如需要变更，应当在会计报表附注中予以说明。一般情况下，企业的客货用汽车和大型设备采用工作量法，技术进步快的电子生产企业、飞机制造业、汽车制造业、医药生产企业以及某些经财政部批准的特殊企业的固定资产，可以采用双倍余额递减法和年数总和法，除此以外的企业，其固定资产通常都采用平均年限法。

（一）平均年限法

平均年限法又称直线法，它是指按照固定资产的预计使用年限平均计提折旧的方法。其计算公式为：

$$\frac{\text{固定资产}}{\text{年折旧额}}=\frac{\text{固定资产原值}-（\text{预计残值收入}-\text{预计清理费用}）}{\text{预计使用年限}}$$

$$\text{固定资产月折旧额}=\frac{\text{固定资产年折旧额}}{12}$$

在实际工作中，企业一般按照折旧率计算折旧额，其计算公式为：

$$\text{固定资产年折旧率}=\frac{1-\text{预计残值率}}{\text{预计使用年限}}\times100\%$$

$$\text{固定资产月折旧率}=\frac{\text{固定资产年折旧率}}{12}$$

固定资产月折旧额＝月初固定资产原值×月折旧率

【例6－11】某企业有一仓库，原值 2000000 元，预计使用

25 年，预计净残值率为 5％，该项固定资产折旧额的计算如下：

$$年折旧率 = \frac{1-5\%}{25} \times 100\% = 3.8\%$$

$$月折旧率 = \frac{3.8\%}{12} = 0.32\%$$

月折旧额 ＝ 2000000 × 0.32％ ＝ 6400（元）

以上计算的折旧率是按个别固定资产单独计算的，称为个别折旧率，即以某项固定资产在一定期间的折旧额与该项固定资产原值的比率。此外，还有分类折旧率和综合折旧率，分类折旧率是指固定资产分类折旧额与该类固定资产原值的比率，计算分类折旧率应先把性质、结构和使用年限接近的固定资产归为一类，再按类计算平均折旧率。综合折旧率是指某一期间企业全部固定资产折旧额与全部固定资产原值的比率。

用上述三种折旧率计算折旧额各有优缺点，采用个别折旧率方法，计算的折旧额准确，且能随时查明每项固定资产的净值，但在固定资产种类繁多、数量较大的前提下采用这种方法计算的工作量较大。分类折旧率的优点是计算方法简便，缺点是准确性不如个别折旧率法。综合折旧率方法能减轻工作量，但计算结果的准确性较差。

平均年限法的优缺点：

（1）操作简便，应用范围最为广泛；

（2）只注重使用时间，不考虑使用程度等。

（二）工作量法

工作量法是按照固定资产在预计使用年限内所能完成的工作量来计算折旧额的一种方法。其计算公式为：

$$单位工作量折旧额 = \frac{固定资产原值 \times （1-预计净残值率）}{预计总工作量}$$

某项固定资产某月折旧额 ＝ 该项固定资产当月工作量 × 单位工作量折旧额

【例6-12】某企业一运输车辆原值100000元，预计总行驶里程为50万公里，预计净残值率为4%，本月行驶4800公里。该车辆的月折旧额的计算如下：

$$单位里程折旧额 = \frac{100000 \times (1 - 4\%)}{500000} = 0.192（元/公里）$$

本月折旧额 = 4800×0.192 = 921.6（元）

工作量法的优缺点：

（1）简便、实用；

（2）体现了收入与费用相配比的原则；

（3）忽视了无形损耗对固定资产的影响。

（三）双倍余额递减法

双倍余额递减法是在不考虑固定资产残值的情况下，根据每期期初固定资产账面余额和双倍的直线折旧率计算固定资产折旧的一种方法。其计算公式如下：

$$年折旧率 = \frac{2}{预计使用年限} \times 100\%$$

年折旧额 = 期初固定资产账面净值×年折旧率

$$月折旧额 = \frac{年折旧额}{12}$$

采用双倍余额递减法时必须注意不能使固定资产账面净值降低到它的预计净残值以下。按现行制度规定，实行双倍余额递减法计提的固定资产，应当在其折旧年限到期前两年内，将固定资产净值减去预计净残值后的余额平均摊销。

【例6-13】某企业一台设备原值为50000元，预计使用5年，预计净残值2000元，采用双倍余额递减法计提折旧，其折旧率和各年折旧额的计算如表6-1所示。

年折旧率 = 2/5×100% = 40%

最后两年的折旧额 = （10800-2000）/2 = 4400（元）

表6—1　　固定资产折旧计算表（双倍余额递减法）

年份	期初账面净值	年折旧率	年折旧额	累计折旧额	期末账面净值
1	50000	40%	20000	20000	30000
2	30000	40%	12000	32000	18000
3	18000	40%	7200	39200	10800
4	10800		4400	43600	6400
5	6400		4400	48000	2000

（四）年数总和法

年数总和法是将固定资产的原值减去预计净残值后的净额乘以一个逐年递减的分数来计算每年折旧额的一种方法。分子代表尚可使用的年限，分母代表使用年限总数之和，其计算公式如下：

$$年折旧率＝\frac{尚可使年限}{使用年限总数之和}×100\%$$

$$或＝\frac{预计使用年限－已使用年限}{预计使用年限×（预计使用年限＋1）÷2}×100\%$$

某年折旧额＝（固定资产原值－预计净残值）×该年折旧率

【例6—14】仍以上例资料，采用年数总和法计提折旧，其折旧率和各年折旧额的计算如表6—2所示。

使用年限总数之和＝5＋4＋3＋2＋1＝15

或＝5×（5＋1）÷2＝15

双倍余额递减法和年数总和法都属于加速折旧法，其共同点是在固定资产的使用初期多提折旧，以后逐年减少，目的是使固定资产成本在预计使用年限内加快得到补偿；其区别点在于双倍余额递减法是计提折旧的基数逐年递减，而折旧率不变，年数总和法是折旧率逐年递减，而计提折旧的基数不变。

表 6-2　固定资产折旧计算表（年数总和法）

年份	应提折旧总额	年折旧率	年折旧额	累计折旧额
1	50000－2000＝48000	$\frac{5}{15}$	16000	16000
2	48000	$\frac{4}{15}$	12800	28800
3	48000	$\frac{3}{15}$	9600	38400
4	48000	$\frac{2}{15}$	6400	44800
5	48000	$\frac{1}{15}$	3200	48000

四、固定资产折旧的核算

企业按月根据固定资产计提折旧的范围和采用的折旧计算方法，编制"固定资产折旧计算表"，企业计提的折旧应按用途进行分配，借记"制造费用"、"管理费用"、"营业费用"、"其他业务支出"、"在建工程"等账户，贷记"累计折旧"账户。

【例6-15】某企业采用平均年限法以个别折旧方式计提折旧，有关资料如表6-3所示。

表 6-3　固定资产折旧计算表　　　　单位：元

使用部门	固定资产原值	月折旧率	应提折旧额
基本生产车间	600000	1％	6000
辅助生产车间	200000	0.8％	1600
企业管理部门	50000	0.6％	300
合　计	850000		7900

根据表 6－3 的资料，应编制如下会计分录：

借：制造费用——基本生产车间　　　　6000

　　　　　　　——辅助生产车间　　　　1600

　　管理费用　　　　　　　　　　　　300

　　贷：累计折旧　　　　　　　　　　　　7900

第四节　固定资产修理及改扩建的核算

一、固定资产修理

固定资产在使用过程中，由于自然损耗或使用磨损等原因，往往会发生局部损坏，即部分零部件的损坏，因此，为了维持固定资产的正常运转和使用，充分发挥其使用效能，企业需要对固定资产进行必要的修理。

固定资产修理按修理范围的大小、间隔时间的长短，分为日常性修理和大修理。日常性修理具有修理范围小、间隔时间短、每次费用少的特点，如房屋的局部修缮、非主要零件的更换等业务。大修理具有修理范围大、间隔时间长、一次性费用多的特点，如房屋的翻修、主要零部件的更换等业务。

（一）固定资产的大修理

为了均衡各期的成本、费用，对企业发生的固定资产大修理费用一般不能一次性计入当期成本、费用，而是应当采取预提或待摊的方式计入各期成本、费用。

1. 预提法

预提法是指分月预提修理费用的方法，即将预提的大修理费用计入各期成本、费用，实际发生大修理费时，再冲减预提的大修理费。按月预提固定资产修理费时，应借记"制造费用"、"营业费用"、"其他业务支出"等账户，贷记"预提费用"账户，实际发生固定资产修理费时，应借记"预提费用"账户，贷记"银行存款"、"原材料"等账户。

【例6－16】某企业准备年底对车间的机器设备进行大修，预计发生修理费用为36000元，从年初开始每月预提修理费3000元。12月底对设备进行一次大修，实际以银行存款支付修理费32000元。应编制如下会计分录：

每月预提大修理费用：

借：制造费用　　　　　　　　　　　3000

　　贷：预提费用——预提修理费　　　　　3000

实际发生大修理费用：

借：预提费用——预提修理费　　　　32000

　　贷：银行存款　　　　　　　　　　　32000

2. 摊销法

摊销法是指对于一次性发生较多的大修理费用，在本月和以后各月分期摊销的方法。一般来说，大修理费用可以在一年以内分期摊销，借记"待摊费用"账户，贷记"银行存款"账户；如果发生的大修理费用数额太大，应在一年以上的期间内分期摊销，借记"长期待摊费用"账户，贷记"银行存款"账户；分期摊销修理费用时，应按用途，借记"制造费用"、"管理费用"、"营业费用"和"其他业务支出"等账户，贷记"待摊费用"或"长期待摊费用"账户。

【例6－17】某企业年初对基本生产车间的设备进行修理，用银行存款支付修理费用60000元，并准备在当年分月摊销。应编制如下会计分录：

支付修理费用：

借：待摊费用——待摊修理费　　　　　　60000
　　　贷：银行存款　　　　　　　　　　　　　　60000
分月摊销：
借：制造费用　　　　　　　　　　　　　5000
　　　贷：待摊费用　　　　　　　　　　　　　　5000

【例6—18】某企业计划年初对现有厂房进行翻修，共支出材料费150000元，支付有关人员的工资50000元，用银行存款支付其他费用40000元，摊销期限为2年。应编制如下会计分录：

发生修理费用：
借：长期待摊费用——待摊修理费　　　240000
　　　贷：原材料　　　　　　　　　　　　　　150000
　　　　　应付工资　　　　　　　　　　　　　50000
　　　　　银行存款　　　　　　　　　　　　　40000
分月摊销：
借：制造费用　　　　　　　　　　　　10000
　　　贷：长期待摊费用　　　　　　　　　　　10000

（二）固定资产日常修理

为了简化核算工作，固定资产日常修理支出，一般直接计入当期成本、费用。借记"制造费用"、"管理费用"等账户，贷记"银行存款"、"原材料"等账户。

【例6—19】某企业某月基本生产车间对生产设备进行日常修理，发生材料费支出800元，人工费500元，现金等其他支出200元。应编制如下会计分录：

借：制造费用　　　　　　　　　　　　1500
　　　贷：原材料　　　　　　　　　　　　　　　800
　　　　　应付工资　　　　　　　　　　　　　500
　　　　　银行存款　　　　　　　　　　　　　200

二、固定资产的改建、扩建

固定资产的改扩建是指对原有固定资产进行的改良和扩充，如改变建筑物的内部结构，在原有建筑物上加层，等等。企业通过固定资产的改建或扩建，不一定增加现有固定资本的数量，但可以使原有固定资产的质量或功能得到改进和提高，甚至延长使用年限，所以，应将改扩建的支出予以资本化，并计入固定资产的价值。在实际工作中，固定资产改建、扩建工程一般要通过"在建工程"账户核算，工程完工交付使用后再转入"固定资产"账户。

【例 6－20】企业拟扩建库房，该库房的原始价值为 800000 元，已提折旧 500000 元，扩建中实际耗用的工程物资 100000 元，支付工资 8000 元，支付其他费用 5000 元，扩建中回收的残料变价收入 8000 元，扩建后厂房交付使用。应编制如下会计分录：

原库房转为扩建：

借：固定资产——未使用固定资产   800000

    贷：固定资产——生产用固定资产   800000

进行扩建，支付工程相关费用：

借：在建工程   113000

    贷：工程物资   100000

    应付工资   8000

    银行存款   5000

回收残料变价收入：

借：银行存款   8000

    贷：在建工程   8000

扩建厂房交付使用：

借：固定资产——未使用固定资产　　　　105000
　　　贷：在建工程　　　　　　　　　　　　　105000
借：固定资产——生产用固定资产　　　　905000
　　　贷：固定资产——未使用固定资产　　　　905000

第五节　固定资产减少的核算

企业减少的固定资产主要有：出售、报废和毁损、盘亏、无偿调出、捐赠转出、投资转出、以非现金资产抵偿债务方式转出等。

一、固定资产清理

企业因固定资产出售、报废、意外事故造成的毁损等原因减少的固定资产应通过"固定资产清理"账户核算。

（一）固定资产清理的步骤和方法

1. 将固定资产转入清理

企业因出售、报废、毁损等原因将固定资产转入清理时，应按清理固定资产的账面价值，借记"固定资产清理"账户，按已提折旧，借记"累计折旧"账户，按固定资产原值，贷记"固定资产"账户。

2. 结转清理费用

固定资产清理过程中发生的清理费用以及出售不动产时应缴纳的营业税时，应借记"固定资产清理"账户，贷记"银行存款"、"应交税金——应交营业税"账户。

3. 结转清理收入和残料收入

企业收到出售固定资产的款项、报废固定资产的残料价值或变价收入时，应借记"银行存款"、"原材料"等账户，贷记"固定资产清理"账户。

4. 结转清理净损益

固定资产清理后的净损益属于生产经营期间的，计入当期损益。对清理净收益，借记"固定资产清理"账户，贷记"营业外收入"账户；对清理净损失，借记"营业外支出"账户，贷记"固定资产清理"账户。固定资产清理后的净损益，属于筹建期间的，调整长期待摊费用，对清理净收益，借记"固定资产清理"账户，贷记"长期待摊费用"账户；对于清理净损失，借记"长期待摊费用"账户，贷记"固定资产清理"账户。

（二）固定资产清理的核算

【例 6—21】某企业出售一仓库，原始价值 280000 元，已提折旧 90000 元，支付清理费用 4000 元，出售收入 220000 元，营业税税率为 5%。应编制如下会计分录：

仓库转入清理：

借：固定资产清理——仓库　　　　　190000

　　累计折旧　　　　　　　　　　　　90000

　　　贷：固定资产　　　　　　　　　　　　280000

支付清理费用：

借：固定资产清理——仓库　　　　　　4000

　　　贷：银行存款　　　　　　　　　　　　　4000

收到出售款项：

借：银行存款　　　　　　　　　　　220000

　　　贷：固定资产清理——仓库　　　　　　220000

计算应交营业税：

应交营业税 = 220000 × 5% = 11000

借：固定资产清理——仓库　　　　　　　　11000
　　贷：应交税金——应交营业税　　　　　　　　11000
结转出售仓库的净损益：
借：固定资产清理——仓库　　　　　　　　15000
　　贷：营业外收入　　　　　　　　　　　　　　15000

【例6-22】某企业基本生产车间一台设备使用期限已到进行报废处理，该设备的账面原值为80000元，已提折旧78000元，用银行存款支付清理费用500元，回收残料价值2000元，入材料库。应编制如下会计分录：

设备转入清理：
借：固定资产清理　　　　　　　　　　　　2000
　　累计折旧　　　　　　　　　　　　　　78000
　　贷：固定资产　　　　　　　　　　　　　　80000
发生清理费用：
借：固定资产清理　　　　　　　　　　　　500
　　贷：银行存款　　　　　　　　　　　　　　500
回收残料：
借：原材料　　　　　　　　　　　　　　　2000
　　贷：固定资产清理　　　　　　　　　　　　2000
结转设备清理后的净损益：
借：营业外支出　　　　　　　　　　　　　500
　　贷：固定资产清理　　　　　　　　　　　　500

【例6-23】某企业因水灾毁损设备2台，设备原值600000元，已提折旧200000元，清理中消耗材料10000元，支付工资8000元，出售残料的变价收入50000元，存入银行，保险公司将赔款80000元。应编制如下会计分录：

设备转入清理：
借：固定资产清理　　　　　　　　　　　　400000

      累计折旧   200000

        贷：固定资产   600000

结转清理费用：

借：固定资产清理   18000

    贷：原材料   10000

        应付工资   8000

取得清理收入：

借：银行存款   50000

    贷：固定资产清理   50000

借：其他应收款——应收保险赔款   80000

    贷：固定资产清理   80000

结转清理后的净损益：

借：营业外支出   288000

    贷：固定资产清理   288000

二、对外投资转出的固定资产

    企业以固定资产对外投资时，应以投出固定资产的账面价值加上应支付的相关税费作为长期股权投资的入账价值，借记"长期股权投资"账户，按投出固定资产已提折旧，借记"累计折旧"账户，按该项固定资产已计提的减值准备，借记"固定资产减值准备"账户，按投出固定资产的账面原值贷记"固定资产"账户，按应支付的相关税费贷记"银行存款"、"应交税金"等账户。

    【例6—24】某企业以机器设备对外投资，设备原值180000元，已提折旧50000元，已计提固定资产减值准备20000元。应编制如下会计分录：

借：长期股权投资   110000

累计折旧	50000
固定资产减值准备	20000
贷：固定资产	180000

三、对外捐赠转出的固定资产

企业对外捐赠转出的固定资产，应按固定资产净值，借记"固定资产清理"账户，按该项固定资产已提的折旧，借记"累计折旧"账户，按固定资产的账面原价，贷记"固定资产"账户；按该项固定资产已计提的减值准备，借记"固定资产减值准备"账户，贷记"固定资产清理"账户；按捐赠转出的固定资产应支付的相关费用，借记"固定资产清理"账户，贷记"银行存款"账户；按"固定资产清理"账户的余额，借记"营业外支出——捐赠支出"账户，贷记"固定资产清理"账户。

【例6—25】A公司向B公司捐赠一辆运输车辆，汽车的原值360000元，已提折旧20000元，以银行存款40000元支付与捐赠相关的费用，该固定资产已计提的减值准备是30000元。应编制如下会计分录：

注销固定资产原值及已提折旧：

借：固定资产清理	340000
累计折旧	20000
贷：固定资产	360000

支付相关费用：

借：固定资产清理	40000
贷：银行存款	40000

结转固定资产减值准备：

借：固定资产减值准备	30000
贷：固定资产清理	30000

结转"固定资产清理"账户余额：

借：营业外支出——捐赠支出 350000

　　贷：固定资产清理 350000

四、无偿调出固定资产

企业按照有关部门规定，并报经有关部门批准无偿调出固定资产时，应通过"固定资产清理"账户核算，清理所发生的净损失，冲减"资本公积"。企业应按调出固定资产的账面价值，借记"固定资产清理"账户，按已提折旧，借记"累计折旧"账户，按固定资产的原值，贷记"固定资产"账户；将该项固定资产已计提的减值准备转入"固定资产清理"账户；对固定资产调出过程中发生的清理费用，应借记"固定资产清理"账户，贷记"银行存款"、"应付工资"等账户；按调出固定资产的净损失，借记"资本公积——无偿调出固定资产损失"账户，贷记"固定资产清理"账户。

【例6—26】甲公司经有关部门批准将不需用设备一台无偿调给乙公司，该设备的原值为200000元，已提折旧为100000元，已计提的固定资产减值准备是9000元，调出过程中发生相关费用2000元，以银行存款支付。应编制如下会计分录：

注销固定资产的原值：

借：固定资产清理 91000

　　累计折旧 100000

　　固定资产减值准备 9000

　　贷：固定资产 200000

支付相关费用：

借：固定资产清理 2000

　　贷：银行存款 2000

结转无偿调出设备的净损失：

借：资本公积——无偿调出固定资产损失　93000

　　贷：固定资产清理　　　　　　　　　　　　　93000

五、以非现金性资产抵偿债务方式转出固定资产

企业以非现金资产抵偿债务方式转出固定资产时，首先，应注销其原值和已提折旧，将固定资产净值转入"固定资产清理"账户；其次，对转出固定资产中发生的相关费用，应借记"固定资产清理"账户，贷记"银行存款"账户；再次，将固定资产已计提的减值准备转入"固定资产清理"账户；最后，按债务的账面余额，借记"应付账款"等账户，按固定资产净值加上相关的税费，扣除减值准备后的余额，贷记"固定资产清理"账户，按其差额，借记"营业外支出——债务重组损失"账户，或贷记"资本公积"账户。

【例6—27】A公司应付B公司购货款600000元。因A公司陷入财务困境，无法偿付。经双方协商同意，B公司同意A公司用一台设备抵偿购货款。抵货设备原值650000元，已提折旧100000元，计提的减值准备9600元，用银行存款支付清理费用3000元。

A公司进行债务重组产生资本公积

＝600000－（650000－100000－9600＋3000）＝56600（元）

A公司应编制如下会计分录：

借：固定资产清理　　　　　　　　　540400

　　累计折旧　　　　　　　　　　　100000

　　固定资产减值准备　　　　　　　　9600

　　贷：固定资产　　　　　　　　　　　　650000

借：固定资产清理　　　　　　　　　　3000

贷：银行存款		3000
借：应付账款——乙公司	600000	
贷：固定资产清理		543400
资本公积——其他资本公积		56600

六、固定资产盘亏的核算

企业发生固定资产盘亏时，应按盘亏固定资产的账面价值，借记"待处理财产损溢——待处理固定资产损溢"账户，按已提折旧，借记"累计折旧"，按该项固定资产已计提的减值准备，借记"固定资产减值准备"账户，按固定资产的原值，贷记"固定资产"账户。盘亏的固定资产报经批准转销时，借记"营业外支出——固定资产盘亏"账户，贷记"待处理财产损溢——待处理固定资产损溢"账户。

【例6－28】某企业进行财产清查时，发现盘亏设备一台，其账面原值为50000元，已提折旧为15000元，该设备已计提的减值准备为8000元。应编制如下会计分录：

发现盘亏：

借：待处理财产损溢——待处理固定资产损溢		
		27000
累计折旧		15000
固定资产减值准备		8000
贷：固定资产		50000

经报批准转销后：

借：营业外支出——固定资产盘亏	27000
贷：待处理财产损溢——待处理固定资产损溢	
	27000

第六节　固定资产的期末计价

一、固定资产减值准备

由于固定资产发生损坏、技术陈旧或其他经济原因，导致固定资产可收回金额低于其账面价值，这种情况称为固定资产价值减值。固定资产发生价值减值时，其账面价值已经不能全面反映企业固定资产的规模、结构和水平。

固定资产在使用过程中，由于存在有形损耗、无形损耗和其他经济原因，发生减值是必然的。对于所发生的资产减值损失如不予以确认，就会虚增资产价值，这既不符合真实性原则，也有悖于稳健性原则。因此，企业应当于期末或至少在每年年末终了时，对固定资产逐项进行检查，如果由于市价持续下跌，或技术陈旧、损坏、长期闲置等原因，导致其可收回金额低于账面价值的，就应将其差额作为固定资产减值准备。

（一）固定资产减值准备的确认

如发现存在下列情况，应当计算固定资产的可收回金额，以确定资产是否发生减值。

（1）固定资产市价大幅度下跌，其跌幅大大高于因时间推移或正常使用而引起的市场价格下跌，并且预计在近期内不可能恢复。

（2）企业所处经营环境，如技术、市场、经济或法律环境，或者产品营销市场在当期发生或在近期发生重大变化，并对企业产生负面影响。

（3）同期市场利率或市场的其他投资回报率等大幅度提高，

进而很可能影响企业计算固定资产可收回金额的折现率，并导致固定资产可收回金额大幅度降低。

（4）固定资产陈旧过时或发生实体损坏等。

（5）固定资产使用或预计使用方式发生重大不利变化，从而对企业产生负面影响。如企业计划终止或重组该资产所属的经营业务，或计划提前处置资产等。

（6）其他有可能表明资产已发生减值的情况。

（二）全额计提固定资产减值准备的条件

固定资产减值准备应按单项资产计提。当存在下列情况之一的，应当按照该项固定资产的账面价值全额计提固定资产减值准备：

（1）长期闲置不用，在可预见的未来不会再使用，但已无转让价值的固定资产。

（2）由于技术进步等原因，已不可能使用的固定资产。

（3）虽然固定资产尚可使用，但使用后产生大量不合格品的固定资产。

（4）已遭毁损，以至于不再具有使用价值的固定资产。

（5）其他实质上已经不能再给企业带来经济利益的固定资产。

已全额计提减值准备的固定资产，不再计提折旧。

（三）固定资产减值准备的核算

企业计提固定资产减值时，借记"营业外支出——计提的固定资产减值准备"账户，贷记"固定资产减值准备"账户。在资产负债表上，"固定资产减值准备"应当作为固定资产的备抵项目反映，并应在资产负债表的附表"资产减值准备明细表"中列示；而"营业外支出——计提的固定资产减值准备"则反映在利润表中，直接抵减当期利润。

【例6—29】20×1年末，甲企业对其拥有的固定资产进行逐项检查，发现其中一项生产用设备账面价值200000元，预计可

收回金额为 160000 元，则年末应计提固定资产减值准备 40000
元。根据有关原始凭证，应编制如下会计分录：

借：营业外支出——计提的固定资产减值准备

          40000

  贷：固定资产减值准备   40000

假设该项固定资产因市价持续下跌，20×2 年年末预计可收
回金额为 14000 元，则年末应计提固定资产减值准备 60000 元。
由于上年度已计提减值准备 40000 元，本年度应补提 20000 元。
根据有关原始凭证，企业编制如下会计分录：

借：营业外支出——计提的固定资产减值准备

          20000

  贷：固定资产减值准备   20000

对固定资产计提减值准备，能够稳健地确认当期的收益，客
观、公允地反映企业的财务状况和经营成果，而且使固定资产的
账面净值真实地反映固定资产的实际价值，保证了企业提供的会
计信息的真实性和可靠性。

二、在建工程减值准备

（一）在建工程减值准备的确认

与固定资产相同，企业应当定期或至少在每年年度终了时，
对在建工程进行全面检查，如果有证据表明在建工程已经发生了
减值，应就减值部分计提减值准备，以正确反映在建工程的价
值。一般存在以下一项或若干项情况的，应当计提在建工程减值
准备。

（1）在建工程项目长期停建并且预计在未来三年内不会重新
开工。

（2）所建项目无论在性能上，还是在技术上已经落后，并且

给企业带来的经济利益有很大的不确定性。

（3）其他足以证明在建工程已经发生减值的情形。

（二）在建工程减值准备的核算

企业期末对在建工程进行全面检查，如果在建工程已经发生了减值，应按所确定的在建工程减值数额，借记"营业外支出——计提的在建工程减值准备"账户，贷记"在建工程减值准备"账户。"在建工程减值准备"在资产负债表上不单独设项反映，而在"资产减值明细表"中列示，而"营业外支出——计提的在建工程减值准备"则反映在利润表中，直接抵减当期利润。

思考题：

1. 简述固定资产的概念和特征？

2. 固定资产是如何分类的？

3. 什么是固定资产的原始价值、重置价值、净值？

4. 如何进行固定资产增加的核算？

5. 如何进行固定资产减少的核算？

6. 什么是固定资产折旧？影响折旧的主要因素有哪些？

7. 固定资产计提折旧的方法有哪些？

8. 固定资产减值的确认标准是什么？如何对固定资产减值进行核算？

练习题：

1. 固定资产增加的核算

资料：某企业 2005 年 10 月发生经济业务如下：

（1）开出转账支票一张，购入需安装的机器两台，价值400000元，增值税额28000元，运费等3000元。

（2）上述机器在安装的过程中，耗用材料1000元，支付安装人员工资1500元，均以银行存款支付。

（3）上述机器安装完毕，交付使用。

（4）某投资者投入不需安装的设备一台，设备账面价值50000元，已提折旧10000元。

（5）自建一仓库，购入各种物资100000元，增值税额17000元，款项已支付，实际领用工程物资11500元，剩余物资转企业的存货。此外，还领用了本企业的原料一批，价款10000元，增值税1700元，应负担工程人员的工资10000元，福利费1400元，工程完工后及时办理决算并交付使用。

（6）向某融资公司融资租入设备一台，租期5年，每年年底分别支付租金20000元，规定的利率为10％。租赁开始日，该设备的账面价值为100000元，企业另支付设备的运输费、安装调试费等10000元。该设备采用直线法计提折旧，假设无残值，该租赁资产占企业资产总额比例大于30％。

（7）财产清查中，发现没有入账的机器设备一台，同类固定资产的市价为60000元，六成新，经有关部门审批后，将固定资产的净值转为营业外收入。

（8）以银行存款支付生产车间固定资产的日常维护修理费用6000元。

要求：根据以上经济业务，编制会计分录。

2. 固定资产减少的核算

资料：某企业2005年6月发生经济业务如下：

（1）出售一台设备，原始价值80000元，已提折旧30000元，支付清理费用4000元，出售收入48000元，营业税税率为5％，款项已存入银行。

（2）报废一台设备，该设备的账面原值为 80000 元，已提折旧 79800 元，用银行存款支付清理费用 2500 元，回收残料价值 300 元，入材料库。

（3）以一台设备向 B 公司投资，设备原值 150000 元，已提折旧 50000 元。

（4）因火灾毁损设备一台，设备原值 200000 元，已提折旧 100000 元，出售残料的变价收入 10000 元，存入银行，保险公司将赔款 70000 元。

（5）财产清查时，发现盘亏设备一台，其账面原值为 40000 元，已提折旧为 12000 元。

3. 固定资产折旧的计算与核算

资料：某企业基本生产车间一台设备账面价值为 300000 元，预计可使用 6 年，预计净残值率为 5%。

要求：按平均年限法、双倍余额递减法、年数总和法计算各年的折旧额，并编制计提折旧额的会计分录。

4. 固定资产计提减值准备的核算

资料：某企业 2004 年年末，对固定资产进行清查发现，一台设备原账面净值为 650000 元，但由于技术进步等原因造成设备贬值，预计可收回金额为 520000 元；2005 年该项固定资产因市价持续下跌，预计可收回金额为 500000 元。

要求：对该企业的设备计提减值准备，编制会计分录。

第七章　无形资产

【学习目的与要求】随着经济、技术的不断发展，无形资产在企业资产中的比重和地位正在迅速提高，特别是在现今的高科技产业中，无形资产已成为企业的主要资产。本章主要讲述无形资产的特点、内容、分类及取得、摊销、转让、减值的核算，其他资产的摊销等内容。通过本章的学习，学生应了解无形资产的特点、分类，掌握无形资产的计价以及取得、摊销、转让、减值业务的核算。

第一节　无形资产

一、无形资产的特点

无形资产是指企业拥有或者控制的没有实物形态的可辨认非货币性资产。"可辨认性"要求非货币性资产满足以下两个条件之一：其一，能够从企业中分离或者划分出来，并能单独或者与相关合同、资产或负债一起，用于出售、转移、授予许可、租赁或者交换；其二，源自合同性权利或其他法定权利，无论这些权利是否可以从企业或其他权利和义务中转移或者分离。与其他资产相比，无形资产一般具有以下特征：

1. 不具有实物形态

这是确认无形资产的先决条件，也是无形资产区别于其他资产的显著特征。它通常表现为某种权利、技术或获取超额利润的综合能力，不具有实物形态。

2. 具有长期性

无形资产所代表的特权或优势一般可以在较长的时期里存在，不会很快消逝，它属于非货币性长期资产，企业可以长期受益。

3. 是企业自身使用的资产，持有的目的是使用而不是出售

企业持有无形资产的目的是用于生产商品或提供劳务、出租给他人，或为了管理目的，而不是为了对外销售。

4. 未来经济效益具有很大的不确定性

无形资产必须与企业的其他资产结合，才能为企业创造经济效益。另外，无形资产经济价值的大小很大程度上受企业外部因素的影响，如科学技术的进步、市场供求的变化等。一旦这些因素发生变化，无形资产所起的长期效益作用和价值必然会发生变化。因此，无形资产能为企业提供的未来经济效益不仅很难估计，而且很不稳定。

5. 必须是有偿取得的

除接受捐赠的无形资产外，只有花费了支出获得的无形资产，才能作为无形资产入账，否则，就不能作为企业的无形资产入账。例如，企业自创的商誉，不能作为无形资产入账。

二、无形资产的内容

无形资产一般包括专利权、非专利技术、商标权、土地使用权、著作权、特许经营权、商誉等。

1. 专利权

专利权是国家专利主管机关依法授予发明专利申请人对其发明创造在法定期限内所享有的专利权利，包括发明专利权、实用新型专利权和外观设计专利权。专利权可以由创造发明者申请取得，也可以向别人购买。如果是创造发明者申请取得的，以在申请取得过程中发生的实际支出作为无形资产入账；如果是购买的，以买价和发生的相关费用入账。

应当指出的是，并不是所有的专利都能给企业带来经济效益。有的专利根本没有经济价值或有很小的价值。因此，企业并不是将所有的专利都作为无形资产入账，只有那些能够给企业带来较大经济效益，并且为此花费了支出的专利，才能作为无形资产入账。

2. 非专利技术

非专利技术又称专有技术，是指不为外界所知、在生产经营活动中已采用了的、不享有法律保护的、具有实用价值的先进技术、知识、经验、技巧的总和。非专利技术具有经济性、机密性、动态性等特点。非专利技术与专利权相同的是能够为企业带来较大的经济利益；与专利权不同的是不受法律保护，没有法定的有效年限。

3. 商标权

商标是用来辨认特定商品或劳务的标记，也是常留于顾客心中的一种信誉。商标权是指企业专门在某类指定的商品上使用特定的名称、图案、标记的权利。商标权包括独占权和禁用权两个方面。独占权是指商标权享有人在商标的注册范围内独家使用其商标的权利；禁用权是指商标权享有人排除和禁止他人对商标独占使用权进行侵犯的权利。

商标权的取得，可以是企业自创，也可以是外购。如果是自创，一般申请注册登记支付的费用不多，可不作无形资产入账，发生的支出计入当期费用；如果是购入的商标权，应按买价和发生的费用作无形资产入账。

4. 土地使用权

土地使用权是指经国家批准，企业在一定时期内对国有土地享有开发、利用和经营的权利。按照我国土地管理法的规定，我国土地实行公有制，任何单位和个人不得以任何理由侵占、买卖土地。

取得土地使用权有时不花费任何代价，如企业向国家申请无偿取得的土地使用权，不能作为无形资产入账；而有的要花费较大的代价才能取得，如外购取得，此时应将取得时所花费的全部支出作为土地使用权成本，计入无形资产。这里要区分两种情况：一是企业根据《中华人民共和国城镇国有土地使用权出让和转让暂行条例》，向政府土地管理部门申请土地使用权，要支付一笔出让金，这时，企业应按实际支付的这部分金额作为取得土地使用权的成本，作无形资产入账；二是企业以前通过行政划拨取得土地使用权，没有作为无形资产核算的，在将土地使用权有偿转让、出租、抵押、投资时，按规定将补交的土地出让金予以资本化，作为无形资产核算。

5. 著作权

著作权是指作者对其著作依法享有的出版、发行等方面的专有权利。著作权可以转让、出售或者赠与。著作权包括出版权、发表权、署名权、修改权、保护作品完整权、使用权和获得报酬权等。著作权的成本是创造成本及申请费用，购买著作权成本是全部购买价值。

6. 特许经营权

特许经营权是指企业在某一地区享有经营或销售某种特定商品的权利，或是一家企业接受另一家企业使用其商标、商号、技术秘密等的权利。特许经营权有两种：一是政府授予企业或个人的一种特权，获得这种特权，企业能在其特许的范围和期限内，在经营上有独占权，能获得较高的收益，如电报、电话、煤气等企业；二是企业之间依据签订的合同，有限期或无限期地使用另一家企业的某些权利等，如连锁分店使用总店名称等。

企业取得的特许经营权，如果没有花费代价，则不能作为无形资产入账；如果花费了较大代价，应按发生的手续费、买价以及其他支出作为无形资产入账。

7. 商誉

商誉是指企业由于所处地理位置优越，或由于信誉好而获得了客户的信任，或由于组织得当、生产经营效益好，或由于历史悠久、积累了丰富的从事本行业的经验，或由于技术先进、掌握了生产诀窍等原因而形成的无形价值。这种无形价值具体表现在企业的获利能力超过同类企业的一般获利水平。

商誉可以向外购入，也可以自行建立。企业通过自身经营管理而自创的商誉不能单独入账。只有在外购或兼并另一个企业时，被购买企业资产的公允价值超过可辨认净资产的价差，可以作为商誉入账。

三、无形资产的分类

无形资产可以按不同的标准进行分类，如图 7—1 所示。

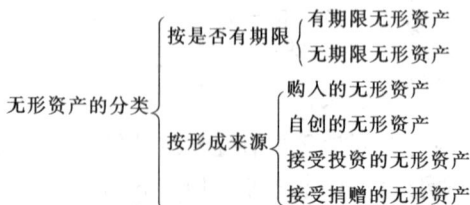

无形资产的分类
- 按是否有期限
  - 有期限无形资产
  - 无期限无形资产
- 按形成来源
  - 购入的无形资产
  - 自创的无形资产
  - 接受投资的无形资产
  - 接受捐赠的无形资产

图 7—1　无形资产的分类

（1）按其是否有期限，可将无形资产分为有期限无形资产和无期限无形资产。有期限无形资产是指经过法律程序申请批准，具有法定有效期限的无形资产，如专利权、商标权等；无期限无形资产是指法律上没有规定有效期限并且很难确定其持续年限的无形资产，如非专利技术、商誉等。

（2）按其形成来源，可将无形资产分为购入的无形资产、自创的无形资产、接受投资的无形资产以及接受捐赠的无形资产。

四、无形资产的入账价值

无形资产取得方式不同，其实际成本计量的具体标准也不同。

（一）外购无形资产

外购无形资产的成本，包括购买价款、相关税费以及直接归属于使该项资产达到预定用途所发生的其他支出。购买无形资产的价款超过正常信用条件延期支付具有融资性质，无形资产的成本以及购买价款的现值为基础确定。实际支付的价款与购买价款现值之间的差额，符合借款费用的应予资本化。

（二）自行开发的无形资产

自行开发的无形资产的成本应包括达到预定用途前所发生的支出总额，但对于以前期间已经费用化的支出不再调整。

（三）投资者投入的无形资产

投资者投入的无形资产的成本应是按照投资合同或协议约定的价值，但合同或协议约定价值不公允的除外。

（四）企业合并、非货币性资产交换等其他途径取得无形资产

企业合并取得的无形资产的成本、非货币性资产交换取得的无形资产成本、债务重组取得的无形资产成本、政府补助取得的无形资产成本等均按相关准则确定。

五、无形资产的核算

为了反映无形资产的增减变动情况，企业应设置"无形资产"账户进行核算。该账户属于资产类账户，借方登记企业通过各种途径增加的无形资产的价值，贷方登记无形资产的转出和分期摊销额，期末余额在借方，表示尚未摊销的无形资产价值。该账户应按无形资产的类别设置明细账，进行明细分类核算。

（一）无形资产取得的核算

1. 购入无形资产

企业购入无形资产时，应按支付的买价及发生的相关费用，借记"无形资产"账户，贷记"银行存款"等账户。

【例7—1】某企业以500000元从专利技术市场购入一项非专利技术，款项已通过银行支付。根据有关原始凭证，应编制如下会计分录：

借：无形资产——非专利技术　　　　　500000
　　贷：银行存款　　　　　　　　　　　　500000

2. 自行开发并按法律程序申请取得的无形资产

企业自行开发并按法律程序申请取得的无形资产，一般将开发过程中发生的费用计入各期费用。如果研制的专利试制成功并向国家申请取得专利权时，按申请过程中发生的注册费、聘请律师费等各种支出，借记"无形资产"账户，贷记"银行存款"等账户。

【例7—2】企业自行研制某项技术并获成功，申请取得了一项专利权。研制期间发生材料费20000元，工资及福利费15000元，以银行存款支付专利申请费10000元，律师费10000元。根据有关原始凭证，应编制如下会计分录：

借：管理费用　　　　　　　　　　　　35000

贷：原材料	20000
应付工资	15000
借：无形资产——专利权	20000
贷：银行存款	20000

3. 其他单位投资转入无形资产

其他单位投资转入的无形资产，按投资各方协议约定的价值作为实际成本，借记"无形资产"账户，贷记"实收资本"（或股本）账户。

【**例 7-3**】某企业接受某投资者以土地使用权作价投资，双方协议约定的价值为 2000000 元，根据投资协议等有关资料，应编制如下会计分录：

借：无形资产——土地使用权	2000000
贷：实收资本	2000000

（二）无形资产摊销的核算

企业拥有的无形资产，虽然能给企业带来较大的经济效益，但其发挥作用的时间会受到法律、契约的限制或者因该无形资产本身性质的限制，它所具有的价值将随着某种权利或特权的终结而消失。因此，无形资产应当自取得当月起，在预计使用年限内分期平均摊销，记入损益，同时冲减无形资产的账面价值，待其有效期结束时，无形资产的账面价值为零。无形资产价值摊销是否合理，关键在于摊销期限的确定。摊销期限的确定方法一般有以下几种：

（1）合同规定受益年限但法律没有规定有效年限的，摊销年限不应超过合同规定的受益年限；

（2）合同没有规定受益年限但法律规定了有效年限的，摊销年限不应超过法律规定的有效年限；

（3）合同规定了受益年限，法律也规定了有效年限的，摊销年限不应超过受益年限和有效年限两者之中较短者；

（4）如果合同没有规定受益年限，法律也没有规定有效年限，按不超过 10 年的期限摊销。

摊销无形资产的价值时，借记"管理费用"账户，贷记"无形资产"账户。

【例 7-4】某企业购买一项专利权，其入账价值为 100000 元，有效期限为 5 年，按平均摊销法摊销，并编制会计分录：

年摊销额＝100000/5＝20000（元）

月摊销额＝20000/12＝1666.67（元）

借：管理费用——无形资产摊销 　　　　1666.67
　　贷：无形资产——专利权 　　　　1666.67

（三）无形资产转让的核算

企业拥有的无形资产，可以依法转让。转让的方式有两种方式：一是转让所有权，实质是出售无形资产；二是转让使用权，即出租。

1. 出售

企业出售的无形资产，按实际取得的转让收入，借记"银行存款"账户，按该项无形资产已提的减值准备，借记"无形资产减值准备"账户，按无形资产的账面价值，贷记"无形资产"账户，按应支付的相关税费贷记"银行存款"、"应交税金"等账户，按其差额贷记"营业外收入——出售无形资产收益"账户或借记"营业外支出——出售无形资产损失"账户。

【例 7-5】某企业出售一项专利权，取得收入 280000 元存入银行，该项专利权的摊余价值为 210000 元，营业税税率为 5%（假设该企业未计提无形资产减值准备）。应编制如下会计分录：

应交营业税＝280000×5%＝14000（元）

借：银行存款 　　　　280000
　　贷：无形资产——专利权 　　　　210000
　　　　应交税金——应交营业税 　　　　14000

营业外收入——出售无形资产收益　　　　56000

2. 出租

出租无形资产取得的租金收入作为其他业务收入，借记"银行存款"账户，贷记"其他业务收入"账户；出租无形资产发生的有关费用，如派出技术服务人员的费用、出租无形资产的摊销价值等，作为其他业务支出，借记"其他业务支出"账户，贷记"银行存款"、"无形资产"等账户。

【例7-6】某企业转让一项专利权的使用权，按月收取使用费，但要负责该专利生产的技术咨询。本月接银行通知，已收到使用费30000元，营业税税率为5%，咨询人员的工资2000元，本月无形资产摊销额4000元。

收到使用费时，根据银行的收款通知，应编制如下会计分录：

借：银行存款　　　　　　　　　　　　30000
　　贷：其他业务收入　　　　　　　　　　30000

计算应交营业税时，应编制如下会计分录：

应交营业税＝30000×5%＝1500（元）

借：其他业务支出　　　　　　　　　　1500
　　贷：应交税金——应交营业税　　　　　1500

分配咨询人员工资及结转无形资产摊销价值，应编制如下会计分录：

借：其他业务支出　　　　　　　　　　6000
　　贷：应付工资　　　　　　　　　　　2000
　　　　无形资产——专利权　　　　　　4000

六、无形资产的期末计价

根据《企业会计制度》的规定，企业应定期或至少于每年年末对无形资产的账面价值进行检查，检查各项无形资产预计给企业带来未来经济效益的能力，对预计可收回金额低于其账面价值的，应当计提减值准备。无形资产应按单项项目计提减值准备。

（一）无形资产计提减值准备与注销的确定

当存在下列一项或若干项情形时，应当计提无形资产减值准备：

（1）某项无形资产已被其他新技术等所替代，使其为企业创造经济利益的能力受到重大不利影响；

（2）某项无形资产的市价在当期大幅下跌，在剩余摊销年限内预期不会恢复；

（3）某项无形资产已超过法律保护期限，但仍然具有部分使用价值；

（4）其他足以表明某项无形资产实质上已经发生了减值的情形。

当无形资产预期不能为企业带来经济利益时，企业应将该项无形资产的账面价值予以注销。无形资产预期不能为企业带来经济利益的情形主要包括：

（1）某项无形资产已被其他新技术等所代替，并且该项无形资产已无使用价值和转让价值；

（2）某项无形资产已超过法律保护期限，且不能给企业带来经济利益；

（3）其他足以证明某项无形资产已经丧失了使用价值和转让价值的情形。

（二）无形资产计提减值准备与注销的核算

1. 计提减值准备的核算

为了核算无形资产计提减值准备，企业应当设置"无形资产减值准备"账户。该账户是"无形资产"账户的备抵调整账户。借方登记已计提减值准备的无形资产价值又得到恢复而增加的数额（其增加数应以补足以前入账的减少数为限），以及所注销的无形资产减值准备；贷方登记计提的无形资产减值准备；期末余额在贷方，表示企业已提取的无形资产减值准备。

期末当企业所持有的无形资产的其可收回金额低于账面价值时，应按其额，借记"营业外支出——计提的无形资产减值准备"账户，贷记"无形资产减值准备"账户。如已计提减值准备的无形资产价值得以恢复（表明无形资产发生减值的迹象全部消失或部分消失），企业应将以前年度已确认的减值损失予以全部或部分转回，转回金额不得超过已计提的减值准备的账面金额，并按恢复的金额借记"无形资产减值准备"账户，贷记"营业外支出——计提的无形资产减值准备"账户。

【例7－7】某企业A专利权账面价值10000元，因该项专利市价大幅下跌，估计可收回金额为6000元。年末根据有关原始凭证，应编制如下计提无形资产减值准备的会计分录：

　　借：营业外支出——计提的无形资产减值准备　4000
　　　　贷：无形资产减值准备　　　　　　　　　　　　4000

【例7－8】仍使用【例7－7】的资料，假设第二年年末，造成A专利权技术减值的迹象已经全部消失，使A专利权的价值又得以恢复。应编制如下会计分录：

　　借：无形资产减值准备　　　　　　　　　　　　4000
　　　　贷：营业外支出——计提的无形资产减值准备　4000

2. 无形资产注销的核算

无形资产预期不能为企业带来经济利益，按该项无形资产已计提的减值准备，借记"无形资产减值准备"账户，按该无形资产的账面价值减去已计提的减值准备，借记"管理费用"账户，按该无形资产的账面价值，贷记"无形资产"账户。

【例7－9】某企业一项专利权年末账面价值5000元，因已被其他新技术所代替，不能为企业带来经济利益，经批准将其账面价值全部转销。该无形资产已计提减值准备 3000 元。根据有关原始凭证，应编制如下会计分录：

借：无形资产减值准备   3000
　　管理费用   2000
　　贷：无形资产——××专利权   5000

对无形资产计提减值准备，充分体现了会计核算的稳健性原则和真实性原则，比较客观地反映了无形资产的实际价值，同时为会计信息的使用者提供了真实可靠的信息，有利于企业的长远发展。

第二节　其他资产

其他资产是指除流动资产、长期投资、固定资产、无形资产等以外的资产，主要包括长期待摊费用和其他长期资产。

一、长期待摊费用

长期待摊费用是指摊销期限在一年以上（不含一年）的其他各项费用，包括固定资产大修理支出、经营租入固定资产改良支出以及摊销期限在一年以上的长期待摊费用。应由本期负担的借款利息、租金等，不得作为长期待摊费用处理。长期待摊费用虽然属于资产项目，但它具有不同于一般资产的特征：

其一，长期待摊费用本身没有交换价值，不能用于转让，也不能用于清偿债务；

其二，长期待摊费用本质上是一种费用，只是由于支出数额较大，且收益期超过一年，需要分期摊销而已。

长期待摊费用应当单独核算，在费用项目的收益期限内分期平均摊销。固定资产大修理支出采用待摊方式的，应当将发生的大修理费用在下一次大修理前平均摊销；经营租入固定资产改良支出应当在租赁期限与预计可使用年限两者孰短的期限内平均摊销；其他长期待摊费用应当在受益期内平均摊销。

企业应设置"长期待摊费用"账户对长期待摊费用进行核算，并按长期待摊费用项目设置明细账。该账户的借方登记长期待摊费用的发生额，贷方登记摊销的长期待摊费用，期末余额在借方，表示尚未摊销的长期待摊费用。企业发生各项长期待摊费用时，借记"长期待摊费用"账户，贷记"银行存款"账户；分期摊销时，借记"制造费用"、"管理费用"等账户，贷记"长期待摊费用"账户。

【例7－10】某企业在筹建期间以银行存款支付有关人员工资7000元，注册登记费4000元，其他开支7000元，合计18000元。企业根据有关原始凭证，应编制如下会计分录：

借：长期待摊费用——开办费　　　　　　　　18000
　　贷：银行存款　　　　　　　　　　18000

假如企业已正式投入营业，上述开办费一次计入当期损益，根据有关原始凭证，应编制如下会计分录：

借：管理费用——开办费　　　　　　　　　　18000
　　贷：长期待摊费用——开办费　　　　　18000

股份有限公司委托其他单位发行股票支付的手续费或佣金等相关费用，减去股票发行冻结期间的利息收入后的余额，从发行股票的溢价中不够抵消的，或者无溢价的，若金额较小，直接计入当期损益；若金额较大，可作为长期待摊费用，在不超过2年的期限内平均摊销，计入管理费用。

二、其他长期资产

其他长期资产一般包括国家批准储备的特种物资、银行冻结存款、涉及讼诉中的财产以及临时设施等。

企业如有其他长期资产业务发生，可根据具体情况增设相应的会计账户进行核算，如"特准储备物资"、"特准储备资金"账户等。

"特准储备物资"属资产类账户，用来核算企业特准储备物资的增减变动情况。借方登记特准储备物资增加数，贷方登记减少数，期末余额在借方，反映特准储备物资的结余数。该账户应按储备物资的品种、规格设置明细账，进行明细分类核算。

"特准储备资金"属负债类账户，用来核算企业为储备特准物资而形成的资金。贷方登记企业收到国家下拨的特种储备物资或用于储备特种物资拨款的增加数，借方登记特准储备资金的减少数，期末余额在贷方，反映特准储备资金的结存数。特准储备资金应按资金的不同来源设置明细账，进行明细分类核算。

当企业购进或收到特准储备物资时，借记"特准储备物资"，贷记"银行存款"或"特准储备资金"账户；企业经国家批准动用特准储备物资时，借记"特准储备资金"，贷记"特准储备物资"账户。

思考题：

1. 什么是无形资产？无形资产具有哪些特征？
2. 不同渠道取得的无形资产应如何计价？
3. 不同渠道取得的无形资产应如何进行账务处理？

4. 无形资产摊销的有效年限如何确定？怎样进行无形资产摊销的账务处理？

5. 如何进行无形资产转让的账务处理？

6. 无形资产减值准备如何确定？怎样进行相关账务处理？

7. 什么是长期待摊费用？它包括哪些内容？

练习题：

无形资产的核算

资料：某企业 2005 年 10 月发生以下经济业务：

（1）自创专利权一项，研制期间发生材料费 20000 元，工资及福利费 10000 元，申请专利权注册的过程中，发生注册登记费等费用 24000 元，以银行存款支付。

（2）接受 A 公司的一项非专利技术投资，评估确认价值为 100000 元。

（3）以土地使用权作价对外进行投资，双方确定的价值为 250000 元。

（4）购买一项专利，价款 60000 元，已用银行存款支付。

（5）接受 A 公司的非专利技术投资可以分 5 年进行摊销，计算每月的摊销额。

（6）出售一项专利权的所有权，价格为 130000 元，应交营业税 6500 元，该专利权的账面价值为 80000 元，已提减值准备 3000 元，款项已收到并存入银行。

（7）与 B 公司协商，将本企业的商标权出租给对方，每年收取租金为 120000 元，对方按月支付租金，营业税税率为 5%。

（8）本企业拥有的一项专利权，应计提 2000 元的减值准备。

要求：根据以上经济业务，编制会计分录。

第八章 负 债

【学习目的与要求】通过本章的学习，学生应了解流动负债和长期负债的概念和特征，熟悉应付股利、应付工资和应付福利费、其他应交款的核算，熟悉借款费用、长期应付款的内容及核算，掌握短期借款、应付票据、应付账款、应交税金、预收账款、其他应付账款的内容和核算，掌握长期借款、应付债券发行、债券利息的计提、溢折价摊销和债券的偿还等账务处理。

第一节 流动负债的核算

一、流动负债概述

为了正确、全面地反映企业的财务状况，《企业会计制度》规定以"一年或超过一年的一个营业周期"作为划分流动负债和长期负债的界限，在一年或超过一年的一个营业周期内偿还的负债称为流动负债，偿还期在一年或超过一年的一个营业周期以上的负债称为长期负债。

流动负债包括短期借款、应付票据、应付账款、预收账款、应付工资、应付福利费、应付股利、应交税金、其他暂收应付款项、预提费用和一年到期的长期借款等。

二、流动负债的核算

（一）短期借款的核算

短期借款是指企业向银行或其他金融机构等借入的期限在一年以下（含一年）的各种借款。短期借款一般是企业为维持正常生产经营所需的资金而借入的或者为抵偿某项债务而借入的款项。为了进行短期借款的核算，企业应设置"短期借款"账户，该账户贷方反映借入的本金数，借方反映归还的本金数，余额在贷方，表示企业尚未归还的短期借款本金数，同时企业应按债权人以及借款种类设置明细账，进行明细核算。

1. 借入短期借款的核算

企业在借入的各种短期借款时，应借记"银行存款"账户，贷记"短期借款"账户。

2. 短期借款利息的核算

如果企业的短期借款利息按月支付，或者利息是在借款到期归还本金时一并支付，且数额不大，可以在实际支付或收到银行的计息通知时，直接计入当期损益，借记"财务费用"账户，贷记"银行存款"账户或"现金"账户。

如果短期借款的利息按季支付，或者利息是在借款到期归还本金时一并支付，且数额较大，可以采用预提的办法，按月预提计入当期损益。预提时，借记"财务费用"账户，贷记"预提费用"账户；实际支付时，按已经预提的利息金额，借记"预提费用"账户，按实际支付的利息金额与已经预提的利息金额的差额（即尚未计提的部分），借记"财务费用"账户，按实际支付的利息金额，贷记"银行存款"账户。

3.短期借款偿还的核算

在归还短期借款时，借记"短期借款"账户，贷记"银行存款"账户。

（二）应付和预收账款的核算

1.应付账款的核算

应付账款是指企业因购买材料、商品和接受劳务供应等而应付给供应单位的款项。这是买卖双方在购销活动中由于取得物资与支付货款在时间上不一致而产生的负债。

应付账款入账时间的确定，应以与所购买物资所有权有关的风险和报酬已经转移或劳务已经接受为标志。但在实际工作中，应区别情况处理：在物资和发票账单同时到达的情况下，应付账款一般待物资验收入库后，才按发票账单登记入账；在物资和发票账单未同时到达的情况下，由于应付账款须根据发票账单登记入账，可采用在月份终了将所购物资和应付债务估计入账，待下月初再用红字予以冲回的办法。

为了核算因购买商品等而产生的应付账款，企业应设置"应付账款"账户进行核算，用以反映这部分负债的价值。该账户贷方反映购入材料、物资而未付的款项以及接受劳务供应等应付的款项，借方反映支付的各种应付账款，期末余额在贷方，表示尚未支付的各种应付款项的数额，同时企业应按应付单位和个人设立明细账，进行明细核算。

应付账款一般按应付金额入账，而不按到期应付金额的现值入账。如果购入的资产在形成一笔应付账款时是带有现金折扣的，应付账款入账金额的确定按发票上记载的应付账款的总值（即不扣除折扣）记账。在这种方法下，应按发票上记载的全部应付金额，借记有关账户，贷记"应付账款"账户，获得的现金折扣，冲减财务费用。

应付账款一般在较短期限内支付，有些应付账款由于债权单位撤销或其他原因而无法支付，或者将应付账款划转给关联方等其他企业的，无法支付或无须支付的应付账款应计入资本公积，借记"应付账款"账户，贷记"资本公积——其他资本公积"账户。

【例8-1】某企业2005年5月10日从供货单位购入A材料100吨。

若材料和账单同时到达，增值税专用发票上注明的单价为每吨400元，增值税6800元，款项未付。企业在材料验收入库后，应编制如下会计分录：

借：原材料——A材料　　　　　　　　40000
　　应交税金——应交增值税（进项税额）　6800
　　贷：应付账款　　　　　　　　　　　46800

若材料已到，而发票账单到月底尚未到达，则企业月底按暂估价（每吨估价为410元）入账，应编制如下会计分录：

借：原材料——A材料　　　　　　　　41000
　　贷：应付账款——暂估价　　　　　　41000

2. 预收账款的核算

预收账款是买卖双方协议商定，由购货方预先支付一部分货款给供应方而发生的一项负债。预收账款的核算，应视企业的具体情况而定。如果预收账款比较多的，企业可以设置"预收账款"账户，该账户的贷方反映预收的货款和补付的货款，借方反映应收的货款和退回多收的货款，期末余额在贷方的，反映尚未结清的预收款项，余额在借方的，反映应收的款项；预收账款不多的，也可以不设置"预收账款"账户，直接记入"应收账款"账户的贷方。

【例8-2】宏达公司准备售给大华公司一批产品，按合同规定，大华公司通过银行预付给宏达公司货款10000元。根据有关凭证，公司应编制如下会计分录：

预收货款时：

借：银行存款　　　　　　　　　　　　　10000

　　贷：预收账款——大华公司　　　　　　　　10000

假如，公司发运给大华公司商品价款 10000 元，增值税额 1700 元，结算货款时：

借：预收账款——大华公司　　　　　　　11700

　　贷：主营业务收入　　　　　　　　　　　　10000

　　　　应交税金——应交增值税（销项税额）　1700

收到大华公司补付的购货款 1700 元，存入银行：

借：银行存款　　　　　　　　　　　　　1700

　　贷：预收账款——大华公司　　　　　　　　1700

（三）应付票据的核算

应付票据是指企业购买材料、商品和接受劳务供应等而开出、承兑的商业汇票，包括商业承兑汇票和银行承兑汇票。应付票据是由出票人出票，委托付款人在指定日期无条件支付确定的金额给收款人或者持票人的票据。应付票据也是委托付款人允诺在一定时期内支付一定款额的书面证明。应付票据与应付账款不同，虽然都是由于交易而引起的流动负债，但应付账款是尚未结清的债务，而应付票据是一种期票，是延期付款的证明，有承诺付款的票据作为凭据。

为了核算因真实交易而开出、承兑的商业汇票，企业应设置"应付票据"账户。该账户的贷方反映企业开出承兑的汇票金额，借方反映支付的汇票金额，余额在贷方，表示已开出而尚未付款的汇票金额。

在我国会计实务中一般采用按票据的面值记账的方法。应付票据的核算主要涉及应付票据利息的核算和逾期应付票据的核算。

1. 应付票据利息的核算

企业应区分带息应付票据和不带息应付票据进行核算。应付票据如为带息票据，其票据的面值就是票据的现值。由于我国商业汇票期限较短，因此，通常在期末时，对尚未支付的应付票据计提利息，计入当期财务费用；票据到期支付票款时，尚未计提的利息部分直接计入当期财务费用。在期末时，按尚未计提的应付票据利息，借记"财务费用"账户，贷记"应付票据"账户。票据到期支付票款时，按票据账面余额，借记"应付票据"账户，按未计提的利息，借记"财务费用"账户，按实际支付的金额，贷记"银行存款"账户。

【例 8-3】甲公司 2004 年 11 月 1 日购入价值为 30000 元的商品，同时出具一张期限为三个月的带息票据，年利率为 10%。该企业为增值税一般纳税人，增值税税率为 17%。根据以上资料，应编制如下会计分录：

2004 年 11 月 1 日购入商品时：

借：库存商品　　　　　　　　　　　　　30000
　　应交税金——应交增值税（进项税额）　5100
　　　贷：应付票据　　　　　　　　　　　　　35100

2004 年 12 月 31 日，计算两个月的应付利息 585 元：

借：财务费用　　　　　　　　　　　　　585
　　　贷：应付票据　　　　　　　　　　　　　　585

2005 年 2 月 1 日到期支付票据本息时：

借：应付票据　　　　　　　　　　　　　35685
　　财务费用　　　　　　　　　　　　　292.5
　　　贷：银行存款　　　　　　　　　　　　35977.5

如为不带息应付票据，其面值就是票据到期时的应付金额。

【例 8-4】某企业为增值税一般纳税人，采用商业汇票方式结算货款，根据有关发票账单，购入材料的实际成本为 150000

元，增值税专用发票上注明的增值税额 25500 元。材料已经验收入库。企业开出三个月承兑的商业汇票，并用银行存款支付运杂费。根据上述资料，应编制如下会计分录：

借：原材料　　　　　　　　　　　　 150000
　　应交税金——应交增值税（进项税额）25500
　　贷：应付票据　　　　　　　　　　 175500

2. 逾期应付票据的核算

开出并承兑的商业承兑汇票如果不能如期支付的，应在票据到期时，将"应付票据"账面价值转入"应付账款"账户，待协商后再行处理，如果重新签发新的票据以清偿原应付票据的，再从"应付账款"账户转入"应付票据"账户。银行承兑汇票如果票据到期，企业无力支付到期票款时，承兑银行除凭票向持票人无条件付款外，对出票人尚未支付的汇票金额转作逾期贷款处理，并按照每天 5‰ 计收利息。企业无力支付到期银行承兑汇票，在接到银行转来的"××号汇票无款支付转入逾期贷款户"等有关凭证时，借记"应付票据"账户，贷记"短期借款"账户，对计收的利息，按短期借款利息的处理办法处理。

（四）应交税金的核算

1. 应交税金的内容

企业在一定时期内取得的营业收入和实现的利润，或者发生其他应税业务，要按照税法的规定向国家缴税，这些应交的税金，在尚未交纳之前暂时停留在企业内部，形成了应交税金。应交税金体现了企业对国家、社会应尽的义务和作出的贡献，是企业流动负债的一项重要内容。企业应交税金，主要包括增值税、消费税、营业税、所得税、资源税、土地增值税、城市维护建设税、房产税、土地使用税、车船使用税等，以及在上交国家之前，由企业代扣代缴的个人所得税等。

2. 应交增值税的核算

增值税是就货物和应税劳务的增值部分征收的一种税。按照《中华人民共和国增值税暂行条例》规定，企业购入货物或接受应税劳务支付的增值税（即进项税额），可以从销售货物或提供劳务按规定收取的增值税（即销项税额）中抵扣。按照规定，企业购入货物或接受劳务必须具备增值税专用发票和完税凭证等单据，其进项税额才能予以扣除。

（1）账户设置。一般纳税企业应交的增值税，应在"应交税金"账户下设置的"应交增值税"明细账户进行核算。"应交税金——应交增值税"明细账内，分别设置"进项税额"、"已交税金"、"转出未交增值税"、"减免税款"、"销项税额"、"出口退税"、"进项税额转出"、"出口抵减内销产品应纳税额"、"转出多交增值税"等专栏。"应交税金——应交增值税"明细账的格式如表8-1所示。

表8-1 应交增值税明细账

年		凭证号码		摘要	借 方				贷 方				借或贷	余额
月	日	种类	号数		合计	进项税额	已交税金	……	合计	销项税额	出口退税	进项税额转出		

小规模纳税企业只需设置"应交增值税"明细账户，不需要在"应交增值税"明细账户中设置上述专栏。

（2）一般纳税企业增值税业务的核算。

①增值税业务核算的主要特点。一是在购进阶段，会计处理时实行价与税的分离，价与税分离的依据为增值税专用发票上注明的价款和增值税，属于价款部分，计入购入货物的成本；属于增值税额部分，计入进项税。二是在销售阶段，销售价格中不再含税，如果定价时含税，应还原为不含税价格作为销售收入，以向购买方收取的增值税作为销项税额。

②购销业务的核算。国内采购的物资，按专用发票上注明的增值税，借记"应交税金——应交增值税（进项税额）"账户，按专用发票上记载的应当计入采购成本的金额，借记"物资采购"、"库存商品"等账户。按应付或实际支付的金额，贷记"应付账款"、"应付票据"、"银行存款"等账户。购入物资发生的退货，做相反会计处理。

进口物资，按海关提供的完税凭证上注明的增值税，借记"应交税金——应交增值税（进项税额）"账户，按进口物资应计入采购成本的金额，借记"物资采购"、"库存商品"等账户，按应付或实际支付的金额，贷记"应付账款"、"银行存款"等账户。

销售物资或提供应税劳务（包括将自产、委托加工或购买的货物分配给股东），按实现的营业收入和规定收取的增值税额，借记"应收账款"、"应收票据"、"银行存款"、"应付股利"等账户，按专用发票上注明的增值税额，贷记"应交税金——应交增值税（销项税额）"账户，按实现的营业收入，贷记"主营业务收入"等账户。发生的销售退回，做相反会计处理。

【例8—5】某企业为增值税一般纳税人，购入一批原材料，增值税专用发票上注明的原材料价款6000000元，增值税额为1020000元。货款已经支付，材料已经到达并验收入库。该企业当期销售产品收入为12000000元（不含应向购买者收取的增值税），符合收入确认条件，货款尚未收到。假如该产品的增值税

税率为 17%，不交纳消费税。根据上述经济业务，企业应编制
如下会计分录（原材料入库分录略）：

购入原材料时：

借：物资采购   6000000

  应交税金——应交增值税（进项税额）

            1020000

  贷：银行存款   7020000

销售产品时：

销项税额＝12000000×17%＝2040000（元）

借：应收账款   14040000

  贷：主营业务收入   12000000

    应交税金——应交增值税（销项税额）

            2040000

③接受投资的核算。接受投资转入的物资，按专用发票上注明的增值税，借记"应交税金——应交增值税（进项税额）"账户，按双方确认的价值，借记"原材料"等账户，按其在注册资本中所占有的份额，贷记"实收资本"或"股本"账户，按其差额，贷记"资本公积"账户。

④接受应税劳务的核算。接受应税劳务，按专用发票上注明的增值税，借记"应交税金——应交增值税（进项税额）"账户，按专用发票上记载的应当计入加工、修理修配等物资成本的金额，借记"生产成本"、"委托加工物资"、"管理费用"等账户，按应付或实际支付的金额，贷记"应付账款"、"银行存款"等账户。

⑤购进免税产品的核算。按照增值税暂行条例规定，对农业生产者销售的自产农业产品、古旧图书等部分项目免征增值税。企业销售免征增值税项目的货物，不能开具增值税专用发票，只能开具普通发票。企业购进免税产品，一般情况下不能扣税，但

按税法规定，对于购入的免税农业产品、收购废旧物资等可以按买价（或收购金额）的一定比率计算进项税额，并准予从销项税额中抵扣。这里购入免税农业产品的买价，是指企业购进免税农业产品支付给农业生产者的价款和按规定代扣代缴的农业特产税。在会计核算时，一是按购进免税农业产品有关凭证上确定的金额（买价）或者按收购金额，扣除一定比例的进项税额，作为购进农业产品（或收购废旧物资）的成本；二是扣除的部分作为进项税额，待以后用销项税额抵扣。

在会计处理上，购进免税农业产品，按购进农业产品的买价和规定的税率计算的进项税额，借记"应交税金——应交增值税（进项税额）"账户，按买价减去按规定计算的进项税额后的差额，借记"物资采购"、"库存商品"等账户，按应付或实际支出的价款，贷记"应付账款"、"银行存款"等账户。

【例8—6】甲公司为增值税一般纳税人，收购免税农业产品实际支付的买价为1500000元，收购的农业产品已验收入库，款项已经支付。该农业产品准予抵扣的进项税额按买价的13%计算确定。

进项税额＝1500000×13%＝195000（元）

根据上述经济业务，公司应做会计分录如下：

借：原材料　　　　　　　　　　　　　1305000
　　应交税金——应交增值税（进项税额）195000
　　贷：银行存款　　　　　　　　　　　　　1500000

⑥视同销售的核算。按照增值税暂行条例实施细则的规定，对于企业将货物交付他人代销；销售代销货物；将自产或委托加工的货物用于非应税项目；将自产、委托加工或购买的货物作为投资，提供给其他单位或个体经营者；将自产、委托加工或购买的货物分配给股东或投资者；将自产、委托加工的货物用于集体福利或个人消费，将自产、委托加工或购买的货物无偿赠送他人

等行为，应视同销售货物。对于税法上某些视同销售的行为，如对外投资，从会计角度看不属于销售行为，企业不会由于对外投资而取得销售收入，增加现金流量。因此，会计核算不作为销售处理，按成本转账。但是，无论会计上是否做销售处理，只要税法规定需要交纳增值税的，应当计算交纳增值税销项税额，并计入"应交税金——应交增值税"账户中的"销项税额"专栏。在需要缴纳增值税时，应借记"在建工程"、"长期股权投资"、"应付福利费"、"营业外支出"等账户；根据计算交纳增值税销项税额，贷记"应交税金——应交增值税（销项税额）"账户。

【例8-7】甲公司为增值税一般纳税人，本期以原材料对乙公司投资，双方协议按成本作价。该批原材料的成本2000000元，计税价格为2200000元。假如该原材料的增值税税率为17%。根据上述经济业务，甲、乙公司分别应编制如下会计分录：

甲公司：

对外投资转出原材料计算的销项税额＝2200000×17%＝374000（元）

借：长期股权投资　　　　　　　　2374000
　　贷：原材料　　　　　　　　　　　2000000
　　　　应交税金——应交增值税（销项税额）374000

乙公司：

借：原材料　　　　　　　　　　　2000000
　　应交税金——应交增值税（进项税额）374000
　　贷：实收资本　　　　　　　　　　2374000

【例8-8】甲公司将自己生产的产品用于工程。产品的成本为200000元，计税价格为250000元。假定该产品的增值税税率为17%。

用于工程的产品的销项税额＝250000×17%＝42500（元）

根据上述经济业务，甲公司应编制如下会计分录：

借：在建工程　　　　　　　　　　242500

　　贷：库存商品　　　　　　　　　　200000

　　　　应交税金——应交增值税（销项税额）42500

【例8—9】甲公司职工俱乐部领用本公司生产的电视机一台，账面价值2500元，售价3200元。作为职工福利发给职工本公司生产的家用电器300件，账面价值15000元，售价20000元。

应纳增值税＝3200×17％＋20000×17％＝3944（元）

应计入固定资产价值＝2500＋3200×17％＝3044（元）

应计入福利费金额＝15000＋20000×17％＝18400（元）

甲公司应编制如下会计分录：

借：固定资产　　　　　　　　　　3044

　　应付福利费　　　　　　　　　18400

　　贷：库存商品　　　　　　　　　17500

　　　　应交税金——应交增值税（销项税额）3944

⑦出口退税的核算。实行"免、抵、退"办法的是有进出口经营权的生产性企业，按规定计算的当期出口物资不予免征、抵扣和退税的税额，计入出口物资成本，借记"主营业务成本"账户，贷记"应交税金——应交增值税（进项税额转出）"账户。按规定计算的当期应予抵扣的税额，借记"应交税金——应交增值税（出口抵减内销产品应纳税额）"账户，贷记"应交税金——应交增值税（出口退税）"账户。因应抵扣的税额大于应纳税额而未全部抵扣，按规定应予退回的税款，借记"应收补贴款"账户，贷记"应交税金——应交增值税（出口退税）"账户；收到退回的税款，借记"银行存款"账户，贷记"应收补贴款"账户。

未实行"免、抵、退"办法的企业，物资出口销售时，按当期出口物资应收的款项，借记"应收账款"等账户，按规定计算的应收出口退税，借记"应收补贴款"账户，按规定计算的不予退回的税金，借记"主营业务成本"账户，按当期出口物资实现的营业收入，贷记"主营业务收入"账户，按规定计算的增值税，贷记"应交税金——应交增值税（销项税额）"账户。收到退回的税款，借记"银行存款"账户，贷记"应收补贴款"账户。

⑧不予抵扣项目的核算。按照增值税暂行条例及其实施细则的规定，企业购进固定资产、用于非应税项目的购进货物或者应税劳务等按规定不予抵扣增值税进项税额。属于购入货物时即能认定其进项税额不能抵扣的，如购进固定资产、购入的货物直接用于免税项目、直接用于非应税项目，或者直接用于集体福利和个人消费的，进行会计处理时，其增值税专用发票上注明的增值税额，计入购入货物及接受劳务的成本。属于购入货物时不能直接认定其进项税额能否抵扣的，增值税专用发票上注明的增值税额，按照增值税会计处理方法记入"应交税金——应交增值税（进项税额）"账户；如果这部分购入货物以后用于按规定不能抵扣进项税额项目的，应将原已计入进项税额并已支付的增值税转入有关的承担者予以承担，通过"应交税金——应交增值税（进项税额转出）"账户转入"在建工程"、"应付福利费"、"待处理财产损溢"等账户。

⑨交纳增值税的核算。企业应在"应交税金"账户下设置"未交增值税"明细账户，核算企业月份终了从"应交税金——应交增值税"账户转入的当月未交或多交的增值税；同时，在"应交税金——应交增值税"账户下设置"转出未交增值税"和"转出多交增值税"专栏。月份终了，企业计算出当月应交未交的增值税，借记"应交税金——应交增值税（转出未交增值税）"账户，贷记"应交税金——未交增值税"账户；当月多交的增值

税，借记"应交税金——未交增值税"账户，贷记"应交税金——应交增值税（转出多交增值税）"账户，经过结转后，月份终了，"应交税金——应交增值税"账户的余额，反映企业尚未抵扣的增值税。

值得注意的是，企业当月交纳当月的增值税，仍然通过"应交税金——应交增值税（已交税金）"账户核算；当月交纳以前各期未交的增值税，通过"应交税金——未交增值税"账户，不通过"应交税金——应交增值税（已交税金）"账户核算。

（3）小规模纳税企业增值税的核算。小规模纳税企业的特点有：一是小规模纳税企业销售货物或者提供应税劳务，一般情况下，只能开具普通发票，不能开具增值税专用发票；二是小规模纳税企业销售货物或提供应税劳务，实行简易办法计算应纳税额，按照销售额的一定比例计算；三是小规模纳税企业的销售额不包括其应纳税额，采用销售额和应纳税额合并定价方法的，按照公式"销售额＝含税销售额÷（1＋征收率）"还原为不含税销售额计算。

从会计核算角度看，首先小规模纳税企业购入货物无论是否具有增值税专用发票，其支付的增值税额均不计入进项税额，不得由销项税额抵扣，应计入购入货物的成本。相应的，其他企业从小规模纳税企业购入货物或接受劳务支付的增值税额，如果不能取得增值税专用发票，也不能作为进项税额抵扣，而应计入购入货物或应税劳务的成本；其次，小规模纳税企业的销售收入按不含税价格计算；另外，小规模纳税企业"应交税金——应交增值税"账户，应采用三栏式账户。

【例8—10】某工业企业核定为小规模纳税人，本期购入原材料，按照增值税专用发票上记载的原材料价款为1000000元，支付的增值税额为170000元，企业开出承兑的商业汇票，材料尚未到达。该企业本期销售产品为900000元（含税），符合收入确认条件，货款尚未收到。根据上述经济业务，应编制如下会计分录：

购进货物时：

借：物资采购 1170000

    贷：应付票据 1170000

销售货物时：

不含税价格＝900000÷（1＋6％）＝849057（元）

应交增值税＝849057×6％＝50943（元）

借：应收账款 900000

    贷：主营业务收入 849057

        应交税金——应交增值税 50943

3. 应交消费税的核算

为了正确引导消费方向，国家在普遍征收增值税的基础上，选择部分消费品，再征收一道消费税。消费税属于价内税，实行价内征收，只在应税消费品的生产、委托加工和进口环节缴纳。

消费税的征收方法采取从价定率和从量定额两种方法，应纳税额的计算公式为：

实行从价定率办法计算的应纳税额＝销售额×税率

实行从量定额办法计算的应纳税额＝销售数量×单位税额

在应税消费品中，除黄酒、啤酒、汽油、柴油四种产品实行从量定额计税办法外，其他产品都实行从价定率的计税办法。实行从价定率办法中的销售额是指不含增值税的销售额。

（1）账户设置。企业按规定应交的消费税，在"应交税金"账户下设置"应交消费税"明细账户核算。"应交消费税"明细账户的借方，反映企业实际交纳的消费税和待扣的消费税，贷方反映按规定应交纳的消费税，期末余额若在贷方，表示尚未交纳的消费税，期末余额若在借方，表示多交或待扣的消费税。

（2）消费税业务的核算。

①企业销售产品时应交纳的消费税的核算。企业将生产的产品直接对外销售的，对外销售产品应交纳的消费税，通过"主营业务税金及附加"账户核算。企业按规定计算出应交的消费税，借记"主营业务税金及附加"账户，贷记"应交税金——应交消费税"账户。

【例 8-11】某企业为增值税一般纳税人，本期销售其生产的应纳消费税产品，应纳消费税产品的售价为 240000 元（不含应向购买者收取的增值税额），产品成本为 150000 元。该产品的增值税税率为 17%，消费税税率为 10%。产品已经发出，符合收入确认条件，款项尚未收到。根据这项经济业务，应编制如下会计分录：

应向购买者收取的增值税额＝240000×17%＝40800（元）

应交的消费税＝240000×10%＝24000（元）

借：应收账款　　　　　　　　280800

　　贷：主营业务收入　　　　　　　240000

　　　　应交税金——应交增值税（销项税额）　40800

借：主营业务税金及附加　　　24000

　　贷：应交税金——应交消费税　　　24000

借：主营业务成本　　　　　150000

　　贷：库存商品　　　　　　　　　150000

②企业用应税消费品对外投资，或用于在建工程、非生产机构等其他方面的核算。按规定应交纳的消费税，应计入有关的成本，借记"长期股权投资"、"固定资产"、"在建工程"、"营业外支出"，贷记"应交税金——应交消费税"账户。

【例 8-12】某企业将应税消费品用于对外股权投资，该批消费品成本为 5000000 元，计税价格为 6000000 元。该消费品的增值税税率为 17%，消费税税率为 10%。根据这项经济业务，应编制如下会计分录。

应交的增值税额＝6000000×17％＝1020000（元）

应交的消费税额＝6000000×10％＝600000（元）

借：长期股权投资   6620000

    贷：应交税金——应交增值税（销项税额）

                                      1020000

            ——应交消费税   600000

      库存商品   5000000

③委托加工应税消费品的核算。按照税法规定，企业委托加工的应税消费品，由受托方在向委托方交货时代扣代缴税款（除受托加工或翻新改制金银首饰按规定由受托方交纳消费税外）。委托加工的应税消费品，委托方用于连续生产应税消费品的，所纳税款准予按规定抵扣。这里的委托加工应税消费品，是指由委托方提供原料和主要材料，受托方只收取加工费和代垫部分辅助材料加工的应税消费品。对于由受托方提供原材料生产的应税消费品，或者受托方先将原材料卖给委托方，然后再接受加工的应税消费品，以及由受托方以委托方名义购进原材料生产的应税消费品，都不作为委托加工应税消费品，而应当按照销售自制应税消费品交纳消费税。委托加工的应税消费品直接出售的，不再征收消费税。

在会计处理时，需要交纳消费税的委托加工应税消费品，于委托方提货时，由受托方代扣代缴税款。受托方按应扣税款金额，借记"应收账款"、"银行存款"等账户，贷记"应交税金——应交消费税"账户。委托加工应税消费品收回后，直接用于销售的，委托方应将代扣代缴的消费税计入委托加工的应税消费品成本，借记"委托加工物资"、"生产成本"等账户，贷记"应付账款"、"银行存款"等账户，待委托加工应税消费品销售时，不需要再交纳消费税；委托加工的应税消费品收回后用于连续生产应税消费品，按规定准予抵扣的，委托方应按代扣代缴的消费税款，借记"应交税金——应交消费税"账户，贷记"应付账款"、"银行存款"等账户，待用委托加工的应税消费品生产出应纳消费税的产品销售时，再交纳消费税。

受托加工或翻新改制金银首饰按规定由受托方交纳消费税。企业应于向委托方交货时，按规定交纳的消费税，借记"主营业务税金及附加"账户，贷记"应交税金——应交消费税"账户。

【例8—13】某企业200×年1月将一批原材料（非金银首饰）委托外单位进行加工，发出材料的实际成本30000元，支付的加工费用6000元，消费税税率10%。材料加工完毕验收入库，加工费用等尚未支付。双方使用的增值税税率均为17%。根据以上资料，应编制如下会计分录：

发出委托加工物资时：

借：委托加工物资　　　　　　　　30000

　　贷：原材料　　　　　　　　　　　　30000

支付加工费用及有关现金时：

消费税组成计税价格＝（30000＋6000）/（1－10%）＝40000（元）

（受托方）代扣应交的消费税＝40000×10%＝4000（元）

应交纳的增值税＝6000×17%＝1020（元）

如果企业收回加工后的材料用于继续生产应税消费品：

借：委托加工物资　　　　　　　　6000

　　应交税金——应交增值税（进项税额）　1020

　　　　　　　——应交消费税　　　4000

　　贷：银行存款　　　　　　　　　　　11020

如果企业收回加工后的材料直接用于销售：

借：委托加工物资　　　　　　　　10000

　　应交税金——应交增值税（进项税额）　1020

　　贷：银行存款　　　　　　　　　　　11020

加工物资收回验收入库时：

如果企业收回加工后的材料用于继续生产应税消费品：

借：原材料 36000

　　贷：委托加工物资 36000

如果企业收回加工后的材料直接用于销售：

借：原材料 40000

　　贷：委托加工物资 40000

④进出口产品应交纳的消费税的核算。需要交纳消费税的进口消费品，其交纳的消费税应计入该进口消费品的成本，借记"固定资产"、"物资采购"等账户，贷记"银行存款"等账户。

免征消费税的出口应税消费品分别不同情况进行账务处理：属于生产企业直接出口应税消费品或通过外贸企业出口应税消费品，按规定直接予以免税的，可以不计算应交消费税；属于委托外贸企业代理出口应税消费品的生产企业，应在计算消费税时，按应交消费税额，借记"应收账款"账户，贷记"应交税金——应交消费税"账户。应税消费品出口收到外贸企业退回的税金时，借记"银行存款"账户，贷记"应收账款"账户。发生退关、退货而补交已退的消费税，做相反的会计分录。

4. 应交营业税的核算

营业税是对在我国境内提供应税劳务、转让无形资产或者销售不动产的单位和个人就其取得的营业额征收的一种税。营业税按照营业额和规定的税率计算应纳税额，其计算公式为：

应纳税额＝营业额×税率

这里的营业额是指企业提供应税劳务、转让无形资产或者销售不动产向对方收取的全部价款和价外费用。价外费用包括向对方收取的手续费、基金、集资费、代收款项、代垫款项及其他各种性质的价外收费。

（1）账户设置。企业按规定应交的营业税，在"应交税金"

账户下设置的"应交营业税"明细账户进行核算,"应交营业税"明细账户的借方反映企业已交纳的营业税,贷方反映应交的营业税,期末余额在借方,表示多交的营业税,期末余额在贷方,表示尚未交纳的营业税。

(2)营业税的核算。

①其他业务收入相关的营业税的核算。工业企业经营主营产品以外的其他业务所取得的收入,按规定应交的营业税,通过"其他业务支出"和"应交税金——应交营业税"账户核算。

【例8-14】某工业企业对外提供运输劳务,收入 350000 元,营业税税率3%。当期用银行存款上交营业税 10000 元。根据这项经济业务,应编制如下会计分录:

应交营业税=350000×3%=10500(元)

借:其他业务支出　　　　　　　10500
　　贷:应交税金——应交营业税　　　　10500
借:应交税金——应交营业税　　　10000
　　贷:银行存款　　　　　　　　　　10000

②销售不动产相关的营业税的核算。企业销售不动产,应当向不动产所在地主管税务机关申报交纳营业税。企业销售不动产按规定应交的营业税,在"固定资产清理"账户核算。

【例8-15】某企业将厂房出售给另一企业,双方协商价为 3600000 元。该厂房的账面原值为 4000000 元,已提折旧 1200000 元,营业税税率为5%。根据这项经济业务,应编制如下会计分录:

将厂房转入清理时:

借:固定资产清理　　　　　　　2800000
　　累计折旧　　　　　　　　　1200000
　　贷:固定资产　　　　　　　　　　4000000

取得收入时:

```
借：银行存款                      3600000
    贷：固定资产清理                      3600000
```

计算应交营业税时：

3600000×5％＝180000（元）

```
借：固定资产清理                   180000
    贷：应交税金——应交营业税              180000
```

结转清理净收益时：

```
借：固定资产清理                   620000
    贷：营业外收入                        620000
```

上交营业税金时：

```
借：应交税金——应交营业税          180000
    贷：银行存款                          180000
```

　③出租或出售无形资产相关的营业税的核算。出租无形资产应交纳的营业税应通过"其他业务支出"账户核算，出售无形资产应交纳的营业税，通过"营业外收入"或"营业外支出"账户核算。

　【例8—16】某企业将新型产品的技术使用权转让给另一企业，取得收入500000元，营业税税率为5％。根据这项经济业务，应编制如下会计分录：

取得收入时：

```
借：银行存款                      500000
    贷：其他业务收入                      500000
```

计算应交营业税时：

500000×5％＝25000（元）

```
借：其他业务支出                   25000
    贷：应交税金——应交营业税              25000
```

上交营业税时：

```
借：应交税金——应交营业税          25000
```

　　　　贷：银行存款　　　　　　　　　　　　25000

　　注意：企业收到先征后返的消费税、营业税等，应于实际收到时，冲减当期的主营业务税金及附加或其他业务支出等；企业收到先征后返的增值税，应计入当期补贴收入。

　　5. 其他应交税金的核算

　　（1）资源税的核算。资源税是国家对在我国境内开采矿产品或者生产盐的单位和个人征收的一种税。资源税按照应税产品的课税数量和规定的单位税额计算，其计算公式为：

　　应纳税额＝课税数量×单位税额

　　这里的课税数量为：开采或者生产应税产品销售的，以销售数量为课税数量；开采或者生产应税产品自用的，以自用数量为课税数量。

　　企业按规定应交的资源税，在"应交税金"账户下设置"应交资源税"明细账户核算。"应交资源税"明细账户的借方反映企业已交的或按规定允许抵扣的资源税，贷方反映应交的资源税，期末余额在借方，表示多交或尚未抵扣的资源税，期末余额在贷方，表示尚未交纳的资源税。

　　①销售产品或自产自用产品相关的资源税的核算。企业按规定计算出销售应税产品应交纳的资源税，借记"主营业务税金及附加"账户，贷记"应交税金——应交资源税"账户；企业计算出自产自用的应税产品应交纳的资源税，借记"生产成本"、"制造费用"等账户，贷记"应交税金——应交资源税"账户。

　　【例8—17】某企业将自产的煤炭1000吨用于产品生产，每吨应交资源税5元。根据这项经济业务，应编制如下会计分录：

　　自产自用煤炭应交的资源税＝1000×5＝5000（元）

　　　　借：生产成本　　　　　　　　　　　　5000

　　　　　　贷：应交税金——应交资源税　　　　5000

　　②收购未税矿产品相关的资源税的核算。按照资源税暂行条

例的规定，收购未税矿产品的单位为资源税的扣缴义务人。企业应按收购未税矿产品实际支付的收购款以及代扣代缴的资源税，作为收购矿产品的成本，将代扣代缴的资源税，记入"应交税金——应交资源税"账户。

③外购液体盐加工固体盐相关的资源税的核算。按规定，企业外购液体盐加工固体盐的，所购入液体盐交纳的资源税可以抵扣。在会计核算时，购入液体盐时，按所允许抵扣的资源税，借记"应交税金——应交资源税"账户，按外购价款扣除允许抵扣资源税后的数额，借记"物资采购"等账户，按应支付的全部价款，贷记"银行存款"、"应付账款"等账户；企业加工成固体盐后，在销售时，按计算出的销售固体盐应交的资源税，借记"主营业务税金及附加"账户，贷记"应交税金——应交资源税"账户；将销售固体盐应交资源税抵扣液体盐已缴纳资源税后的差额上交时，借记"应交税金——应交资源税"账户，贷记"银行存款"账户。

（2）房产税、土地使用税、车船使用税和印花税的核算。房产税是国家对在城市、县城、建制镇和工矿区征收的由产权所有人缴纳的一种税。房产税依照房产原值一次减除 $10\%\sim30\%$ 后的余额计算交纳。没有房产原值作为依据的，由房产所在地税务机关参考同类房产核定；房产出租的，以房产租金收入为房产税的计税依据。土地使用税是国家为了合理利用城镇土地，调节土地级差收入，提高土地使用效益，加强土地管理而开征的一种税，以纳税人实际占用的土地面积为计税依据，依照规定税额计算征收。车船使用税由拥有并且使用车船的单位和个人交纳。车船使用税按照适用税额计算交纳。

企业按规定计算应交的房产税、土地使用税、车船使用税时，借记"管理费用"账户，贷记"应交税金——应交房产税（或土地使用税、车船使用税）"账户；上交时，借记"应交税金——应交房产税（或土地使用税、车船使用税）"账户，贷记"银行存款"账户。

印花税是对书立、领受购销合同等凭证行为征收的税款，实行由纳税人根据规定自行计算应纳税额，购买并一次贴足印花税票的交纳方法。应纳税凭证包括：购销、加工承揽、建设工程承包、财产租赁、货物运输、仓储保管、借款、财产保险、技术合同或者具有合同性质的凭证；产权转移书据；营业账簿；权利、许可证照等。纳税人根据应纳税凭证的性质，分别按比例税率或者按件定额计算应纳税额。

由于企业交纳的印花税，是由纳税人根据规定自行计算应纳税额，并一次贴足印花税票的方法交纳的税款。即一般情况下，企业需要预先购买印花税票，待发生应税行为时，再根据凭证的性质和规定的比例税率或者按件计算应纳税额，将已购买的印花税票粘贴在应纳税凭证上，并在每枚税票的骑缝处盖戳注销或者划销，办理完税手续。企业交纳的印花税，不会发生应付未付税款的情况，不需要预计应纳税金额，同时也不存在与税务机关结算或清算的问题，因此，企业交纳的印花税不需要通过"应交税金"账户核算，应于购买印花税票时直接借记"管理费用"或"待摊费用"账户，贷记"银行存款"账户。

（3）城市维护建设税的核算。为了加强城市的维护建设，扩大和稳定城市维护建设资金的来源，国家开征了城市维护建设税。它是以主税的税额为征收对象的一种附加税。

城市维护建设税实行地区差别税率。纳税人所在地在城市市区的，税率为 7%；纳税人所在地在县城、建制镇的，税率为 5%；纳税人所在地不在城市市区、县城、建制镇的，税率为 1%。城市维护建设税应纳税额的计算公式如下：

应纳税额＝（应交增值税额＋应交消费税额＋应交营业税额）×适用税率

企业按规定计算出的城市维护建设税，借记"主营业务税金及附加"、"其他业务支出"等账户，贷记"应交税金——应交城市维护建设税"账户；实际上交时，借记"应交税金——应交城市维护建设税"账户，贷记"银行存款"账户。

【例 8-18】 某企业 2005 年 9 月实际交纳增值税 38000 元，交纳消费税 22000 元，交纳营业税额 6000 元，该企业按 7％税率计算交纳城市维护建设税。根据这项经济业务，应编制如下会计分录：

应交城市维护建设税 ＝ （38000＋22000＋6000）×7％
＝4620（元）

借：主营业务税金及附加　　　　　　　　4620
　　贷：应交税金——应交城市维护建设税　　4620

实际上交时：

借：应交税金——应交城市维护建设税　　4620
　　贷：银行存款　　　　　　　　　　　　4620

（4）所得税的核算。企业的生产、经营所得和其他所得，依照有关所得税暂行条例及其细则的规定需要交纳所得税。企业应交纳的所得税，在"应交税金"账户下设置"应交所得税"明细账户进行核算；当期应计入损益的所得税，作为一项费用，在净收益前扣除。企业按照一定方法计算应交的所得税时，借记"所得税"等账户，贷记"应交税金——应交所得税"账户。

值得说明的是，应按照规定实行所得税先征后返的企业，应当在实际收到返还的所得税时，冲减当期的所得税费用。

（五）其他应交款的核算

其他应交款是指企业除应交税金、应付股利等以外的其他各种应交的款项，包括应交的教育费附加、矿产资源补偿费、应交住房公积金等。

1. 教育费附加

教育费附加是国家为了发展我国教育事业，提高人民的文化素质而征收的一项费用，按照企业交纳流转税的一定比例计算，并与流转税一起交纳。

应交教育费附加的计算公式如下：

应交教育费附加＝（应交增值税额＋应交消费税额＋应交营业税额）×征收率（3％）

应交的教育费附加在"其他应交款"账户下设置"应交教育费附加"明细账户进行核算。企业按规定计算出应交纳的教育费附加，借记"主营业务税金及附加"、"其他业务支出"等账户，贷记"其他应交款——应交教育费附加"账户。

2. 矿产资源补偿费

矿产资源补偿费是对在中华人民共和国领域和其他管辖海域开采矿产资源而征收的一项费用。矿产资源补偿费按照矿产品销售收入的一定比例计征，由采矿权人交纳。

矿产资源补偿费的计算公式如下：

应交矿产资源补偿费＝矿产品销售额×补偿费费率×开采回采率系数

其中：开采回采率系数＝核定开采回采率/实际开采回采率

交纳的矿产资源补偿费，在"管理费用"账户下设置"矿产资源补偿费"明细账户进行核算；在"其他应交款"账户下设置"应交矿产资源补偿费"明细账户进行核算。

3. 住房公积金

企业应交的住房公积金，一部分从职工应发工资中扣留后上交，一部分由企业按规定上交。这两部分上交的住房公积金，归职工个人所有，并按国家规定的用途使用。企业按规定从职工应发工资代扣代交部分，借记"应付工资"账户，贷记"其他应交款——应交住房公积金"账户；企业按规定应交部分，借记"管理费用——职工住房公积金"，贷记"其他应交款——应交住房公积金"账户。实际上交时，借记"其他应交款——应交住房公积金"账户，贷记"银行存款"账户。

（六）应付股利的核算

应付股利是指企业经股东大会或类似机构决议确定分配的现金股利或利润。应付股利包括应付给投资者的现金股利、应付给国家以及其他单位和个人的利润等。

企业作为独立核算的经济实体，对其实现的经营成果除了按照税法及有关法规规定交税、交费外，还必须对运用投资者投入的资金给予一定的回报，作为投资者应该分享的所得税后的利润分配，取得投资收益。因此，企业分配给投资者的现金股利或利润，在实际未支付给投资者之前，形成了一笔负债。

为了核算应付股利，企业应设置"应付股利"账户，该账户贷方反映企业应支付给投资者或股东的现金股利或利润数额；借方反映实际已支付的数额，期末余额在贷方，表示尚未支付的利润或现金股利数。企业与其他单位或个人的合作项目，如按协议或合同规定，应支付给其他单位或个人的利润也通过"应付股利"账户核算。

【例8－19】某企业今年盈利800000元，决定向其投资者分配150000元的利润，应编制如下会计分录：

借：利润分配——应付股利　　　　　　　150000

　　贷：应付股利　　　　　　　　　　　　　　150000

（七）预提费用的核算

预提费用是指企业按照规定从成本费用中预先提取但尚未支付的费用。企业在日常经营活动中发生的某些费用不一定当时就要支付，但按照权责发生制原则，属于当期的费用应该计入当期，企业按期预提计入费用的金额，同时也形成一笔负债。预提费用主要包括预提租金、保险费、短期借款利息等内容。

企业通过设置"预提费用"账户进行核算，该账户贷方反映预提的费用额，借方反映实际支付的费用额，期末余额一般在贷方，表示已预提尚未支付的费用额。

企业按规定预提计入本期成本费用的各项支出，借记"制造费用"、"营业费用"、"管理费用"、"财务费用"等账户，贷记"预提费用"账户。实际支出时，借记"预提费用"账户，贷记"银行存款"等账户。实际发生的支出大于已经预提的数额，应视同待摊费用，分期摊入成本。

【例 8—20】某工业企业 1999 年 1 月 1 日借入生产经营用的短期借款 900000 元，年利率 8%，借款期为 1 年，借款利息按季支付。该企业短期借款利息采用预提办法，其第 1、2、3 个月应编制如下会计分录：

第 1、2 个月预提利息时：

借：财务费用　　　　　　　　　　　6000

　　贷：预提费用　　　　　　　　　　　　6000

第 3 个月支付利息时：

借：财务费用　　　　　　　　　　　6000

　　预提费用　　　　　　　　　　12000

　　贷：银行存款　　　　　　　　　　　　18000

（八）应付工资的核算

应付工资是企业应付给职工的工资总额，是企业使用职工的知识、技能、时间和精力等而给予职工的一种补偿（报酬），是企业对职工个人的一种负债。工资总额包括计时工资、计件工资、奖金、津贴、加班加点工资等。

为了核算企业与职工之间工资的结算和分配情况，企业应设置"应付工资"账户进行核算，用来集中反映企业应付职工的工资总额，发给职工的不包括在工资总额内的款项，如医疗费、福利补助、退休费等，不在"应付工资"账户核算。"应付工资"

账户的贷方反映应付职工的工资，借方反映实际支付给职工的工资，期末余额在贷方，表示应付未付的工资。

企业在月度终了应根据本月应发放的工资进行分配，并计入有关的成本费用账户。生产、管理部门的人员（包括工会人员）工资，借记"生产成本"、"制造费用"、"管理费用"账户，贷记"应付工资"账户；销售部门人员的工资，借记"营业费用"账户，贷记"应付工资"账户；在建工程负担的人员工资，借记"在建工程"等账户，贷记"应付工资"账户；应由职工福利费开支的人员工资，借记"应付福利费"账户，贷记"应付工资"账户。

【例8—21】某企业根据职工工资及福利费分配表分配结转工资（见表8—2）。

表8—2　职工工资及福利费分配表

部　门	工资总额	福利费提取比例	福利费	合　计
生产车间工人	14000	14%	1960	15960
生产车间管理人员	4000	14%	560	4560
企业管理人员	2000	14%	280	2280
医务福利人员	600	14%	84	684
销售部门人员	2100	14%	294	2394
合　计	22700		3178	25878

根据表8—2，应编制如下会计分录：

借：生产成本 14000

制造费用 4000

管理费用 2000

应付福利费 600

营业费用 2100

贷：应付工资 22700

（九）应付福利费的核算

应付福利费是企业准备用于企业职工福利方面的资金。这是企业使用了职工的劳动技能、知识等以后除了有义务承担必要的劳动报酬外，还必须负担的对职工福利方面的义务。我国企业中按规定用于职工福利方面的资金来源，包括从费用中提取和从税后利润中提取两部分。从费用中提取的职工福利费主要用于职工个人的福利，在会计核算时将其作为一项负债；从税后利润中提取的福利费主要用于集体福利设施，在会计核算时将其作为所有者权益。从费用中提取的职工福利费，按职工工资总额的14%提取。职工福利费主要用于职工的医药费（包括企业参加职工医疗保险交纳的医疗保险费），医护人员的工资、医务经费、职工因公负伤赴外地就医路费，职工生活困难补助，职工浴室、理发室、幼儿园、托儿所人员的工资等。

为了核算应付福利费，企业应设置"应付福利费"账户进行核算。该账户贷方登记福利费的提取数，借方登记福利费的支付数，期末余额在贷方，表示已提而尚未使用的职工福利费数额。

【例8—22】某企业根据职工工资及福利费分配表计提职工福利费（见表8—2）。

根据表8—2，应编制如下会计分录：

借：生产成本　　　　　　　　　1960
　　制造费用　　　　　　　　　 560
　　管理费用　　　　　　　　　 364
　　营业费用　　　　　　　　　 294
　　　贷：应付福利费　　　　　　　　　3178

（十）其他应付款的核算

企业除了应付票据、应付账款、应付工资等以外，还会发生一些应付、暂收其他单位或个人的款项，如应付租入固定资产和包装物的租金存入保证金、应付统筹退休金等。这些暂收应付款，构成了企业的一项流动负债。

为了核算其他应付款项，企业应设置"其他应付款"账户。该账户贷方反映应支付的其他有关款项，借方反映已支付的其他有关款项，期末余额一般在贷方，表示尚未支付的其他有关款项。

企业发生的各种应付、暂收款项，借记"银行存款"、"管理费用"等账户，贷记"其他应付款"账户；支付时，借记"其他应付款"账户，贷记"银行存款"账户。

【例8－23】甲企业因生产经营需要，出租一批包装物给乙企业使用，租期3个月，并收取租金600元，押金1500元。到期乙企业归还包装物，甲企业将押金退还。甲企业应编制如下会计分录：

收到款项：

借：银行存款   2100

 贷：其他业务收入   600

  其他应付款   1500

租期已到：

借：其他应付款   1500

 贷：银行存款   1500

第二节 长期负债的核算

一、长期负债概述

（一）长期负债的概念

长期负债是指偿还期在一年或者超过一年的一个营业周期以

上的债务，包括长期借款、公司债券、长期应付款、专项应付款等。

长期负债因长期性的理财活动而产生，例如，企业为了扩大生产经营规模而增加长期耐用的固定资产、对外进行长期投资等，这些活动的投资回收期较长，所需资金仅通过企业正常的经营资金或举借短期债务往往不能满足，因此筹措长期资金势在必行。

企业筹措长期资金主要有两种途径：一是投资者投入资金；二是通过各种形式举借长期负债。两者相比，举借长期负债有以下优点：

（1）举借长期负债，不会影响企业投资者原有的投资比例或原有的股权结构，有利于保持其对企业实施控制或重大影响的权利；

（2）举借长期负债，使企业投资者有可能利用借入资金增加自己的投资收益；

（3）举借长期负债，其利息作为一项费用支出，一般可以直接计入当期损益，成为所得税前的一个扣减项目，而对投资者分配的利润只能在税后利润中列支。这就能使投资者从中获得利益。

举借长期负债对企业也有不利的一面，举借长期负债会给企业带来较大的财务风险。长期负债一般都有明确的到期日，如果企业无法及时支付利息或按期偿还本金，债权人的要求权可能迫使企业进行破产清算。因此，企业举借长期负债必须合理慎重，适度举借，举借程度应与企业的资本结构和偿债能力相适应。

（二）长期负债的特点

长期负债是企业的一项义务，是必须用未来的资产或劳务偿还的经济责任。它除具有负债的共同特点外，与流动负债不同的是：

1. 偿还期不同

长期负债的偿还期限超过 1 年，而流动负债需在 1 年内偿还。

2. 举债的目的不同

举借长期负债的目的是为了扩展经营规模，增加长期耐用的各种固定资产，如增添大型机器设备、购置地产、增建和扩建厂房等；举借流动负债的目的是为了满足生产周转的需要，如短期借款，有些流动负债是日常生产经营中形成的预收及应付款项、应付工资、应交所得税等。

3. 负债的数额不同

长期负债的数额一般都比较大，流动负债的数额一般较小。由于长期负债的数额较大，所以企业必须按计划在长期负债到期之前事先筹措偿债所需资金。

4. 举债的代价不同

如上所述，长期负债要支付利息，这项费用构成企业长期的固定性支出，而流动负债一般只有短期借款需要支付利息，其他的项目如应付及预收款项、应付工资、应付福利费等都不需支付利息。

5. 长期负债的部分费用要予以资本化

（三）长期负债的分类

长期负债按不同的标准可以有如下的分类，如图 8－1 所示。

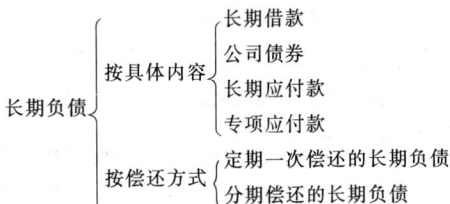

图 8－1　长期负债的分类

（四）长期借款费用的处理

1. 长期借款费用概述

长期借款费用是指企业因借款而发生的利息及其他相关成本，包括借款利息、折价或者溢价的摊销辅助费用以及因外币借款而发生的汇兑差额等。它是企业借入资金付出的代价，包括以下四个方面的内容：

（1）因借款而发生的利息，包括企业向银行或者其他金融机构等借入资金发生的利息、发行债券发生的利息，以及为购建固定资产而发生的带息债务应当承扣的利息等。

（2）因借款而发生的折价或者溢价，主要是指发行公司债券所发生的折价或者溢价。企业在每期摊销折价或者溢价时，实质上是对债券利息的调整（即将债券名义利率调整为实际利率），因此，因借款而发生的折价或者溢价的摊销属于借款费用的范畴。

（3）因借款而发生的辅助费用，是指企业在借款过程中发生的诸如手续费、佣金、印刷费、承诺费等费用，由于这些费用是因安排借款而发生的，属于借入资金所付出的代价，因而因借款而发生的辅助费用亦构成了借款费用的组成部分。

（4）因外币借款而发生的汇兑差额，是指由于汇率变动导致市场汇率与账面汇率出现差异，从而对外币借款本金及其利息的记账本位币金额所产生的影响金额。

2. 长期借款费用的确认

确认计量借款费用时，是否为符合借款费用资本化的资产是一个重要的条件。符合资本化条件的资产，是指需要经过相当长时间的购建或者生产活动才能达到预定可使用或者可销售状态的固定资产、投资性房地产和存货等资产。资本化期间，是指从借款费用开始资本化时点到停止资本化时点的期间，借款费用暂停资本化的期间不包括在内。专门借款，是指为购建或者生产符合资本化条件的资产而专门借入的款项。

其他借款费用，应当在发生时根据其发生额确认为费用，计入当期损益。对于其他借款费用，应当区别情况进行会计处理：

（1）如果该借款费用属于筹建期间发生的，应当根据其发生额先计入长期待摊费用，然后在开始生产经营当月一次性计入当期损益（管理费用）；

（2）如果该借款费用属于生产经营期间、为生产经营而发生的、应当根据其发生额全部费用化，计入当期损益（财务费用）。

3. 长期借款费用资本化的条件

为了防止任意提高资本化的金额，我国严格规定了借款费用资本化的条件。

（1）开始资本化。按照规定，因专门借款而发生的有关借款费用，只有在同时符合以下三个条件时才能开始资本化：

①资产支出已经发生，包括为购建或者生产符合化条件的资产而以支付现金、转移非现金资产或者承担带息债务形式发生的支出。

②借款费用已经发生。

③为使资产达到预定可使用或者可销售状态所必要的购建活动或者生产活动已经开始。

企业只有在上述三个条件同时满足的情况下，因专门借款发生的有关借款费用才可开始资本化，只要其中有一个条件没有满足，借款费用就不能开始资本化。例如，企业专门借款的借款费用已经发生，固定资产的实体建造工作也已经开始，但由于固定资产建造所需物资等都是赊购或者各户垫付的（且所形成的负债均为不带息负债），发生的其他工资、福利费等费用也没有现金流出，在这种情况下，固定资产建造本身并没有占用借款资金，没有导致资源流出，也没有发生资产支出，该事项只满足借款费用开始资本化的第二、第三个条件，但是没有满足第一个条件，所以，所发生的借款费用就不应当资本化。

（2）暂停资本化。在固定资产的购置或者建造过程中，因时间较长，可能会因各种原因发生停工的情况，那么，停工期间的借款费用是否应该继续资本化，这需要结合停工的原因和停工时间的长短来确定。

①中断的原因是非正常中断，且中断时间连续超过 3 个月（含 3 个月）。例如，在固定资产购建过程中，企业因与施工方发生了质量纠纷，或者工程用料没有及时供应，或者资金周转发生了困难等原因，导致固定资产购建活动所发生的中断，均属于工程的非正常中断。这时应当暂停借款费用的资本化，其中断期间发生的借款费用直接计入当期费用。

②属于正常情况的中断，如不可抗力的因素影响或中断，是使购建固定资产达到预定可使用状态所必需的程序，则中断期间所发生的借款费用继续予以资本化。

（3）停止资本化。在固定资产达到预定可使用状态时，借款费用应当停止资本化，以后所发生的借款费用应当全部计入当期损益，不应再予资本化。

4. 长期借款费用资本化金额的确定

（1）利息（包括折价或者溢价的摊销）资本化金额的确定。企业每期利息资本化金额，应当以至当期末止购置或者建造该项资产的累计支出加权平均数乘以资本化率计算确定，其计算公式为：

每一会计期间利息的资本化金额＝至当期末止购建固定资产累计支出加权平均数×资本化率

其中：累计支出加权平均数＝∑（每笔资产支出金额×$\dfrac{每笔资产支出占用的天数}{会计期间涵盖的天数}$）

资本化率即借款利率，如果为购建固定资产借入了一笔以上的专门借款，则资本化率为这些借款的加权平均利率。

加权平均利率＝$\dfrac{专门借款当期实际发生的利息之和}{专门借款本金加权平均数}$×100%

【例8-24】甲公司于2001年3月1日，进行现有机器设备改造，各月款项支出如表8-3所示。

表8-3　各月款项支出情况表

款项支出日期	支出金额
2001年3月1日	1560000
2001年5月1日	600000
2001年7月1日	480000
2001年10月1日	240000
2001年12月1日	90000
合　计	2970000

2001年3月1日，为此项改造借入一笔借款300万元，期限两年，年利率10%，每年计息一次单利计算，到期一次还本付息，该改造的设备于当年年底交付使用，并办理竣工决算手续。各月累计支出加权平均数如表8-4所示。

表8-4　各月累计支出加权平均数

款项支出日期	支出金额①	每笔资产支出占用天数/会计期间涵盖天数②	累计支出加权平均数③＝①×②
2001年3月1日	1560000	10/12	1300000
2001年5月1日	600000	8/12	400000
2001年7月1日	480000	6/12	240000
2001年10月1日	240000	3/12	60000
2001年12月1日	90000	1/12	7500
合　计	2970000		2007500

资本化率是借款利率的 10%。

2001 年全部利息支出 $=3000000\times10\%\times10/12$

$=250000$（元）

2001 年予以资本化的借款利息 $=2007500\times10\%$

$=200750$（元）

2001 年予以费用化的借款利息 $=250000-200750$

$=49250$（元）

2001 年全部借款利息为 250000 元，计入资本化的利息（即在建工程）为 200750 元，计入财务费用的为 49250 元。

根据会计制度的规定，在应予资本化的每一个会计期间，借款费用的资本化金额不得超过当期专门借款实际发生的借款费用。若按规定计算的借款费用资本化金额超过当期专门借款实际发生的借款费用时，资本化的金额以实际发生的借款费用为限。

（2）辅助费用资本化金额的确定。辅助费用是企业为了安排借款以供支出而发生的必要费用，包括借款手续费（如发行债券手续费）、承诺费、佣金等。如果企业不发生这些费用，就无法取得借款，因此，辅助费用是企业借入款项所付出的一种代价，是借款费用的有机组成部分。与利息费用一样，为安排专门借款所发生的辅助费用也应当资本化，计入固定资产成本。但是，由于辅助费用往往是在借款时一次发生的，而且金额相对较小，因此它与利息费用在特征上是有所差别的，即使其中的承诺费是陆续发生的，但由于承诺费会随着划入的借款金额的增加而逐步减少，与利息费用通常随着借款金额的增加而增加的特点还是有所不同。基于辅助费用的这一特点，对其采用了简化处理的原则，即没有将应予资本化的辅助费用与资产支出相挂钩。其具体处理原则为：

①因安排专门借款而发生的辅助费用，属于在所购建固定资产达到预定可使用状态之前发生的，应当在发生时予以资本化。

显然，辅助费用的资本化金额即为其实际发生额。

②如果因专门借款而发生的辅助费用的金额较小，出于重要性原则的考虑，再将其资本化的意义不是很大，因此可以在发生时直接计入当期损益，不予资本化。

③在所购建的固定资产达到预定可使用状态之后所发生的专门借款的辅助费用和除专门借款之外的其他借款所发生的辅助费用，则均应当在发生时计入当期损益。

（3）外币专门借款汇兑差额资本化金额的确定。当企业为购建固定资产所借入的专门借款是外币借款时，由于企业取得外币借款日、使用外币借款日和会计结算日往往并不一致，而外汇汇率又在随时发生变化，因此，外币借款会产生汇兑差额。相应的，在借款费用允许资本化的期间内，为购建固定资产而专门借入的外币借款所产生的汇兑差额，是购建固定资产的一项代价，应当予以资本化，计入固定资产成本。出于简化核算的考虑，我国规定，在应予资本化的每一会计期间，外币专门借款汇兑差额的资本化金额为当期外币专门借款本金及利息所发生的汇兑差额。除外币专门借款之外的其他外币借款本金及其利息所产生的汇兑差额应当作为财务费用，全部计入当期损益。其会计处理可参照外币业务的会计处理。

5. 长期借款费用资本化的核算

企业按资本化金额，借记"在建工程"账户，按不能资本化金额，借记"财务费用"账户，按应支付的利息，贷记"长期借款"、"应付债券——应计利息"或"应付利息"等账户。如果企业溢价发行债券，还应按摊销的溢价，借记"应付债券——债券溢价"账户；如果企业折价发行债券，还应按摊销的折价，贷记"应付债券——债券折价"账户。

二、长期借款的核算

长期借款是指企业从银行或其他金融机构借入的期限在一年以上（不含一年）的各种借款。

（一）账户的设置

企业为核算长期借款，应设置"长期借款"账户。该账户贷方登记借入的本金以及应计利息，借方登记归还的借款本息，期末余额在贷方，表示企业尚未偿还的长期借款的本息，同时应按借款单位和借款种类设置明细账，进行明细核算。

长期借款所发生的利息，应按照权责发生制原则按期预提，并按借款费用的原则进行处理。长期外币借款所发生的外币折合差额，应按照外币业务核算的有关办法，按期计算汇兑损益，计算出的汇兑损益按照借款费用的原则进行处理，长期借款的本金和利息以及外币折合差额，均应计入"长期借款"账户。

（二）长期借款的核算

企业借入各种长期借款，借记"银行存款"、"在建工程"、"固定资产"等账户，贷记"长期借款"账户；归还借款本息时，借记"长期借款"账户，贷记"银行存款"账户。企业将长期借款划转出去，或者无需偿还的长期借款，直接转入资本公积，借记"长期借款"账户，贷记"资本公积——其他资本公积"账户。长期借款所发生的利息支出、汇兑损失等借款费用，应分别以下情况进行处理：

（1）属于筹建期间的，作为长期待摊费用，借记"长期待摊费用"账户，贷记"长期借款"账户，于生产经营开始当月一次转入损益。

（2）属于生产经营期间的，计入财务费用，借记"财务费用"账户，贷记"长期借款"账户。

（3）属于与购建固定资产有关的专门借款的借款费用，应按借款费用核算的规定予以资本化或费用化。

【例 8－25】 甲公司于 2003 年 7 月 1 日，从中国银行借入 2 年期、年利率 12％的贷款 100000 元。每年付息一次，每月计息一次。应编制如下会计分录：

借入长期借款时：

借：银行存款　　　　　　　　　　　　100000
　　贷：长期借款——中国银行　　　　　　　100000

各月末计提利息时：

计提利息＝100000×12％÷12＝1000（元）

借：财务费用　　　　　　　　　　　　1000
　　贷：长期借款——中国银行　　　　　　　1000

支付第一年利息时：

借：长期借款——中国银行　　　　　　12000
　　贷：银行存款　　　　　　　　　　　　　12000

支付最后一年利息及归还本金：

借：长期借款——中国银行　　　　　　112000
　　贷：银行存款　　　　　　　　　　　　　112000

假设该公司借入的是到期一次还本付息的长期借款，其他条件不变，应编制如下会计分录：

借入长期借款时：

借：银行存款　　　　　　　　　　　　100000
　　贷：长期借款——中国银行　　　　　　　100000

每月计息时：

借：财务费用　　　　　　　　　　　　1000
　　贷：长期借款——中国银行　　　　　　　1000

长期借款到期偿还本息：

借：长期借款——中国银行　　　　　　124000

　　　　贷：银行存款　　　　　　　　　　　　124000

三、应付债券的核算

（一）长期债券的发行

　　长期债券是企业筹集长期使用资金而发行的一种书面凭证。通过凭证上所记载的利率、期限等，表明发行债券企业承诺在未来某一特定日期还本付息。企业发行的超过一年期以上的债券，构成了一项长期负债。应付债券应当按照实际的发行价格总额确认。债券的发行方式有三种，即面值发行、溢价发行、折价发行。债券的发行价格受同期银行存款利率的影响较大，假设其他条件不变，当债券的票面利率高于同期银行存款利率时，可按超过债券票面价值的价格发行，称为溢价发行，溢价是企业以后各期多付利息而事先得到的补偿。如果债券的票面利率低于同期银行存款利率，可按低于债券面值的价格发行，称为折价发行，折价是企业以后各期少付利息而预先给投资者的补偿。如果债券的票面利率与同期银行存款利率相同，可按票面价值发行，称为面值发行。溢价或折价是发行债券企业在债券存续期内对利息费用的一种调整。

（二）账户的设置

　　为核算长期债券，企业应设置"应付债券"账户，用来反映企业为筹集长期资金而实际发行的债券及应付的利息。在"应付债券"账户下设置了"债券面值"、"债券溢价"、"债券折价"和"应计利息"四个明细账户，并按债券种类进行明细核算。

　　"应付债券——债券面值"账户的贷方登记企业发行债券的面值，借方登记归还债券的本金，期末余额在贷方，表示尚未归还的债券面值。

　　"应付债券——债券溢价"账户的贷方登记企业发行债券的

溢价，借方登记摊销债券的溢价金额，期末余额在贷方，表示尚未摊销的债券溢价。

"应付债券——债券折价"账户的借方登记企业发行债券的折价，贷方登记摊销的折价金额，期末余额在借方，表示尚未摊销的折价。

"应付债券——应计利息"账户的贷方登记企业发行债券应计提的利息，借方登记实际支付的利息，期末余额在贷方，表示已计提但尚未支付的债券利息。

（三）债券发行的核算

1. 面值发行

企业按面值发行债券时，按实际收到的款项，借记"银行存款"、"现金"等账户，按债券票面价值，贷记"应付债券——债券面值"账户；每期计提应计利息时，借记"财务费用"或"在建工程"账户，贷记"应付债券——应计利息"账户。

【例8—26】某公司2003年1月1日按面值发行5年期一次还本付息的债券500000元，年利率8%，款项已存入银行（债券发行费用略）。根据有关凭证，应编制如下会计分录：

发行债券，收到款项：

借：银行存款 500000

  贷：应付债券——债券面值 500000

每年年初计提利息：

借：财务费用 40000

  贷：应付债券——应计利息 40000

2. 溢价发行

债券溢价发行，按实际收到的款项，借记"银行存款"、"现金"等账户，按债券票面价值，贷记"应付债券——债券面值"账户，按实际收到的金额与票面价值之间的差额，贷记"应付债券——债券溢价"账户；溢价发行债券，按应摊销的溢价金额，借记"应付债券——债券溢价"账户，按应计利息与溢价摊销的差额，借记"在建工程"、"财务费用"等账户，按应计利息，贷记"应付债券——应计利息"或"应付利息"账户。

债券溢价应在债券存续期间内系统合理地摊销，即债券溢价应逐期在利息费用中扣除，使到期日应付债券的账面价值与债券票面价值相等。摊销方法可以采用直线摊销法，也可以采用实际利率法。

（1）直线摊销法。它是指将债券的溢价或折价平均分摊于各期的一种摊销方法。其摊销额的计算公式如下：

每期债券溢价摊销额＝债券溢价/债券计息期数

（2）实际利率法。它是指各期的利息费用以实际利率乘以期初应付债券的账面价值而得。

【例8－27】某企业于2001年1月1日溢价发行4年期、年利率为10％，面值为100000元的债券，实际收到债券价款为106621元，规定每年付息一次，到期一次还本。（债券发行费用略）

企业根据上述资料，采用直线法摊销溢价时，可编制债券溢价摊销表，如表8－5所示：

表8－5　企业债券溢价摊销表（直线法）　　单位：元

计息期 (一年)	应付利息 (1)	溢价摊销额 (2)	利息费用 (3)	未摊销溢价额 (4)	应付债券账面价值 (5)
	面值×10%	6621÷4	(1)－(2)	上期(4)－(2)	上期(5)－(2)
2001.01				6621	106621
2001.12	10000	1655.25	8344.75	4965.75	104965.75
2002.12	10000	1655.25	8344.75	3310.50	103310.50
2003.12	10000	1655.25	8344.75	1655.25	101655.25
2004.12	10000	1655.25	8344.75	0	100000
合计	40000	6621	33379		

企业应编制如下会计分录：

企业溢价发行债券：

借：银行存款 106621

　　贷：应付债券——债券面值 100000

　　　　　　　　——债券溢价 6621

每年计息时：

借：财务费用（或在建工程） 8344.75

　　应付债券——债券溢价 1655.25

　　贷：应付利息 10000

每年支付利息时：

借：应付利息 10000

　　贷：银行存款 10000

如果企业于 2001 年 1 月 1 日发行该债券时，市场实际利率为 8%，采用实际利率法摊销溢价时，可编制债券溢价摊销表（见表 8—6）。

表 8—6　企业债券溢价摊销表（实际利率法）　　单位：元

计息期 （一年）	应付利息 （1） 面值×10%	利息费用 （2） 上期(5)×8%	溢价摊销额 （3） （1）-（2）	未摊销溢价额 （4） 上期(4)-（3）	应付债券账面价值 （5） 上期(5)-（3）
2001.01				6621	106621
2001.12	10000	8530	1470	5151	105151
2002.12	10000	8412	1588	3563	103563
2003.12	10000	8285	1715	1848	101848
2004.12	10000	8152	1848	0	100000
合计	40000	33379	6621		

企业应编制如下会计分录：

溢价发行债券时：

借：银行存款	106621	
贷：应付债券——债券面值		100000
——债券溢价		6621

年末计息时：

借：财务费用（或在建工程）	8530	
应付债券——债券溢价	1470	
贷：应付利息		10000

年末支付利息时：

借：应付利息	10000	
贷：银行存款		10000

3. 折价发行

债券折价发行，按实际收到的款项，借记"银行存款"、"现金"等账户，按债券票面价值，贷记"应付债券——债券面值"账户，按实际收到的金额与票面价值之间的差额，借记"应付债券——债券折价"账户；折价发行债券，按应摊销的折价金额和应计利息之和，借记"在建工程"、"财务费用"等账户，按应摊销的折价金额，贷记"应付债券——债券折价"账户，按应计利息，贷记"应付债券——应计利息"或"应付利息"账户。

债券折价应在债券存续期间内系统合理地摊销，使到期日应付债券的账面价值与债券票面价值相等。摊销方法同样有直线摊销法和实际利率法两种。

【例8－28】若【例8－27】中债券发行时，实际收到的价款为93923元，即折价发行，市场实际利率为12％，采用实际利率法摊销折价时，可编制债券折价摊销表，如表8－7所示。

表 8-7 企业债券折价摊销表（实际利率法） 单位：元

计息期（一年）	应付利息 (1)	利息费用 (2)	折价摊销额 (3)	未摊折价额 (4)	应付债券账面价值 (5)
	面值×10%	上期(5)×12%	(2)-(1)	上期(4)-(3)	上期(5)+(3)
2001.01				6077	93923
2001.12	10000	11271	1271	4806	95194
2002.12	10000	11424	1424	3382	96618
2003.12	10000	11594	1594	1788	98212
2004.12	10000	11788	1788	0	100000
合计	40000	46077	6077		

企业应编制如下会计分录：

折价发行债券时：

借：银行存款　　　　　　　　　　　　　93923

　　应付债券——债券折价　　　　　　　6077

　　　贷：应付债券——债券面值　　　　　　　100000

年末计息时：

借：财务费用（或在建工程）　　　　　　11271

　　　贷：应付利息　　　　　　　　　　　　　10000

　　　　　应付债券——债券折价　　　　　　　1271

年末支付利息时：

借：应付利息　　　　　　　　　　　　　10000

　　　贷：银行存款　　　　　　　　　　　　　10000

需要说明的是，如果企业发行的是一次还本付息的债券，每期计提利息并摊销溢折价时，按应摊销的溢折价金额，借记或贷记"应付债券——债券溢价"、"应付债券——债券折价"等账户，按应计利息与溢折价摊销的差额或合计，借记"在建工程"、"财务费用"等账户，按应计利息，贷记"应付债券——应计利息"账户。

（四）债券偿还的核算

发行的债券一般都是到期一次还本付息或一次还本、分期付息。采用一次还本付息方式的，企业应于债券到期支付债券本息时，借记"应付债券——债券面值、应计利息"账户，贷记"银行存款"账户；采用一次还本、分期付息方式的，在每期支付利息时，借记"应付利息"账户，贷记"银行存款"账户；债券到期偿还本金时，借记"应付债券——债券面值"账户，贷记"银行存款"账户。

（五）可转换公司债券

为了吸引投资者，公司债券发行者允许债券持有者在将来一定日期后，按照约定将其债券转换为普通股票，这种公司债券称为可转换公司债券。可转换公司债券通常有规定的转换比率和转换价格，转换比率是指每张公司债券可转换的普通股的股数，转换价格是债券面值除以转换比率的结果。

目前，我国发行可转换公司债券采取记名式无纸化发行方式，债券最短期限为3年，最长期限为5年。在会计核算中，企业发行的可转换公司债券作为长期负债，在"应付债券"账户中设置"可转换公司债券"明细账户进行核算。其核算要点有：

（1）可转换公司债券在未转换为股份前，其会计核算与一般公司债券相同，即按期计提利息，并摊销溢价和折价。

（2）可转换公司债券到期未转换为股份的，按照可转换公司债券募集说明书的约定，于期满后5个工作日内偿还本息。偿还债券本息的会计核算与一般公司债券相同。

（3）债券持有者行使转换权利，将可转换公司债券转换为股份时，如债券面额不足转换1股股份的部分，企业应当以现金偿还。

（4）可转换债券转换为股份时，按债券的账面价值结转，不确认转换损益。

我国规定发行企业在可转换公司债券转换时，应按可转换公司债券的面值，借记"应付债券——可转换公司债券（债券面值）"账户，按未摊销的溢价或折价，借记（或贷记）"应付债券——可转换公司债券（债券溢价、债券折价）"账户，按已计提的利息，借记"应付债券——可转换公司债券（应计利息）"账户，按股票面值和转换的股数计算的股票面值总额，贷记"股本"账户，按实际用现金支付的不可转换股份的部分，贷记"现金"账户，借贷方的差额，贷记"资本公积——股本溢价"账户。

【例8-29】某股份有限公司经批准于2002年1月1日发行5年期1.5亿元可转换公司债券，债券票面年利率为6%，按面值发行（不考虑发行费用）。债券发行一年后可转换为股份，每100元转普通股4股，股票面值1元，可转换公司债券的账面价值1.59亿元（面值1.5亿元，应计利息0.09亿元）。假定债券持有者全部将债券转换为股份。该股份公司应编制如下会计分录：

收到发行收入时：

借：银行存款   150000000

    贷：应付债券——可转换公司债券（债券面值）

                              150000000

计提利息时：

借：在建工程（或财务费用）   9000000

    贷：应付债券——可转换公司债券（应计利息）

                              9000000

转换为股份：

转换为股份数 $= 150000000 \div 100 \times 4 = 6000000$（股）

　　借：应付债券——可转换公司债券（债券面值）

　　　　　　　　　　　　150000000

　　　　　　　——可转换公司债券（应计利息）

　　　　　　　　　　　　9000000

　　　贷：股本　　　　　6000000

　　　　资本公积——股本溢价　　153000000

四、长期应付款的核算

（一）应付补偿贸易引进设备款的核算

　　补偿贸易是从国外引进设备，再用该设备生产的产品归还设备价款。国家为了鼓励企业开展补偿贸易，规定开展补偿贸易的企业，补偿期内免交引进设备所生产的产品的流转税。事实上，补偿贸易是以生产的产品归还设备价款，因此，一般情况下，设备的引进和偿还设备价款是没有现金流入和流出的。在会计核算时，一方面，引进设备的资产价值以及相应的负债，作为本企业的一项资产和一项负债，在资产负债表中分别包括在"固定资产"和"长期应付款"项目中；另一方面，用产品归还设备价款时，视同产品销售进行处理。

　　1. 账户的设置

　　为核算这部分长期负债。企业应设置"长期应付款——应付补偿贸易引进设备款"账户，该账户贷方反映可引进设备的价格、设备运抵中国口岸过程中的运杂费、保险费以及该项长期应付款归还期内的利息，借方反映实际归还这项长期应付款的金额，期末余额一般在贷方，表示尚未归还的长期应付款。

　　2. 应付补偿贸易引进设备款的核算

　　企业按照补偿贸易方式引进设备时，应按设备、工具、零配件等的价款以及国外运杂费的外币金额和规定的汇率折合为人民币记账，借记"在建工程"、"原材料"等账户，贷记"长期应付款——应付补偿贸易引进设备款"账户。

企业用人民币借款支付进口关税、国内运杂费和安装费时，借记"在建工程"、"原材料"等账户，贷记"银行存款"、"长期借款"等账户。

按补偿贸易方式引进的国外设备交付验收使用时，应将其全部价值借记"固定资产"账户，贷记"在建工程"账户。

归还引进设备款时，借记"长期应付款——应付补偿贸易引进设备款"账户，贷记"银行存款"、"应收账款"等账户。

【例8－30】某企业开展补偿贸易业务，从国外引进设备价款折合人民币为500000元（不需要安装就可投产使用），企业准备用所生产的产品归还引进设备款。引进设备投产后，第一批生产产品100件，每件销售价格1000元，销售成本800元，这一批产品全部用于还款。根据这项经济业务，企业应编制如下会计分录：

引进设备时：

借：固定资产   500000

 贷：长期应付款——应付补偿贸易引进设备款

             500000

第一批产品销售时：

借：应收账款   100000

 贷：主营业务收入   100000

结转成本时：

借：主营业务成本   80000

 贷：库存商品   80000

用第一批产品价款偿还设备价款时：

借：长期应付款——应付补偿贸易引进设备款

             100000

 贷：应收账款   100000

(二) 应付融资租赁费的核算

融资租入的固定资产，应在租赁开始日按租赁资产的原账面价值与最低租赁付款额的现值两者较低者，作为融资租入固定资产的入账价值，借记"在建工程"、"固定资产"等账户，按最低租赁付款额作为长期应付款的入账价值，贷记"长期应付款——应付融资租赁款"账户，并将两者的差额，作为未确认融资费用，借记"未确认融资费用"账户。

如果融资租赁资产占企业资产总额的比例等于或低于30%的，应在租赁开始日按最低租赁付款额作为融资租赁固定资产和长期应付款的入账价值，借记"在建工程"、"固定资产"等账户，贷记"长期应付款——应付融资租赁款"账户。

五、专项应付款的核算

专项应付款是指企业接受国家拨入的具有专门用途的拨款，如专项用于技术改造、技术研究等，以及从其他来源取得的款项。

企业应单设"专项应付款"账户对此进行核算，并按拨款种类分户进行明细核算。企业实际收到专项拨款时，借记"银行存款"账户，贷记"专项应付款"账户；使用专项拨款进行技术改造或技术研究时，对于形成固定资产并按有关规定留给企业的，应按实际成本，借记"固定资产"账户，贷记"在建工程"账户，同时，借记"专项应付款"账户，贷记"资本公积——拨款转入"账户；对形成产品并按规定将产品留归企业的，应按实际成本，借记"库存商品"账户，贷记"生产成本"账户，同时，借记"专项应付款"账户，贷记"资本公积——拨款转入"账户；对未形成资产，需核销的拨款部分，报经批准后，借记"专项应付款"账户，贷记"生产成本"、"在建工程"等账户；对形成的资产按规定应上交国家的，借记"专项应付款"账户，贷记

"生产成本"、"在建工程"等账户；对按规定应上交结余的专项拨款，应在上交时，借记"专项应付款"账户，贷记"银行存款"账户。

思考题：

1. 简述流动负债的概念和特点？
2. 什么是短期借款？它是如何核算的？
3. 企业应交税金有哪些内容？它是如何核算的？
4. 简述长期负债的概念和特点？
5. 简述长期借款费用资本化的概念、条件和计算方法？
6. 什么是债券的面值、溢价、折价发行？
7. 如何摊销债券的溢价、折价？
8. 怎样进行其他长期负债的核算？

练习题：

1. 债券折价的摊销

资料：某公司于 2004 年 1 月 1 日折价发行四年期到期一次还本付息的公司债券，债券面值 1000000 元，票面年利率 10%，发行价格 900000 元。

要求：以直线法摊销债券折价（债券发行费用略），编制相关的会计分录。

2. 债券溢价的摊销

资料：某企业 2004 年 1 月 1 日发行 5 年期面值为 5000000 元的债券，票面利率为年利率的 10%，企业按 5100000 元的价格出售。

要求：以直线法摊销债券溢价（债券发行费用略），编制相关的会计分录。

3. 借款的核算

资料：某公司于 2000 年 7 月 1 日，从中国建设银行借入 3 年期、年利率 10％的贷款 200000 元，用于补充企业流动资金的不足。每年付息一次，每月计息一次。

要求：编制相关的会计分录。

4. 增值税的核算

资料：某企业生产的产品为应税消费品，增值税税率为 17％，消费税税率为 10％。本月发生如下经济业务：

（1）购入生产用材料一批，增值税专用发票注明材料的买价为 15000000 元，增值税 2550000 元，支付运费 750000 元（假定该公司原材料按实际成本计价核算）。

（2）购入用于工程施工的材料一批，增值税专用发票注明其买价为 4000000 元，增值税 680000 元，支付运费 250000 元。

（3）本月份公司以 1250000 元的生产用材料用于向凯达公司投资，计税价格为 1500000 元。

（4）公司本月份实际交纳的增值税为 1750000 元，其中有以前月份尚未交纳的增值税 750000 元。

要求：编制有关的会计分录。

5. 消费税的核算

资料：某企业委托外单位加工材料（非金银首饰），原材料价款 200000 元，加工费用 50000 元，由受托方代收代缴的消费税 5000 元（不考虑增值税），材料已经加工完毕验收入库，加工费用尚未支付。假定该企业材料采用实际成本核算。

要求：根据这项经济业务，分别做出委托方收回加工后的材料用于继续生产应税消费品和委托方收回加工后的材料直接用于销售的相关会计分录。

第九章　所有者权益

【学习目的与要求】通过本章的学习，学生应该了解所有者权益的概念及内容，熟悉所有者权益与负债的区别，掌握一般企业实收资本的核算和股份有限公司股本的核算、资本公积形成的来源和资本公积的核算，掌握留存收益的组成及核算。

第一节　所有者权益概述

一、所有者权益的概念

（一）所有者权益的概念

所有者权益是指企业资产扣除负债后由所有者享有的剩余利益（在股份有限公司中称为股东权益）。从数量上看，所有者权益表现为企业的净资产；从产权关系看，所有者权益表现为企业净资产的所有权。

（二）所有者权益的特点

所有者权益和负债都是企业资产的来源，反映在资产负债表的右方，负债与所有者权益的合计等于资产总额。但是，负债与所有者权益之间存在着明显的差别。负债与所有者权益的主要区别如下：

1. 对象不同

负债是对企业的债权人承担的经济责任；所有者权益是对企业的投资人承担的经济责任。

2. 性质不同

负债是在企业经营或其他事项中形成的债务，是债权人对其债务的权利；所有者权益是企业投资人的资本的权利以及对资本运用所产生的盈亏处置的权利。

3. 偿还期限不同

负债具有偿还性，必须在规定的时间内偿还；所有者权益在持续经营的前提下一般不需清偿（除按法律程序减资等原因外），只有在企业解散清算时用其剩余财产在偿付了清算费用、债权人的债务后，如有剩余财产才向投资人进行清偿。

4. 享受的权利不同

债权人只享受收回本金和利息的权利，无权参与企业的收益分配；而所有者权益享有收益分配权，可按其投入资本的比例获取企业净利润的一部分，企业的投资者有权参与企业的经营管理。

二、所有者权益的来源

1. 所有者投入的资本

它是指投资者按照企业章程、协议的规定，实际投入企业的各种财产、物资的价值。按投资主体，它可分为国家投入资本、法人投入资本、外商投入资本和个人投入资本。

2. 直接计入所有者权益的利得和损失

它是指不应计入当期损益、会导致所有者权益发生增减变动的、与所有者投入资本或者向所有者分配利润无关的利得或者损失。

3. 留存收益

它是指企业从历年实现的利润中提取或形成的留存于企业的内部积累，主要包括盈余公积和未分配利润两类。盈余公积包括法定盈余公积、任意盈余公积和法定公益金。

未分配利润是指企业净利润分配后剩余部分。未分配利润有两层含义：一是留待以后年度处理的利润；二是未指定用途的利润。

第二节　实收资本的核算

一、实收资本概述

实收资本是投资者对企业所筹集的注册资金的出资额，是企业注册登记的法定资本总额的重要来源。我国目前实行的是注册资本金制度，要求企业的实收资本与注册资本相一致，企业实收资本比原注册资本数额增加超过 20％时，应持资金使用证明或者验资证明，向原登记主管机关申请变更登记。投资者对依法投入的资本享有法定的权利并以此为限，实收资本也是企业获得利润并形成积累的基础。

投资者可以用现金投资，也可以用现金以外的其他有形资产投资，符合国家规定比例的，还可以用无形资产投资。

二、实收资本的核算

(一) 账户的设置

由于企业组织形式不同，所有者投入资本的会计核算方法也有所不同。除股份有限公司对股东投入资本应设置"股本"账户外，其余企业均设置"实收资本"账户进行核算。该账户贷方登记企业收到所有者投入企业的各种资本的价值，借方登记按规定程序减少注册资本的价值，期末余额在贷方，表示投资者实际投入的资本，同时按投资主体设置明细账，进行明细核算。此外，还应设置"实收资本备查簿"，详细记录核定的资本总额、各投资者的出资比例和认缴的资本金数额。

(二) 一般企业实收资本的核算

1. 企业收到投资者以现金投入的资本

企业收到投资者以现金投入的资本时，应当以实际收到或存入企业开户银行的金额作为实收资本入账，借记"现金"、"银行存款"等账户，贷记"实收资本"账户。对于实际收到或者存入企业开户银行的金额超过投资者在企业注册资本中所占份额的部分，应当计入资本公积。

2. 企业收到投资者以非现金资产投入的资本

企业收到投资者以非现金资产投入的资本时，应按投资各方确认的价值作为实收资本入账，在办理完有关产权转移手续后，借记"固定资产"、"原材料"、"库存商品"等账户，贷记"实收资本"账户。对于投资各方确认的资产价值超过其在注册资本中所占份额的部分，应当计入资本公积。

如果企业接受投资者的无形资产投资，应按投资双方所确认的价值入账。但为首次发行股票而接受投资者投入的无形资产，应按该无形资产在投资方的账面价值作为实际成本。按规定，对无形资产（不包括土地使用权）进行投资，其价值不得超过注册资本的 20％，特殊情况下需要超过 20％的，应经有关部门审查，但不得超过注册资本的 30％。

【例 9－1】某企业收到 A 公司投入的原材料一批，该材料的评估确认价值为 100000 元，增值税额 17000 元。根据有关凭证，应编制如下会计分录：

借：原材料　　　　　　　　　　　　　100000
　　应交税金——应交增值税（进项税额）17000
　　贷：实收资本——A 公司　　　　　　　117000

3. 企业按受外币资本投资

企业接受的投资者的投资如果为外币资本投资，则企业应当在接受外币资本投资时，一方面，将实际收到的外币款项等作为资产入账；另一方面，将因接受外币资产而增加的资本作为实收资本入账，但将外币具体折算为人民币时，应区别情况，按照投资合同中是否约定汇率而定。

（1）如果投资合同中约定了汇率的，应按收到外币当日的汇率折合的人民币金额，借记"银行存款"账户，按合同约定汇率折合的人民币金额，贷记"实收资本"账户，将外币资本按约定汇率折算的人民币金额与按收到外币当日汇率折合的人民币金额之间的差额，计入资本公积，借记或贷记"资本公积——外币资本折算差额"账户。

（2）如果投资合同没有约定汇率的，应按收到外币当日的汇率折合的人民币金额，借记"银行存款"账户，贷记"实收资本"账户。

【例 9－2】某企业收到外商投入的外币资本 100000 美元，当时的市场汇率为 1 美元＝8.3 元人民币。中外双方签订的合同约定汇率为 1 美元＝8.0 元人民币。根据有关凭证，企业应编制如下会计分录：

外币作为资产入账的价值＝100000×8.3＝830000（元）

作为实收资本入账的价值＝100000×8.0＝800000（元）

外币资本折算差额＝830000－800000＝30000（元）

借：银行存款　　　　　　　　　　　830000

　　贷：实收资本　　　　　　　　　　　　800000

　　　　资本公积　　　　　　　　　　　　30000

（三）股份有限公司股本的核算

股份有限公司（简称股份公司）是指全部资本由等额股份构成并通过发行股票筹集资本，股东以其所持股份对公司承担有限责任，公司以其全部资产对公司债务承担责任的企业法人。股份有限公司的实收资本称为股本，其股本总额就是股票面值与股份总数的乘积，股本总额等于公司的注册资本。

1. 股份有限公司股本核算的特点

股份公司的设立有两种方式，即发起式和募集式。发起式设立的特点是公司的股份全部由发起人认购，不向发起人之外的任何人募集股份；募集式设立的特点是公司股份除发起人认购外，还可以采用向其他法人或自然人发行股票的方式进行募集。公司设立方式不同，涉及所有者权益的会计处理方法也不同，其主要区别有：

（1）筹集资本的费用处理不同。发起式设立公司，因股东是固定的，无须聘请证券商（如证券公司）向社会广泛募集。一般情况下，其筹集费用很低，如发生一些诸如股权证明印刷费等少量费用，可以直接计入管理费用。而采用向社会发行股票的方式来募集资本，需要由企业发起人聘请证券商发行股票，由于募集式设立公司，发起人认购的股份不得少于公司发行股份总数的35%，其余部分可向社会公开募集，因而发行的股票数量大，印刷费用高，另外从广大投资者认购到实际出缴资金，需要进行大量的工作。所以，支付给证券商的发行费用一般较高，在会计上应进行特别的处理。采用溢价发行股票，其应付证券商的费用可以从溢价收入中支付；采用面值发行股票的，其支付给证券商的费用直接计入当期损益或计入长期待摊费用。

（2）筹集资本的风险不同。发起式设立公司，其所需资本由发起人一次认足，一般不会发生设立公司失败的情况，因此，其筹资风险小。社会募集股份，其筹资对象广泛，在资本市场不景气或股票的发行价格不恰当的情况下，有发行失败（即股票未被全部认购）的可能，因此，其筹资风险大。按照有关规定，发行失败损失由发起人负担，包括承担筹建费用、承担公司筹建过程中的债务、承担对认股人已缴纳的股款支付银行同期存款利息等责任。

2. 账户的设置

为了核算公司核定的股本总额及核定的股份总额范围内实际发行股票的数额，股份有限公司应设置"股本"账户，该账户的贷方登记公司按核对的股份总额发行的股票面值总额，借方登记依法批准减少的股本数额，期末余额在贷方，表示公司实际持有的股本数。同时，还应按普通股的种类及持股人等设置明细账，进行明细核算，并按核定的股本总额、股份总数、每股面值等指标在账户中做备查记录。

3. 股票发行的核算

公司发行股票的方式有三种：面值发行、溢价发行、折价发行。公司发行股票取得的收入等于股本总额的，称为面值发行；公司发行股票取得的收入大于股本总额的称为溢价发行；公司发行股票取得的收入小于股本总额的，称为折价发行。我国不允许企业折价发行股票。

当公司发行股票收到现金等资产时，应按照实际收到的金额，借记"现金"、"银行存款"等账户，按股票面值和核定的股份总额的乘积计算的金额，贷记"股本"账户，按其差额，贷记

"资本公积——股本溢价"账户。

【例9—3】某公司委托某证券公司代理发行普通股1000000股，每股面值1元，按每股1.5元的价格发行。公司与该证券公司约定，按发行收入的3%收取手续费，从发行收入中扣除，收到的股款已存入银行。根据资料，公司应编制如下会计分录：

公司支付的股票发行费＝1000000×1.5×3%＝45000（元）

公司收到的股票款＝1000000×1.5－45000＝1455000（元）

应记入"资本公积"账户的金额＝1455000－1000000＝455000（元）

借：银行存款　　　　　　　　　　　　　1455000
　　贷：股本——普通股　　　　　　　　　　1000000
　　　　资本公积——股本溢价　　　　　　　455000

需注意的是，股份有限公司发行股票支付的手续费或佣金等发行费用，减去发行股票冻结期间产生的利息收入后的余额，如果溢价发行的，应从发行股票的溢价中抵扣；股票没有溢价发行或溢价金额不足以支付发行费用的部分，应将不足支付的发行费用直接计入当期财务费用，不应作为长期待摊费用处理。

（四）实收资本（或股本）变动的核算

一般情况下，企业的实收资本应相对固定不变，但在某些特定情况下，实收资本也可能发生增减变化。《企业法人登记管理条例》中规定，除国家另有规定外，企业的注册资金应当与实有资金相一致。该条例还规定，企业法人实有资金比原注册资金数额增加或减少超过20%时，应持资金证明或者验资证明，向原登记机关申请变更登记。这表明，企业的实收资本，一般情况下，不得随意增减，如有必要增减，首先应具备一定的条件。

1. 企业增资的核算

一般企业增加资本的途径主要有三条：一是将资本公积转为实收资本。二是将盈余公积转为实收资本。这里要注意的是，资本公积和盈余公积均属于所有者权益，转为实收资本时，如为独资企业比较简单，直接结转即可；如为股份公司或有限责任公司，应按原投资者所持股份同比例增加各股东的股权，股份公司具体可以采用发放新股的办法。三是所有者（包括原企业所有者和新投资者）投入。

此外，股份公司还可以发放股票股利的方法实现增资。采用发放股票股利实现增资的，在发放股票股利时，是按照股东原来持有的股数分配，如股东所持股份按比例分配的股利不足 1 股时，应采用恰当的方法处理。例如，股东会决议按股票面额的10％发放股票股利时（例如新股发行价格及面额与原股相同），对于所持股票不足 10 股的股东，将会发生不能领取 1 股的情况。在这种情况下有两种方法可供选择，一是将不足 1 股的股票股利改为现金股利，用现金支付；二是由股东相互转让，凑为整股。无论采用哪种方法，都将改变企业股权结构。

（1）接受投资者追加投资的核算。在企业按规定接受投资者额外投入实现增资时，企业应当按实际收到的款项或其他资产，借记"银行存款"账户，按增加的实收资本或股本金额，贷记"实收资本"或"股本"账户，按照两者之间的差额，贷记"资本公积——资本溢价"或"资本公积——股本溢价"账户。

（2）资本公积转增资本的核算。在企业采用资本公积转增资本时，企业应按照转增的资本金额，借记"资本公积"账户，贷记"实收资本"或"股本"账户。

（3）盈余公积转增资本的核算。在企业采用盈余公积转增资本时，企业应按照转增的资本金额，借记"盈余公积"账户，贷记"实收资本"或"股本"账户。

（4）采用发放股票股利方式增资的核算。在股份有限公司股东大会或类似机构批准采用发放股票股利的方式增资时，公司应在实施该方案并办理完增资手续后，根据实际发放的股票股利数，借记"利润分配——转作股本的普通股股利"账户，贷记"股本"账户。

2. 企业减资的核算

企业实收资本减少的原因大体有两种：一是资本过剩；二是企业发生重大亏损而需要减少实收资本。企业因资本过剩而减资，一般要发还股款。有限责任公司和一般企业发还的投资比较简单，按发还投资的数额，借记"实收资本"账户，贷记"银行存款"账户。

股份有限公司由于采用的是发行股票的方式筹集股本，发还股款时，则要收购发行的股票，发行股票的价格与股票面值可能不同，收回股票的价格也可能与发行价格不同，会计核算较复杂。由于"股本"账户是按股票的面值登记的，收购本企业股票时，亦应按面值注销股本。超出面值付出的价格，可区别情况处理：收购的股票凡属溢价发行的，则首先冲销溢价收入，不足部分，凡提有盈余公积的，冲销盈余公积；如盈余公积仍不足以支付收购款的，冲销未分配利润。凡属面值发行的，直接冲销盈余公积、未分配利润。

股份有限公司采用收购本企业股票方式减资的，应按照注销股票的面值总额减少股本，购回股票支付的价款超过面值总额的部分，依次减少资本公积和留存受益，借记"股本"账户，以及"资本公积"（原记入溢价的部分）、"盈余公积"、"利润分配——未分配利润"等账户，贷记"现金"或"银行存款"账户；购回股票支付的价款低于面值总额的，应按照股票面值总额，借记"股本"账户，按支付的价款，贷记"现金"或"银行存款"账户，按其差额，贷记"资本公积——其他资本公积"账户。

第三节　资本公积的核算

一、资本公积概述

(一) 资本公积的概念

资本公积是指由投资者或其他人 (或单位) 投入,所有权归属于投资者,但不构成实收资本的那部分资本或者资产。资本公积从形成来源看,它是由投资者投入的资本金额中超过法定资本部分的资本,或者其他人 (或单位) 投入的不形成实收资本的资产的转化形式,它不是由企业实现的净利润转化而来的,从本质上讲应属于投入资本的范畴,因此,它与留存收益有本质区别,留存收益是企业实现净利润的转化形式。

与此同时,资本公积尽管属于投入资本范畴,但与实收资本又有区别,体现为:

(1) 实收资本无论是在来源上,还是金额上,都有比较严格的限制;资本公积在来源上、金额上并没有严格的限制。

实收资本一般是投资者投入的、为谋求价值增值的原始投资,而且属于法定资本,与企业的注册资本相一致。资本公积的主要来源是资本 (或股本) 溢价,是企业投入资本 (实缴资本超过股票面值或设定价值的部分),只是由于法律的规定而无法直接以资本的名义出现。某些来源形成的资本公积,并不需要由原投资者投入,也并不一定需要谋求投资回报,例如,接受其他人 (或单位) 捐赠形成的资本公积。

(2) 不同来源形成的资本公积由所有投资者共同享有。投资者投入的资本通常被视为企业的永久性资本，通常不得任意支付给股东。一般只有在企业清算时，在清偿所有的负债后才可将剩余部分返还给投资者。

（二）资本公积的内容

资本公积从不同的来源取得，并由全体所有者享有，它属于资本的范畴。它主要包括：资本溢价和股本溢价、接受捐赠资产、股权投资准备、关联交易差价、外币资本折算差额等。

1. 资本（或股本）溢价

它是指企业投资者投入的资本（或股本）超过其在注册资本中所占份额的部分，在股份有限公司称之为股本溢价。

2. 接受捐赠非现金资产准备

它是指企业接受非现金资产捐赠而增加的资本公积的金额。

3. 接受现金捐赠

它是指企业接受现金捐赠而增加的资本公积。

4. 股权投资准备

它是指企业对被投资单位的长期股权投资采用权益法核算时，因被投资单位接受资产捐赠等原因增加的资本公积，从而导致投资企业按其持股比例或投资比例计算而增加的资本公积。

5. 拨款转入

它是指企业收到国家拨入的专门用于技术改造、技术研究等的拨款，在项目完成后，按规定转入资本公积的部分，企业应按转入金额入账。

6. 外币资本折算差额

它是指企业接受外币投资因所采用的汇率不同而产生的资本折算差额。

7. 关联交易差价

它是指上市公司与关联方之间显失公允的关联交易所形成的差价。这部分差价视同关联方对上市公司的捐赠，作为资本公积处理。该项资本公积不能用于转增资本和弥补亏损。

8. 其他资本公积

它是指企业除上述各项资本公积以外所形成的资本公积，以及从资本公积各准备项目转入的金额。其中包括债务重组时，由债权人豁免的债务，以及确实无法支付的应付款项。

二、资本公积的核算

（一）账户的设置

为了核算资本公积的增减变动情况，企业应设置"资本公积"账户，该账户贷方登记按规定取得的资本公积，借方登记按法定程序转增资本的资本公积数额，期末余额在贷方，表示企业实有的资本公积数额。同时为了更加详细、完整地反映企业资本公积的使用情况，还应按资本公积的类别设置明细账，进行明细核算。

（二）资本公积的核算

1. 资本（或股本）溢价的核算

（1）一般企业资本溢价的核算。在企业创立时，投资者投入的资本一般与注册资本一致，不会出现资本溢价。但在企业投入生产经营后，如果出现企业重组或有新的投资者加入时，为了维护原投资者的利益，新加入的投资者的投资并不一定全部记入"实收资本"作为投资者的权益。这是因为企业创立时，要经过筹建、试生产经营、为产品寻找市场、开辟市场等过程，从投入资金到取得投资回报，中间需要许多时间，并且这种投资具有风险性，在这个过程中资本利润率很低。而企业进行正常生产经营后，在正常情况下，资本利润率要高于企业初创阶段，而这高于初创阶段的资本利润率是以初创时必要的垫支资本带来的，企业创办者为此付出了代价。因此，相同数量的投资，由于出资时间不同，其对企业的影响程度不同，由此而带给投资者的权利也不同，往往前者大于后者。所以，新加入的投资者要付出大于原有投资者的出资额，才能取得与投资者相同的投资比例。

因此，对于一般企业（如有限责任公司等），在收到投资者投入的资金时，按实际收到的金额或确定的价值，借记"银行存款"、"固定资产"等账户，按其在注册资本中所占的份额，贷记"实收资本"账户，按其差额，贷记"资本公积——资本溢价"账户。

【例 9－4】某公司由甲、乙、丙三位投资者各自出资1000000 元而设立。设立时的注册资本为 3000000 元。经过三年的经营，该公司为扩大生产经营规模，希望吸收新的投资者，使注册资本达到 4000000 元。这时丁投资者有意参加该公司，并表示愿意出资 1800000 元而拥有该公司股份的 25%。公司收到丁投资者的投资后，根据有关凭证，应编制如下会计分录：

丁投资者的投资中应计入实收资本的金额＝4000000×25%＝1000000（元）

资本溢价＝1800000－1000000＝800000（元）

借：银行存款   1800000

 贷：实收资本   1000000

  资本公积——资本溢价 800000

（2）股份有限公司股本溢价的核算。对于股份有限公司溢价发行股票的，在收到现金等资产时，应当按照实际收到的金额，借记"现金"、"银行存款"等账户，按股票面值和核定的股份总额的乘积计算的金额，贷记"股本"账户，按溢价部分，贷记"资本公积——股本溢价"账户。

【例 9－5】某公司委托某证券公司代理发行普通股 10000000股，每股面值 1 元，按每股 1.5 元的价格发行。公司与该证券公司约定，按发行收入 1% 收取手续费 150000 元，从溢价收入中扣除，发行股票冻结期间所产生的利息收入为 5000 元。假设收到的股款已存入银行。根据资料，公司应编制如下会计分录：

公司收到受托发行单位交来现金＝10000000×1.5－

$$（150000－5000）$$
$$＝14855000（元）$$

应记入"资本公积"账户的金额＝溢价收入－（发行手续费－利息收入）

$$＝5000000－（150000－5000）$$
$$＝4855000（元）$$

借：银行存款   14855000
　　贷：股本——普通股   10000000
　　　　资本公积——股本溢价   4855000

上市公司配股或增发新股，上市公司的股东以其所拥有的其他企业的全部或部分股权作为配股资金，或作为认购新股的股款的，上市公司所接受的股权，应按照配股或增发新股所确定的价格，确认为初始股权投资成本，按照该股东配股或增发新股所享有的股份面值总额，作为股本，按其差额，作为资本公积（股本溢价）。

上市公司配股或增发新股，上市公司的股东以实物资产和可辨认的无形资产作为配股资金，或作为认购新股股款的，上市公司所接受的实物资产和可辨认的无形资产，应当按照配股或增发新股所确定的价格作为其接受资产的成本，按照该股东配股或增发新股所享有的股份面值总额，作为股本，按其差额，作为资本公积（股本溢价）。

2. 接受捐赠资产的核算

捐赠人捐赠资产，是对企业的一种援助行为，但捐赠人在援助的同时并不一定谋求对企业资产提出要求的权利，也不会由于其捐赠资产行为对企业承担责任。所以，捐赠人不是企业所有者，这种援助也不形成企业的实收资本，但这种援助会使企业的净资产增加。

企业接受捐赠的非现金资产，按确定的价值，借记有关账户，贷记"资本公积——接受捐赠非现金资产准备"账户；接受转赠的非现金资产处置时，按转入的资本公积的金额，借记"资本公积——接受捐赠非现金资产准备"账户，贷记"资本公积——其他资本公积"账户。同时，企业应当按税法规定，确定应缴纳的所得税，借记"递延税款"，贷记"应交税金——应交所得税"账户。

【例9—6】B公司接受外单位捐赠的全新设备一台，价值150000元。根据有关凭证，应编制如下会计分录：

借：固定资产　　　　　　　　　　　150000
　　贷：资本公积——接受捐赠非现金资产准备　150000

企业接受捐赠的现金，应按实际取得的金额，借记"现金"或"银行存款"账户，按接受捐赠的现金与现行所得税税率计算应交的所得税，贷记"应交税金——应交所得税"账户，按其差额，贷记"资本公积——接受现金捐赠"账户；年度终了，企业根据年终清算的结果，按接受捐赠的现金时计算的应交的所得税与实际应交所得税的差额，借记"应交税金——应交所得税"账户，贷记"资本公积——接受现金捐赠"账户。

【例9—7】A公司20×5年6月接受现金捐赠200000元，该公司适用的所得税税率为33％。按照20×5年年终清算的结果，该笔捐赠应交所得税为50000元，应编制如下会计分录：

接受捐赠：

借：银行存款　　　　　　　　　　200000
　　贷：应交税金——应交所得税　　　　　66000
　　　　资本公积——接受现金捐赠　　　　134000

年终清算：

借：应交税金——应交所得税   16000

  贷：资本公积——接受现金捐赠   16000

3. 股权投资准备的核算

企业采用权益法核算长期股权投资时，长期投资的账面价值将随着被投资单位所有者权益的增减而增加或减少，以使长期股权投资的账面价值与应享有被投资单位所有者权益的份额基本保持一致。因此，被投资单位接受资产捐赠等属于准备性质增加的资本公积，企业应按其持股比例计算应享有的份额，增加长期股权投资和资本公积的准备项目，待处置长期股权投资时，再将其余额转入"其他资本公积"明细账户。

根据长期股权投资权益法核算的原则，被投资企业因接受捐赠或增资扩股等原因增加资本公积的，投资企业应当按其在被投资企业注册资本中所占的投资比例计算其应享有的份额，借记"长期股权投资——股票投资"账户或者借记"长期股权投资——其他股权投资"账户，贷记"资本公积——股权投资准备"账户。当投资企业出售或转让其所持股权时，再按原计入股权投资准备的部分，借记"资本公积——股权投资准备"账户，贷记"资本公积——其他资本公积"账户。

【例9-8】A公司持有B公司60%的股份，20×4年7月B公司接受捐赠设备一台，价值200000元，B公司的所得税税率为33%。A公司应编制如下会计分录：

属于A公司的收益为：$200000 \times (1-33\%) \times 60\% = 80400$（元）

借：长期股权投资——股票投资   80400

  贷：资本公积——股权投资准备   80400

4. 外币资本折算差额的核算

企业接受外币投资时，收到的外币资产应作为资产登记入账，同时，对接受的外币资产投资应作为投资者的投入，增加实收资本。在我国，一般企业以人民币为记账本位币，在收到外币资产时需要将外币资产价值折合为人民币记账。在将外币资产折合为人民币记账时，其折合汇率按以下原则确定：

（1）对于各项外币资产账户，一律按收到出资额当日的汇率折合。

（2）对于实收资本账户，合同约定汇率的，按合同约定的汇率折合；合同没有约定汇率的，按收到出资额当日的汇率折合。由于有关资产账户与实收资本账户所采用的折合汇率不同而产生的人民币差额，作资本公积处理。企业收到投资者投入的外币资产，按收到出资额当日的汇率折合的人民币金额，借记有关资产账户，按合同约定汇率或按收到出资额当日的汇率折合的人民币金额，贷记"实收资本"账户，按收到出资额当日的汇率折合的人民币金额与按合同约定汇率折合的人民币金额之间的差额，借记或贷记"资本公积——外币资本折算差额"账户。

【例9—9】某企业收到外商投入的外币20000美元，合同约定汇率为1∶8.3，收到投资当日的汇率为1∶8.5，应编制如下会计分录：

借：银行存款——美元户　　　　　170000
　　贷：实收资本　　　　　　　　　166000
　　　　资本公积——外币资本折算差额　4000

5. 拨款转入的核算

拨款转入是因国家对某些国有企业拨入的、专项用于某项目的拨款，在该拨款项目完成后，形成资产的拨款部分转作为资本公积。在我国，国家对某些行业或企业拨出专款，专门用于企业的技术改造、技术研究等项目，在收到拨款时，暂作长期负债处理。待该项目完成后，属于费用而按规定予以核销的部分，直接冲减长期负债；属于形成资产价值的部分，从理论上讲，应视为国家的投资，增加国家资本，但因增加资本需要经过一定的程序。因此，暂计入资本公积，待转增资本时再减少资本公积。在未转增资本前，形成资本公积的一项来源。

企业在拨款项目完成时，对于形成各项资产的部分，应按实际成本，借记"固定资产"账户，贷记有关账户；同时，借记"专项应付款"账户，贷记"资本公积——拨款转入"账户。

【例9-10】某企业收到国家下拨的技术研究专款300000元，其中160000元购买设备一台，120000元购买研究用仪器，余款退回。根据有关凭证，应编制如下会计分录：

收到拨入专款：

借：银行存款　　　　　　　　　　　300000

　　贷：专项应付款　　　　　　　　　　　300000

购买设备和仪器：

借：固定资产　　　　　　　　　　　280000

　　贷：银行存款　　　　　　　　　　　　280000

借：专项应付款　　　　　　　　　　280000

　　贷：资本公积——拨款转入　　　　　　280000

余款退回：

借：专项应付款　　　　　　　　　　 20000

　　贷：银行存款　　　　　　　　　　　　 20000

6. 关联交易差价的核算

关联交易差价是上市公司与关联方之间显失公允的关联交易所形成的差价，这部分差价主要是从上市公司出售资产给关联方、转移债权、委托经营或受托经营、关联方之间承担债务和费用以及互相占用资金等，因其关联交易显失公允而视为关联方对上市公司的捐赠所形成的资本公积。这部分资本公积不能用于转增资本和弥补亏损，待上市公司清算时再予处理。通常情况下，应借记相关账户，贷记"资本公积——关联交易差价"账户。

7. 其他资本公积的核算

其他资本公积，是除上述各项资本公积以外形成的资本公积，以及从各项资本公积准备项目转入的金额。"其他资本公积"与资本溢价或股本溢价的性质基本相同，也属于所有者权益，但与所有者权益中的准备项目不同。计入"其他资本公积"的金额可以按规定转增资本（或股本）。

企业除因上述资本公积来源之外形成资本公积的，应借记有关账户，贷记"资本公积——其他资本公积"账户；企业发生从"接受捐赠非现金资产准备"、"股权投资准备"等资本公积准备项目转入"其他资本公积"的，应借记"资本公积——接收捐赠非现金资产准备"、"资本公积——股权投资准备"等账户，贷记"资本公积——其他资本公积"账户；企业获得债权人豁免的债务时，应按照豁免的债务金额，借记"应付账款"、"其他应付款"、"短期借款"、"长期借款"等账户，贷记"资本公积——其他资本公积"账户。

【例 9—11】某公司在 2001 年 3 月 20 日与其母公司和银行实施债务重组，其所欠母公司的 2000000 元应付账款和 1000000元其他应付款被母公司豁免，所欠银行的 5000000 元长期借款本金及其 1000000 元利息亦被全部豁免。据此，该公司应编制如下会计分录：

借：应付账款   2000000

其他应付款   1000000

长期借款   6000000

贷：资本公积——其他资本公积   9000000

第四节 留存收益的核算

一、留存收益概述

(一) 留存收益的概念

企业当年实现的净利润，一般应当按照如下顺序进行分配：

(1) 提取法定盈余公积和法定公益金。法定盈余公积按照税后利润的 10％的比例提取。公司法定盈余公积累计额为公司注册资本的 50％以上时，可以不再提取法定公积金。法定公益金按照税后利润的 5％～10％的比例提取。

公司的法定盈余公积不足以弥补上一年度公司亏损的，在提取法定盈余公积和法定公益金之前，应当先用当年利润弥补亏损。

(2) 提取任意盈余公积。公司在提取法定盈余公积和法定公益金后，经股东大会决议，可以提取任意盈余公积。

(3) 向投资者分配利润或股利。公司弥补亏损和提取盈余公积后的剩余利润，有限责任公司按照股东的出资比例向股东分配利润；股份有限公司按照股东持有股份比例分配股利。

经过以上分配，最终形成了留存收益。留存收益是国际会计界的常用提法。在我国，留存收益是指企业从历年实现的利润中提取或形成的留存于企业的内部积累，主要包括盈余公积和未分配利润两类。

(二) 留存收益的内容

1. 盈余公积

盈余公积是指企业按照规定从净利润中提取的各种积累资金。一般企业和股份有限公司的盈余公积主要包括法定盈余公积、任意盈余公积和法定公益金。

(1) 法定盈余公积,是指企业按照规定的比例从净利润中提取的盈余公积。例如,根据我国公司法的规定,有限责任公司和股份有限公司应按照净利润的 10% 提取法定盈余公积,计提的法定盈余公积累计达到注册资本的 50% 时,可以不再提取。对于非公司制企业而言,也可以按照超过净利润 10% 的比例提取。

(2) 任意盈余公积,是指企业经股东大会或类似机构批准按照规定的比例从净利润中提取的盈余公积。它与法定盈余公积的区别在于其提取比例由企业自行决定,而法定盈余公积的提取比例则由国家有关法规决定。

(3) 法定公益金,是指企业按照规定的比例从净利润中提取的用于职工集体福利设施的公益金,如购建职工宿舍、托儿所、理发室等方面的支出。根据我国公司法的规定,有限责任公司和股份有限公司应按照净利润的 5%～10% 提取法定公益金。法定公益金用于职工集体福利设施时,应当将其转入任意盈余公积。

企业提取的盈余公积主要用于以下几个方面:

(1) 弥补亏损。根据有关法规和企业会计制度的规定,企业发生亏损,可以用发生亏损后五年内实现的税前利润来弥补,当发生的亏损在五年内仍不足以弥补的,应使用随后所实现的所得税后利润弥补。通常,在企业发生的亏损用所得税后利润仍不足以弥补的情况下,可以用所提取的盈余公积来加以弥补,但是,用盈余公积弥补亏损应当由董事会提议,股东大会批准,或者由类似的机构批准。需要说明的是,当企业用税前利润弥补亏损时,不必做专门的账务处理。

(2) 转增资本(股本)。当企业提取的盈余公积累积比较多时,可以将盈余公积转增资本(股本),但是必须经股东大会或类似机构批准；用盈余公积转增资本（股本）后，留存的盈余公积不得少于注册资本的 25％。

（3）分派现金股利。在特殊情况下，当企业累积的盈余公积比较多，而未分配利润比较少时，为了维护企业形象，给投资者以合理的回报，对于符合规定条件的企业，也可以用盈余公积分派现金利润或股利。因为盈余公积从本质上讲是由收益形成的，属于资本增值部分。

另外，外商投资企业按净利润的一定比例提取的储备基金、企业发展基金等，以及中外合作经营企业按照规定在合作期间以利润归还投资者的投资，也作为盈余公积，在"盈余公积"账户下设置明细账户核算。

2. 未分配利润

未分配利润是企业实现的净利润经过弥补亏损、提取盈余公积和向投资者分配利润后留存在企业的、历年结存的利润，通常留待以后年度向投资者进行分配。它也是企业所有者权益的组成部分。相对于所有者权益的其他部分来讲，企业对于未分配利润的使用分配有较大的自主权。从数量上来讲，未分配利润是期初未分配利润，加上本期实现的净利润，减去提取的各种盈余公积和分出利润后的余额。未分配利润有两层含义：一是留待以后年度处理的利润；二是未指定特定用途的利润。

二、留存收益的核算

（一）盈余公积的核算

1. 账户的设置

对于一般企业或者股份有限公司，为了核算反映盈余公积形成及使用情况，企业应设置"盈余公积"账户。该账户贷方登记盈余公积的提取数额，借方登记盈余公积用于补亏或转增资本的数额，期末余额在贷方，表示盈余公积的结余数额。同时设置"法定盈余公积"、"任意盈余公积"、"法定公益金"等明细账户，进行明细核算。

2. 盈余公积的核算

（1）盈余公积增加的核算。企业在按规定提取各项盈余公积时，应当按照提取的各项盈余公积金额，借记"利润分配——提取法定盈余公积、提取法定公益金、提取任意盈余公积"账户，贷记"盈余公积——法定盈余公积、任意盈余公积、法定公益金"账户。

【例9-12】某企业从税后利润中提取法定盈余公积35000元，法定公益金15000元，应编制如下会计分录：

借：利润分配——提取法定盈余公积　　　　35000

　　　　　　——提取法定公益金　　　　　　15000

　　贷：盈余公积——法定盈余公积　　　　　　35000

　　　　　　　　——法定公益金　　　　　　　　15000

（2）盈余公积减少的核算。

①盈余公积弥补亏损的核算。企业经股东大会或类似机构决议，用盈余公积弥补亏损时，应当借记"盈余公积"账户，贷记"利润分配——其他转入"账户。

【例9-13】某企业用法定盈余公积60000元弥补以前年度的亏损，应编制如下会计分录：

借：盈余公积——法定盈余公积　　　　　　60000

　　贷：利润分配——其他转入　　　　　　　　60000

同时结转"利润分配"账户：

借：利润分配——其他转入　　　　　　　　60000

　　贷：利润分配——未分配利润　　　　　　　60000

②盈余公积转增资本（或股本）的核算。企业将盈余公积转增资本时，应当按照转增资本前的实收资本结构比例将盈余公积

转增资本的数额计入"实收资本（或股本）"账户下各所有者的明细账，相应增加各所有者对企业的资本投资。一般企业经批准用盈余公积转增资本时，应按照实际用于转增的盈余公积金额，借记"盈余公积"账户，贷记"实收资本"账户。

股份有限公司经股东大会决议，用盈余公积转增股本时，应借记"盈余公积"账户，贷记"股本"账户。如果两者之间有差额，还应贷记"资本公积——股本溢价"账户。

③用盈余公积分配现金股利或利润的核算。企业经股东大会或类似机构决议，用盈余公积分配现金股利或利润时，应当借记"盈余公积"账户，贷记"应付股利"账户。

【例9—14】某公司经股东大会决议，决定用任意盈余公积分派现金股利100000元，应编制如下会计分录：

借：盈余公积——任意盈余公积　　　　　100000

　　贷：应付股利　　　　　　　　　　　　100000

④将法定公益金用于集体福利设施支出的核算。企业使用法定公益金用于集体福利设施的，应当按照实际使用公益金的数额，借记"盈余公积——法定公益金"账户，贷记"盈余公积——任意盈余公积"账户。对于用公益金购建集体福利设施等固定资产进行处置时，应当将该资产购建的原始支出中使用的公益金的数额，从任意盈余公积转回到公益金账户。进行账务处理时，应按照购建该固定资产原支出的公益金的数额，借记"盈余公积——任意盈余公积"账户，贷记"盈余公积——法定公益金"账户。

（二）未分配利润的核算

为了反映企业未分配利润的情况，在"利润分配"账户下，应专门设置"未分配利润"明细账户进行核算。企业在生产经营过程中取得的收入和发生的成本费用，最终通过"本年利润"账户进行归集，计算出当年盈利，然后转入"利润分配——未分配利润"账户进行分配，其结存于"利润分配——未分配利润"账户的贷方余额，则为未分配利润；如为借方余额，则为未弥补亏损。年度终了，再将"利润分配"账户下的其他明细账户（其他转入、提取法定盈余公积、提取法定公益金、提取任意盈余公积、应付股利）的余额，转入"未分配利润"明细账户。结转后，"未分配利润"明细账户的贷方余额，就是未分配利润的数额。如出现借方余额，则表示未弥补亏损的数额。

思考题：

1. 简述所有者权益的特点、内容？
2. 什么是实收资本？它是如何核算的？
3. 什么是资本公积？它是如何核算的？
4. 简述盈余公积的概念、内容、用途？

练习题：

1. 实收资本的核算

资料：某公司委托某证券公司代理发行普通股 2000000 股，每股面值 1 元，按每股 1.8 元的价格发行。公司与该证券公司约定，按发行收入 3% 收取手续费，从发行收入中扣除。假如收到的股款已存入银行。

要求：根据经济业务，编制相关会计分录。

2. 资本公积的核算

资料：甲公司持有乙公司 60% 的股份，2004 年 6 月乙公司接受捐赠设备一台，价值 100000 元。乙公司的所得税税率为 33%。

要求：根据经济业务，编制相关会计分录。

3.资本公积的核算

资料：某公司收到外商投入的外币 10000 美元，合同约定汇率为 1：8.2，收到投资当日的汇率为 1：8.4。

要求：根据经济业务，编制相关会计分录。

第十章 收入、费用和利润

【学习目的与要求】利润是企业经营过程中产生的财务成果。企业利润的核算与企业取得的收入和发生的费用密切相关，正确核算收入和费用是正确核算利润的前提。本章主要介绍了收入、费用的确认、计量和核算方法；利润形成、利润分配以及所得税的核算。

通过本章学习，应掌握如何根据确认的企业收入和费用，确认企业一定期间的利润、利润构成层次、利润分配顺序及其会计核算方法。本章学习的难点是所得税和利润分配的核算。

第一节 收 入

一、收入概述

（一）收入的概念及特点

收入是指企业在日常活动中形成的、会导致所有者权益增加的与所有者投入资本无关的经济利益的总流入，包括销售商品收入、提供劳务收入和让渡资产使用权收入三种。收入具有以下特点：

（1）收入从企业持续的日常活动中产生，而不是从偶然的交易或事项中产生，如企业销售商品、提供劳务的收入等。有些交易或事项也能为企业带来经济利益，但不属于企业的日常经营活动，其流入的经济利益是利得，而不是收入。如因其他企业违约收取的罚款、处理固定资产净收益等，它们不是企业的经营目标，也不是企业的日常活动，所以其收益不是企业的收入。

（2）收入表现为企业资产的增加或负债的减少。这是因为，伴随着收入的实现，往往是资产的增加，如增加银行存款、应收账款等，或是负债的减少或消失，如以商品或劳务抵债，或者二者兼而有之。如商品销售的货款中部分抵偿债务，部分收取现金。

（3）收入能引起企业所有者权益的增加。如上所述，收入能增加资产或减少负债或二者兼而有之。因此，根据"资产－负债＝所有者权益"的等式，企业取得的收入一定能增加所有者权益。这里所说的收入能增加所有者权益，仅指收入本身的影响，而收入扣除相关成本与费用后的净额，可能增加所有者权益，也可能减少所有者权益。

（4）本企业的收入只包括本企业经济利益的流入，而不包括为第三方或客户代收的款项，如企业代国家收取的增值税、代客户收取的受托代销商品款等。代收的款项，一方面增加企业的资产，另一方面增加企业的负债，因而不属于本企业经济利益的流入，不能作为本企业的收入。

（二）收入的种类

收入可以按不同的标准进行分类。如图10－1所示。

1.收入按性质不同，可以分为销售商品的收入、提供劳务的收入、让渡资产使用权收入和建造合同收入

（1）商品销售收入。主要指取得货币资产方式的商品销售。这里的商品主要指企业为销售而生产或购进的商品，如工业企业生产的产品、商品流通企业购进的商品等。企业销售的其他存货，如原材料、包装物等也视同商品。但企业以商品进行投资、捐赠、抵偿债务以及自用等，会计上均不作为商品销售处理，应按成本结转。

（2）提供劳务的收入。主要有提供旅游、运输、饮食、广告、理发、照相、洗染、咨询、代理、培训、产品安装等所获得的收入。

（3）让渡资产使用权收入。是指企业让渡资产使用权所获得的收入。包括因他人使用本企业现金而收取的利息收入；因他人使用本企业的无形资产而形成的使用费收入；出租固定资产取得的租金收入等。

（4）建造合同收入。指企业通过完成建造合同所取得的收入。

2. 收入按与企业经营业务的关系不同，分为营业收入和非营业收入

（1）营业收入。是企业在销售商品或提供劳务等经营业务中实现的收入。营业收入的实现直接由企业的经营业务引起。按重要程度，又可将营业收入分为基本业务收入和其他业务收入。

基本业务收入。指企业在其主要的或主体业务活动中所取得的收入。其他业务收入。指企业除基本业务收入以外的其他业务活动所取得的收入。相对于基本业务收入来说，其处于次要的地位，而且在企业的营业收入中占有较小的比重。

（2）非营业收入。企业除销售商品或提供劳务等经营业务以外所取得的收入。包括营业外收入、投资收入、补贴收入等。非营业收入是由经营活动以外的或偶发的交易，以及在某一期间，除了营业收入和投资者投入资金引起的影响该企业的所有其他交

易和事项，导致的净资产的增加额。

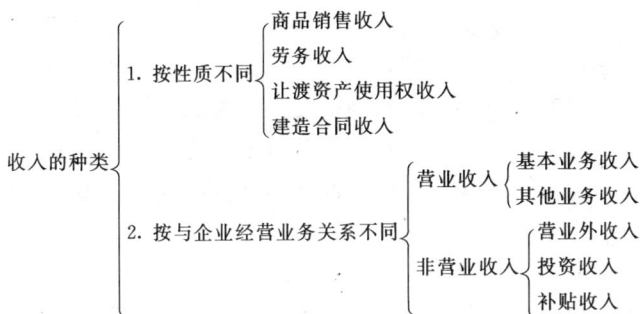

图 10-1 收入的种类

（三）收入核算的要求

此处所指的收入，是企业销售商品、提供劳务、他人使用本企业资产等交易形成的收入。不涉及以下几项交易或事项中形成的收入：建造合同；投资；债务重组；非货币性交易（以物易物）；租赁；期货；保险企业的保险公司。

收入核算的基本要求如下：

1. 分清收益、收入和利得的界限

企业在会计期间内增加的除所有者投资以外的经济利益通常称为收益。收益包括收入和利得。收入是企业主要的、经常性的业务收入；而利得则是指收入以外的其他收益，是从偶发的经济业务中取得的。企业应分清这三者的关系和界限。

2. 正确确认和计量收入

确认就是何时记录收入，计量就是确定收入的金额。企业在确认和计量收入时，应注重交易的经济实质。例如，在商品销售交易中，要求企业在确认收入时，要判断商品所有权上的主要风险和报酬是否已经转移给买方，而不注重表面上的商品是否已经发出，要求企业判断商品的价款是否能够收回，而不注重形式上是否已经取得收取货款的权利等。这就要求企业针对不同交易的特点，分析交易实质，正确判断每项交易中所有权上的主要风险和报酬实质上是否已转移，是否仍保留与所有权相关的继续管理权，是否仍对售出的商品实施控制，相关的经济利益能否流入企业，收入和成本能否可靠地计量等重要条件。只有这些条件同时满足，才能确认收入。否则，即使已经发出商品，或即使已经收到货款，也不能确认收入。

3. 及时结转与收入相关的成本

为了正确反映每一会计期间的收入、成本和利润情况，根据收入和费用配比的原则，企业应在确认收入的同时或同一会计期间结转相关的成本。结转成本时应注意两个问题：一是在收入确认的会计期间，相关的成本必须结转；二是如一项交易的收入尚未确认，即使商品已经发出，相关的成本也不能结转。

4. 正确记录收入、相关成本和税金

企业收入的种类很多，如商品销售收入、劳务收入、利息收入、使用费收入等。为了取得这些收入，均需发生相关的成本和税金等。为了正确反映每一重大类型的收入和相关的成本、税金，企业应按以下原则设置相关的收入、成本、税金账户进行核算：（1）按主营业务和附营业务分别设置收入、成本、税金账户；（2）根据本行业特点设置相应的收入。

二、商品销售收入

（一）商品销售收入的确认

企业销售商品时，如果同时满足以下四个条件，则应确认为收入。

1. 企业已将商品所有权上的主要风险和报酬转移给了购货方

这里的风险主要指商品由于贬值、损坏、报废等造成的损失。报酬是指商品中包含的未来经济利益，包括商品升值等给企业带来的经济利益。如果一项商品发生的任何损失均不需要本企业承担，带来的经济效益也不归本企业所有，则意味着该商品所有权上的风险和报酬已移出本企业。在大多数的情况下，所有权上的风险和报酬，伴随着所有权凭证的转移或实物的交付而转移。

判断一项商品所有权上的主要风险和报酬是否已转移给购货方，需要关注该项交易的实质而不是形式。通常，所有权凭证的转移或实物的交付是需要考虑的重要因素。

（1）商品所有权凭证转移或实物交付后，商品所有权上的主要风险和报酬也随之转移。如大多数零售交易。

（2）商品所有权凭证转移或实物交付后，商品所有权上的主要风险和报酬并未随之转移。

①企业销售的商品在质量、品种、规格等方面的不符合合同规定的要求，又未根据正常的保证条款予以弥补，因而仍负有责任。

【例10－1】甲企业于8月22日销售一批商品，商品已经发出，买方已预付部分货款，余款由甲企业开出一张商业承兑汇票，已随发票账单一并交付买方。买方当天收到商品后，发现商品质量没有达到合同规定的要求，立即根据合同的有关条款与甲企业交涉，要求甲企业在价格上给予一定的减让，否则买方可能会退货。双方没有达成一致意见，甲企业仍没有采取任何弥补措施。

在此例中，尽管商品已经发出，发票账单已交付买方，也已收到部分货款，但由于双方在商品质量的弥补方面未达成一致意见，买方尚未正式接受商品，商品可能被退回，因此商品所有权上的主要风险和报酬仍留在甲企业，甲企业此时不能确认收入，而应在按买方要求进行了弥补时予以确认。

②企业尚未完成售出商品的安装或检验工作，且此项安装或检验任务是销售合同的重要组成部分。

【例10-2】电梯生产企业销售电梯，电梯已发出，发票账单已交付买方，买方已预付部分货款，但根据合同规定，卖方负责安装，卖方在安装并经检验合格后，买方立即支付余款。在这种情况下，电梯发出并不表示商品所有权上的主要风险和报酬已转移给买方，企业仍需对电梯进行安装，安装过程可能会发生一些不确定因素，阻碍该项销售的实现，因此只有在安装完毕并检验合格后才能确认收入。

③销售合同中规定了由于特定原因买方有权退货的条款，而企业又不能确定退货的可能性。

【例10-3】企业为推销一项新产品，规定凡购买该产品者均有一个月的试用期，不满意的，一个月内给予退货。在这种情况下，该企业尽管已将商品售出，也已收到价款，但由于是新产品，无法估计退货的可能性，商品所有权上的风险和报酬实质上并未转移给买方，该企业在售出商品时不能确认收入。只有当买方正式接受商品时或退货期满时才能确认收入。

以上讲的是商品所有权上的主要风险和报酬必须转移给购货方才有可能确认收入。要注意的是，如果企业只保留有所有权上的次要风险，且符合销售商品收入确认的其他三项条件，则相应的收入应予确认。

【例10-4】某商场在销售 B 商品时向客户承诺，如果卖出的商品在三个月内因质量问题不符合要求，则可以退货。根据以往的经验，商场估计退货的比例为销售额的 1%。此例中，虽然商场仍保留有一定的风险，但这种风险是次要的。所售商品所有权上的主要风险和报酬已转移给了客户。因此，若其他条件也符合，则该商场可以在 B 商品售出后即确认收入。

2. 企业既没有保留通常与所有权相联系的继续管理权，也没有对已售出的商品实施控制

企业将商品所有权上的主要风险和报酬转移给买方后，如仍然保留通常与所有权相联系的继续管理权，或仍然对已售出的商品实施控制，则此项销售不能成立，不能确认相应的销售收入。例如，销售的同时订立回购协议的交易，其本质是一项融资协议，而不是一种销售，所以该销售不应确认收入。

【例 10－5】甲房地产开发商将一片住宅小区销售给某客户，并受客户的委托代售小区商品房和管理小区物业。

此例中，甲房地产开发商虽然仍对小区继续管理，但这种管理与小区的所有权无关。因为小区的所有权属于客户，与小区所有权有关的主要风险和报酬也已从甲开发商转移给了客户。此时，如果符合销售商品收入确认的其他条件，甲房地产开发商就可以确认收入。

3. 与交易相关的经济利益能够流入企业

经济利益是指直接或间接流入企业的现金或现金等价物。在销售商品的交易中，与交易相关的经济利益即为销售商品的价款。销售商品的价款能否有把握收回，是收入确认的一个重要条件，企业在销售商品时，如果估计价款收回的可能性不大，即使收入确认的其他条件均已满足，也不应当确认收入。

销售商品的价款能否收回，主要根据企业以前和买方交往的直接经验，或从其他方面取得的信息，或政府的有关政策等进行判断。例如，企业根据以前与买方交往的直接经验判断买方信誉较差，或销售时得知买方在另一项交易中发生了巨额亏损，资金周转十分困难，或在出口商品时，不能肯定进口企业所在国政府是否允许将款项汇出等，在此情况下，企业应推迟确认收入，直至这些不确定因素消除。

企业在判断价款收回的可能性时，应进行定性分析，当确定价款收回的可能性大于不能收回的可能性时，即认为价款能够收回。

一般情况下，企业售出的商品符合合同规定的要求，并已将发票账单交付买方，买方也承诺付款，即表明销售商品的价款能够收回。如企业判断价款不能收回，应提供可靠的证据。

4. 收入的金额能够可靠的计量

收入能否可靠的计量，是确认收入的基本前提，如果收入不能可靠计量，则无法确认收入。企业在销售商品时，售价通常已经确定，但销售过程中由于某种不确定因素，也有可能出现售价变动的情况，在新的售价未确定前不应确认收入。

5. 相关已发生或将发生的成本能够可靠的计量

如果成本不能可靠计量，相关的收入就不能确认，即使其他条件已满足。例如，预收货款销售时，收到的价款不应确认为收入，而应确认为一项负债。

销售商品收入的确认比较复杂，企业在运用以上 4 项条件进行销售商品收入确认时，必须仔细地分析每项交易的实质。只有交易全部符合这 4 项条件，才能确认收入。

在某些特殊情况下，商品销售可以按以下原则确认收入：

（1）商品需要安装和检验的销售。在这种销售方式下，购买方在接受交货以及安装和检验完毕前一般不应确认收入，但如果安装程序比较简单，或检验是为了最终确定合同价格而必须进行的程序，则可以在商品发出时，或在商品装运时确认收入。

（2）附有销售退回条件的商品销售。在此项销售方式下，如果企业能够按照以往的经验对退货的可能性做出合理估计的，应在发出商品时，将估计不会发生退货的部分确认收入，估计可能发生退货的部分，不确认收入；如果企业不能合理地确定退货的可能性，则在售出商品的退货期满时确认收入。

（3）现金折扣销售。现金折扣是企业为了尽快回笼资金而发生的理财费用。因此，确认收入时，在总价法下，现金折扣不作扣除。

在存在现金折扣的情况下，应收账款入账金额的确认有两种方法：一种是总价法；另一种是净价法。

总价法是将未减去现金折扣前的金额作为实际售价，记作应收账款的入账价值。现金折扣只有客户在折扣期内支付货款时，才予以确认。在这种情况下，销售方把给客户的现金折扣视为融资的理财费用，会计上作为财务费用处理。我国采用此种方法。

净价法是将扣除现金折扣后的金额作为实际售价，据以确认应收账款的入账价值。这种方法是把客户取得折扣视为正常现象，认为客户一般都会提前付款，而将由于客户超过折扣期限多收入的金额，视为提供信贷获得的收入。

（4）商品销售退回。销售退回是指企业售出的商品，由于质量、品种不符合要求等原因而发生的退货。销售退回可能发生在企业确认收入之前，这时处理比较简单，只要将已计入"发出商品"等账户的商品成本转回"库存商品"账户即可；如企业确认收入后发生销售退回的，不论是当年销售的，还是以前年度销售的，除特殊情况外，一般应冲减退回当月的销售收入，同时冲减退回当月的销售成本；如该项销售已发生现金折扣或销售折让的，应在退回当月一并调整。

（二）商品销售收入的计量原则

企业应当按照从购货方已收或应收的合同或协议价款确定销售商品收入金额，但已收或应收的合同或协议价款显失公允的除外。

应收的合同或协议价款的收取采用递延方式，实质上具有融资性质的，应当按照应收的合同或协议价款的公允价值确定销售收入金额。应收的合同或协议价款与公允价值的差额，应当在合同或协议期间内采用实际利益法进行摊销，计入当期损益（利息收入）。

（三）商品销售收入的核算

1. 一般商品销售业务的核算

为了进行商品销售业务的核算，企业应设置"主营业务收入"、"主营业务成本"等账户。

"主营业务收入"账户核算企业因销售商品、提供劳务等日常活动中的主要业务交易所取得的收入，贷方登记企业实现的主营业务收入，借方登记发生销售折让或退回时冲减的主营业务收入以及期末结转"本年利润"账户的主营业务收入，结转后该账户无余额。

"主营业务成本"账户核算企业因销售商品、提供劳务等日常活动中的主要业务交易所发生的实际成本，借方登记本期结转的销售商品、提供劳务的实际成本，贷方登记期末结转"本年利润"账户的成本以及因销售退回而冲减的主营业务成本，结转后该账户无余额。

一般商品销售，如果采用交款提货方式，应在收妥货款（包括收到商业汇票）、交付提货单时确认收入；如果采用托收承付或委托收款结算方式，应在办妥托收手续时确认收入。

企业销售商品符合收入确认原则的，应在收入确认时，按实现的收入记入"主营业务收入"账户，借记"银行存款"、"应收账款"、"应收票据"等账户，贷记"主营业务收入"、"应交税金——应交增值税（销项税额）"等账户。同时，企业在月份终了，还需汇总结转已销商品的实际成本，借记"主营业务成本"账户，贷记"库存商品"账户。

【例10—6】某企业为一般纳税人，于2006年2月2日销售一批商品，增值税专用发票上注明售价600000元，增值税102000元，款项尚未收到；该批商品的成本为420000。应编制如下会计分录：

(1) 实现主营业务收入时：

借：应收账款——某企业　　　　　　702000

　　贷：主营业务收入　　　　　　　　　600000

　　贷：应交税金——应交增值税（销项税额）102000

(2) 结转主营业务成本时：

借：主营业务成本　　　　　　　　　420000

　　贷：库存商品　　　　　　　　　　　420000

2. 销售折扣的核算

(1) 商业折扣。商业折扣是企业为促进销售而在商品标价上给予的价格扣除；销售商品涉及商业折扣的，应当按照扣除商业折扣后的金额确定商品销售收入的金额。

(2) 现金折扣。现金折扣是指债权人为鼓励债务人在规定的期限内付款，而向债务人提供的债务扣除，它是企业为尽快回笼资金而发生的理财费用。现金折扣在实际发生时，计入财务费用。

【例10—7】2006年3月15日，某企业向乙公司销售B产品1000件，增值税专用发票上注明总售价40000元，增值税6800元。根据销售合同，购买方享有现金折扣，条件是2/10、1/20、n/30。应编制如下会计分录：

(1) 销售实现时：

借：应收账款——乙公司　　　　　　46800

　　贷：主营业务收入　　　　　　　　　40000

　　贷：应交税金——应交增值税（销项税额）　6800

(2) 购货方10天内付清货款，则按售价40000元的2%，享受800元的现金折扣，实际付款46000元。某企业应编制会计分录如下：

借：银行存款　　　　　　　　　　　46000

借：财务费用——现金折扣   800
  贷：应收账款——乙公司   46800

（3）若购货方在 11～20 天内付清货款，则按售价 40000 元的 1%，享受 400 元的现金折扣，实际付款 46400 元。应编制如下会计分录：

借：银行存款   46400
借：财务费用——现金折扣   400
  贷：应收账款——乙公司   46800

（4）若购货方 21～30 天内付款，则应按全额支付。应编制如下会计分录：

借：银行存款   46800
  贷：应收账款——乙公司   46800

3. 销售折让的核算

销售折让是指企业因售出商品的质量不合格等原因而在售价上给予的减让。销售折让可能发生在企业确认收入之前，也可能发生在企业确认收入之后。发生在收入确认之前的销售折让，其处理相当于商业折扣，只要按扣除折让后的净额确认销售收入即可，不需做账务处理；发生在收入确认之后的销售折让，应在实际发生时，冲减发生当期的收入。发生销售折让时，如按规定允许扣减当期销项税额，应同时用红字冲减"应交税金——应交增值税"账户的"销项税额"专栏。

【例 10－8】甲企业销售一批商品给乙企业，增值税专用发票上注明的售价为 100000 元，增值税 17000 元，货到后，乙企业发现商品质量不合格，要求在价格上给予 5％的折让。经查明，乙企业提出的销售折让要求符合原合同的约定，甲企业同意并办妥了相关手续。假定此前甲企业已确认该批商品的销售收入。甲企业应编制如下会计分录：

（1）销售实现时：

借：应收账款　　　　　　　　　　　117000
　　贷：主营业务收入　　　　　　　　　100000
　　贷：应交税金——应交增值税（销项税额）　17000

（2）发生销售折让时：

借：主营业务收入　　　　　　　　　　5000
借：应交税金——应交增值税（销项税额）　850
　　贷：应收账款　　　　　　　　　　　5850

（3）实际收到款项时：

借：银行存款　　　　　　　　　　　111150
　　贷：应收账款　　　　　　　　　　111150

4. 销售退回的核算

销售退回，是指企业售出的商品由于质量、品种不符合要求等原因而发生的退货。企业发生的销售退回，不论是当年销售的，还是以前年度销售的，都应冲减退回当月的销售收入，同时冲减退回当月的销售成本；如该项销售已经发生现金折扣或销售折让的，应在退回当月一并调整。

【例 10—9】A 企业为增值税一般纳税人，于 2004 年 12 月 10 日销售甲商品一批，售价为 150000 元（不含增值税），增值税税率 17%，成本 120000 元。甲商品已发出，A 企业已收到购货方于 2004 年 12 月 18 日支付的款项。2005 年 5 月 10 日，该批商品因质量出现严重问题被全部退回，经验收入库后，A 企业用银行存款支付了退货款，并按规定向购货方开具了增值税专用发票（红字）。企业应编制如下会计分录：

（1）2004 年 12 月 10 日：

借：应收账款——某企业　　　　　　175500
　　贷：主营业务收入　　　　　　　　150000
　　贷：应交税金——应交增值税（销项税额）　25500

结转成本：

借：主营业务成本　　　　　　　　　　120000

　　贷：库存商品——甲商品　　　　　　　　120000

（2）2004 年 12 月 18 日：

借：银行存款　　　　　　　　　　　　175500

　　贷：应收账款　　　　　　　　　　　　　175500

（3）2005 年 5 月 10 日：

借：主营业务收入　　　　　　　　　　150000

　　应交税金——应交增值税（销项税额）25500

　　贷：银行存款　　　　　　　　　　　　　175500

同时，借：库存商品——甲商品　　　　120000

　　　　　贷：主营业务成本　　　　　　　　120000

5. 分期收款销售的核算

分期收款销售是指商品已经交付，而货款分期收回的一种销售方式。在分期收款销售方式下，企业应按合同约定的收款日期分期确认销售收入。采用分期收款销售方式的企业，应设置"分期收款发出商品"账户，核算已经发出但尚未确认收入的商品成本。该账户的借方登记企业发出商品的实际成本，贷方登记本期确认收入后结转的销售成本，期末余额在借方，表示企业尚未确认收入的发出商品的实际成本。该账户应按销售对象设置明细账或设置备查登记簿。

企业在发出商品时，按商品的实际成本，借记"分期收款发出商品"账户，贷记"库存商品"账户；按合同约定时间确认销售实现时，借记"银行存款"、"应收账款"等账户，贷记"主营业务收入"、"应交税金——应交增值税（销项税额）"账户。同时，按商品全部销售成本与全部销售收入的比率计算出本期应结转的销售成本，借记"主营业务成本"账户，贷记"分期收款发出商品"账户。如果发货时为对方代垫了运费，应于首次收款时全额收回。

【例 10－10】某企业 2004 年 6 月 5 日采用分期收款方式销售甲商品一批，售价 300000 元，增值税税率 17％，实际成本为 180000 元。合同规定买方分 5 年等额结算货款，每年的付款日期为当年的 6 月 5 日，并在商品发出后，支付第一次货款。货已发出，第一期货款已收存银行。应编制如下会计分录：

（1）企业发出商品时：

借：分期收款发出商品　　　　　　　　　180000

　　贷：库存商品——甲商品　　　　　　　　　180000

（2）每年 6 月 5 日：

借：银行存款　　　　　　　　　　　　　70200

　　贷：主营业务收入　　　　　　　　　　　　60000

　　贷：应交税金——应交增值税（销项税额）　10200

同时结转商品销售成本 36000 元（180000÷300000×60000）：

借：主营业务成本　　　　　　　　　　　36000

　　贷：分期收款发出商品　　　　　　　　　　36000

6. 预收账款销售的核算

企业采用预收账款销售方式，应于发出商品时确认收入。预收货款时，按预收款项借记"银行存款"账户，贷记"预收账款"账户；发出商品时，按应收金额借记"预收账款"账户，按商品售价贷记"主营业务收入"账户，按专用发票上注明的增值税，贷记"应交税金——应交增值税（销项税额）"账户。差额多退少补，多退时，借记"预收账款"账户，贷记"银行存款"账户；少补时，做相反分录。

【例 10－11】甲公司为增值税一般纳税企业，适用的增值税税率为 17％。2005 年 4 月 2 日，甲公司与乙公司签订协议，采用预收账款方式销售一批商品给乙公司，该批商品的销售价格为 1000000 元（不含增值税额）。协议规定，乙公司应于协议签订之日预付 60％的货款（按销售价格计算），剩下的部分于 6 月 30

日付清。

假定：（1）4月2日，甲公司已收到乙公司预付的款项；（2）6月30日，甲公司收到乙公司支付的剩余货款及增值税额，并将该批商品交付给了乙公司；（3）该批产品的实际成本为700000元。甲公司应编制如下会计分录：

（1）4月2日，收到乙公司的预付款：

借：银行存款　　　　　　　　　　　　600000

　　贷：预收账款　　　　　　　　　　　　600000

（2）6月30日，收到剩余的货款及增值税额：

借：预收账款　　　　　　　　　　　　600000

　　银行存款　　　　　　　　　　　　570000

　　贷：主营业务收入　　　　　　　　　1000000

　　　　应交税金——应交增值税（销项税额）170000

借：主营业务成本　　　　　　　　　　700000

　　贷：库存商品　　　　　　　　　　　　700000

7. 代销商品的核算

代销商品指委托方委托受托方代销商品的销售方式。在这种销售方式下，委托方将商品交付给受托方时，商品所有权上的风险和报酬并未转移给受托方，因此，委托方在交付商品时不确认收入，受托方也不做购进商品处理。

受托方将商品销售后，应向委托方开具代销清单。委托方收到代销清单时，再确认本企业的销售收入，并同时向受托方开具一张增值税专用发票，履行纳税义务。在会计实务中，对于代销商品的处理有两种不同做法：

（1）双方做购销处理（视同买断）。指由委托方与受托方签订协议，委托方按协议价收取所代销的货款，实际售价由受托方自定，实际售价与协议价之间的差额归受托方所有。

【例10－12】甲企业委托乙企业销售一批A商品，成本价

60000 元，协议价为 100000 元，售价 120000 元，增值税税率 17%。甲企业应编制如下会计分录：

①甲企业将商品交付乙企业代销时：

借：委托代销商品——乙企业　　　　　60000

　　贷：库存商品——A 商品　　　　　　　　60000

②甲企业收到乙企业开来的代销清单，开具增值税专用发票：

借：应收账款——乙企业　　　　　　117000

　　贷：主营业务收入　　　　　　　　　100000

　　贷：应交税金——应交增值税（销项税额）17000

同时，借：主营业务成本　　　　　　60000

　　　　　贷：委托代销商品——乙企业　　　60000

③甲企业收到乙企业汇来的货款 117000 元时：

借：银行存款　　　　　　　　　　　117000

　　贷：应收账款——乙企业　　　　　　　117000

乙企业应编制如下会计分录：

①收到甲企业委托代销的商品时：

借：受托代销商品——甲企业　　　　100000

　　贷：代销商品款——甲企业　　　　　　100000

②实际销售商品时：

借：银行存款　　　　　　　　　　　140400

　　贷：主营业务收入　　　　　　　　　120000

　　贷：应交税金——应交增值税（销项税额）20400

同时，借：主营业务成本　　　　　　100000

　　　　　贷：受托代销商品——甲企业　　100000

③补作购进，收到甲企业开具的增值税专用发票时：

借：代销商品款——甲企业　　　　　100000

借：应交税金——应交增值税（进项税额）17000

贷：应付账款——甲企业　　　　　　117000

④按合同协议价，与甲企业结算货款时：

借：应付账款——甲企业　　　117000

　　贷：银行存款　　　　　　　117000

（2）收取手续费。收取手续费指受托方根据代销的商品数量向委托方收取手续费，这对受托方来说，实际上是一种劳务收入。这种方式与买断方式相比，所不同的是，受托方应按照委托方规定的价格销售，不得自行改变售价。

【例10－13】根据【例10－12】资料，假定代销合同规定，乙企业应按110000元的价格销售代销商品，甲企业按售价的8％向乙企业支付手续费。

甲企业应编制如下会计分录：

①甲企业将商品交付给乙企业代销时：

借：委托代销商品——乙企业　　　60000

　　贷：库存商品——A商品　　　　　60000

②甲企业收到乙企业开来的代销清单，开具增值税专用发票：

借：应收账款——乙企业　　　128700

　　贷：主营业务收入　　　　　　110000

　　贷：应交税金——应交增值税（销项税额）18700

同时，借：主营业务成本　　　　60000

　　　　　贷：委托代销商品——乙企业　　60000

（3）收到乙企业交来货款时，支付手续费：

借：银行存款　　　　　　　　118404

借：营业费用——手续费　　　　10296

　　贷：应收账款——乙企业　　　　128700

乙企业应编制会计分录如下：

①乙企业收到甲企业委托的代销商品时：

借：受托代销商品——甲企业 110000
  贷：代销商品款——甲企业 110000
②乙企业实际销售时：
借：银行存款 128700
  贷：应付账款——甲企业 110000
  贷：应交税金——应交增值税（销项税额） 18700
同时，借：代销商品款——甲企业 110000
   贷：受托代销商品——甲企业 110000
③收到甲企业开具的增值税专用发票时：
借：应交税金——应交增值税（进项税额） 18700
  贷：应付账款——甲企业 18700
（4）与甲企业结算货款时收取代销手续费：
借：应付账款——甲企业 128700
  贷：银行存款 118404
  贷：其他业务收入 10296

8. 材料销售的核算

生产企业的主要经济业务是购买材料、生产和销售产品，但有时根据需要也会销售材料。企业销售材料的处理视同销售商品，其销售收入和销售成本分别通过"其他业务收入"和"其他业务支出"账户核算。

取得材料销售收入时，按应收款项，借记"银行存款"或"应收账款"等账户，按材料售价，贷记"其他业务收入"账户，按增值税专用发票上注明的增值税额，贷记"应交税金——应交增值税（销项税额）"账户；结转材料成本时，按材料的实际成本，借记"其他业务支出"账户，按材料的实际成本或计划成本，贷记"原材料"账户，如果材料按计划成本核算，还应贷记"材料成本差异"账户（节约差异用红字登记）。

三、提供劳务收入

（一）劳务收入的确认与计量

提供劳务的总收入，一般按照企业与接受劳务方签订的合同或协议的金额确定。如有现金折扣的，应在实际发生时，计入当期财务费用。

提供劳务的种类繁多，如旅游、运输、饮食、广告、理发、照相、洗染、咨询、代理、培训、商品安装等。由于提供劳务的内容不同，完成劳务的时间也不等，有的劳务一次就能完成，且一般均为现金交易，如饮食、理发、照相等；有的劳务需要花费一段时间才能完成，如安装、旅游、培训、远洋运输等。为了准确确定每一会计年度的收入及相关的成本费用，企业应根据劳务完成时间的不同，确认和计量劳务收入。

1. 劳务收入的确认条件

企业在资产负债日提供劳务交易的结果能够可靠估计的，应当采用完工百分比法确认提供劳务收入。提供劳务交易的结果能够可靠估计应同时满足下列条件：

（1）收入的金额能够可靠的计量；

（2）相关的经济利益很可能流入企业；

（3）交易的完工程度能够可靠地确定；

（4）交易中已发生和将发生的成本能够可靠的计量。

如果企业在资产负债表日提供劳务交易结果不能够可靠估计的，应当分别按下列情况处理：①已经发生的劳务成本预计能够得到补偿的，按照已经发生的劳务成本金额确认提供劳务收入，并按相同金额结转劳务成本。②已经发生的劳务成本预计不能够得到补偿的，应当将已经发生的劳务成本计入当期损益，不确认劳务收入。即采用成本法确认收入。

2. 劳务收入的计量原则

企业应当按照从接受劳务方已收或应收的合同或协议价款确定提供劳务收入总额，但已收或应收的合同或协议价款不公允的除外。

（二）提供劳务收入的核算

1. 劳务完成时确认收入的核算

对于一次就能完成的劳务，企业应在提供劳务完成时，按所确定的收入金额，借记"应收账款"、"银行存款"等账户，贷记"主营业务收入"等账户；对于发生的有关支出，借记"主营业务成本"等账户，贷记"银行存款"、"应付工资"等账户。

对于持续一段时间但在同一会计期间内开始并完成的劳务，应在发生有关费用支出时，先通过"劳务成本"账户核算，借记"劳务成本"账户，贷记"银行存款"等账户。待实现劳务收入后，结转劳务成本时，借记"主营业务成本"账户，贷记"劳务成本"账户。

【例 10-14】某企业于 2005 年 8 月接受一项劳务，可一次完成，合同总收入 35000 元，实际发生成本 26000 元。应编制如下会计分录：

（1）确认所提供劳务的收入时：

借：应收账款（或银行存款）　　　　　35000

　　贷：主营业务收入　　　　　　　　　　35000

（2）发生并确认有关成本费用时：

借：主营业务成本　　　　　　　　　　26000

　　贷：银行存款等　　　　　　　　　　　26000

2. 按完工百分比法确认收入的核算

对于不能在同一会计期间内完成，但在期末能对交易的结果做出可靠估计的劳务，应按完工百分比法确认收入及相关的费用。对于预收的款项，应借记"银行存款"账户，贷记"预收账款"账户；对于所发生的成本，企业应以"劳务成本"账户予以归集，借记"劳务成本"账户，贷记"银行存款"等账户；确认本期的劳务收入时，按确定的金额，借记"预收账款"、"银行存款"或"应收账款"账户，贷记"主营业务收入"账户；确认本期的费用时，按确定的金额，借记"主营业务成本"账户，贷记"劳务成本"账户。

在完工百分比法下，劳务收入和相关的费用应按下列公式计算：

本期确认的收入＝劳务总收入总额×本期末止劳务的完工程度－以前会计期间累计已确认的劳务收入

本期确认的成本＝劳务总成本总额×本期末止劳务的完工程度－以前会计期间累计已确认的劳务成本

在劳务总收入和总成本能够可靠计量的情况下，关键是确定劳务的完工程度。企业应根据所提供劳务的地点，选择确定劳务完工程度的方法，包括通过对已经完工的工作或工程的测量确定完工程度，或按已经提供的劳务量（如已完工的工作时间）占应提供劳务总量（如完工此项劳务所需的总的工作时间）的百分比确定完工程度，或按已经发生的成本占估计总成本的百分比确定完工程度。

【例 10－15】某企业于 2005 年 10 月 1 日为客户研制一款软件，工期为五个月，合同总收入 400000 元，预收工程款 250000元。至 2005 年 12 月 31 日已发生成本 180000 元，预计开发完成该款软件的总成本为 250000 元。2005 年 12 月 31 日，经专业测量师测量，软件的开发程度为 70％。应编制如下会计分录：

（1）预收款项时：

借：银行存款　　　　　　　　　　　　250000

　　贷：预收账款　　　　　　　　　　　　　250000

（2）发生成本时：

借：劳务成本　　　　　　　　　　　　180000

 　　　贷：银行存款　　　　　　　　　　　　180000
 （3）确认该项劳务的本期收入和费用时：
 假定该企业按软件的开发程度（70％）确定完工程度，则：
 2005 年应确认的收入为：400000×70％－0＝280000（元）
 2005 年应确认的费用为：250000×70％－0＝175000（元）
 借：预收账款　　　　　　　　　　　　　280000
 　　　贷：主营业务收入　　　　　　　　　　280000
 （4）结转成本时：
 借：主营业务成本　　　　　　　　　　　175000
 　　　贷：劳务成本　　　　　　　　　　　　175000

 　　需要说明的是，在核算劳务收入时，企业也可以不设"劳务成本"账户，发生的有关成本，直接通过"主营业务成本"账户核算。但在此种情况下，"主营业务成本"账户可能出现余额，不再是纯粹的损益类账户。

 　　期末，"劳务成本"或"主营业务成本"账户如有余额，应并入资产负债表的"存货"项目中予以披露。

 　　企业对于需要交纳营业税、消费税、资源税、城市维护建设税、教育费附加等税费的，应在确认收入的同时，或在月份终了时，按应交的税费金额，借记"主营业务税金及附加"、"其他业务支出"账户，贷记"应交税金——应交营业税"（或应交消费税、应交资源税、应交城市维护建设税）、"其他应交款"等账户。

 ## 四、让渡资产使用权收入

 　　让渡资产使用权收入是指将本企业的资产让渡给其他单位或个人使用而取得的收入。包括因他人使用本企业现金而收取的利息收入，出租包装物、无形资产取得的租金收入等（我国企业会计准则将出租固定资产的租金收入排除在收入范畴之外）。

让渡资产使用权收入应按下列原则确认：

（1）与交易相关的经济利益能够流入企业。这是任何交易均应遵循的一项原则，企业应根据对方的信誉情况、当年的效益情况以及双方就结算方式、付款期限等达成的协议等进行判断。如果企业估计收入收回的可能性不大，就不应确认收入。

（2）收入的金额能够可靠的计量。利息收入可根据合同或协议规定的存、贷款利率确定；使用费收入按企业与其资产使用者签订的合同或协议规定的收费时间和方法确定。当收入的金额能够可靠的计量时，企业才能予以确认。

（一）利息收入

企业应在每个会计期末，按未收回的存款或贷款等的本金、存续期间和适当的利率计算并确认利息收入，借记"应收利息"账户，贷记"其他业务收入"等账户。超过利息收款期限而尚未收回利息的，应当停止计提利息，同时冲回原已计提的利息。

（二）使用费收入

出租包装物、无形资产等收取租金时，按应收数借记"银行存款"等账户，贷记"其他业务收入"账户。

【例 10－16】某企业上月向丙企业出租包装物一批，当时收取押金 4000 元。今收到对方退回的包装物，从押金中扣收包装物租金 1600 元后，其余退给丙企业。应编制如下会计分录：

借：其他应付款——丙企业　　　　　　　4000
　　贷：其他业务收入　　　　　　　　　　　1600
　　贷：银行存款　　　　　　　　　　　　　2400

【例 10－17】甲企业向乙企业转让其商品的商标使用权，合同规定乙企业每年年末按年销售收入的 15％支付甲企业商标使用费，使用期 10 年。假定第一年乙企业销售收入 800000 元，第二年销售收入 950000 元，这两年的使用费按期支付。则甲企应按下列方法确认收入，应编制如下会计分录：

（1）第一年年末应确认使用费收入

＝800000×15％＝120000（元）

借：银行存款　　　　　　　　120000

　　贷：其他业务收入　　　　　　　　120000

（2）第二年年末应确认使用费收入

＝950000×15％＝142500（元）

借：银行存款　　　　　　　　142500

　　贷：其他业务收入　　　　　　　　142500

五、建造合同收入

（一）建造合同的概念和种类

建造合同是指为建造一项资产或者在设计、技术、功能、最终用途等方面密切相关的数项资产而订立的合同。其中，所建造的资产主要包括房屋、道路、桥梁、水坝等建筑物以及船舶、飞机、大型机械设备等。

建造合同分为两类（见图10－2）：一类是固定造价合同；另一类是成本加成合同。其中，固定造价合同指按照固定的合同价或固定单价确定工程价款的建造合同。如某建造承包商与一客户签订一项建造合同，为客户建造一座办公大楼，合同规定建造办公大楼的总造价为1000万元。该项合同即是固定造价合同。成本加成合同是指以合同允许或其他方式议定的成本为基础，加上该成本的一定比例或定额费用确定工程价款的建造合同。如某建造承包商与一客户签订一项建造合同，为客户建造一艘船舶，双方商定以建造该艘船舶的实际成本为基础，合同总价款以实际成本加上实际成本的1％计取。该项合同即是成本加成合同。

建造合同 {
固定造价合同——→建造承包方承担风险
成本加成合同——→发包方承担风险
}

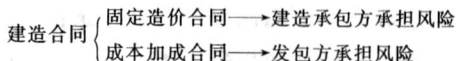

图 10—2　建造合同分类

（二）合同收入

1. 合同收入的组成

（1）合同中规定的初始收入。即建造承包商与客户在双方签订的合同中最初商定的合同总金额，它构成合同收入的基本内容。

（2）因合同变更、索赔、奖励等形成的收入。这部分收入并不构成合同双方在签订合同时已在合同中商定的合同总金额，而是在执行合同过程中由于合同变更、索赔、奖励等原因而形成的收入。建造承包商不能随意确认这部分收入，只有在符合规定条件时才能构成合同总收入。

2. 合同收入的计量

合同收入应以收到或应收的工程价款计量。工程价款，是指建造合同的总金额或总造价。

因合同变更而增加的收入，应在同时具备下列条件时予以确认：

（1）客户能够认可因变更而增加的收入；

（2）收入能够可靠的计量。

如果不同时具备上述两个条件，则不确认变更收入。

因索赔而形成的收入，应在同时具备下列条件时予以确认：

（1）根据谈判情况，预计对方能够同意这项索赔；

（2）对方同意接受的金额能够可靠的计量。

如果不同时具备上述条件，则不能确认索赔收入。

因奖励而形成的收入，应在同时具备下列条件时予以确认：

（1）根据目前合同完成情况，足以判断工程进度和工程质量能够达到或超过既定的标准；

（2）奖励金额能够可靠的计量。

如果不同时具备上述条件，则不能确认奖励收入。

（三）合同成本

1. 合同成本的组成

合同成本包括从合同签订开始至合同完成止所发生的、与执行合同有关的直接费用和间接费用（见图 10－3）。

（1）直接费用。直接费用是指为完成合同所发生的、可以直接计入合同成本核算对象的各项费用支出。合同的直接费用包括四项费用：耗用的人工费用、耗用的材料费用、耗用的机械使用费和其他直接费用。

①耗用的人工费用。主要包括从事工程建造的人员的工资、奖金、福利费、工资性质的津贴等支出。

②耗用的材料费用。主要包括施工过程中耗用的构成工程实体或有助于形成工程实体的原材料、辅助材料、配件、零件、半成品的成本和周转材料的摊销及租赁费用。周转材料是指企业在施工过程中能多次使用，并可基本保持原来的实物形态而逐渐转移其价值的材料，如施工中使用的模板、挡板和脚手架等。

③耗用的机械使用费。主要包括施工生产过程中使用自有施工机械所发生的机械使用费、租用外单位施工机械支付的租赁费和施工机械的安装、拆卸和进出场费。

④其他直接费用。其他直接费用是指在施工过程中发生的除上述三项直接费用以外的其他可以直接计入合同成本核算对象的费用。主要包括有关的设计和技术援助费、施工现场材料二次搬运费、生产工具和用具使用费、检验试验费、工程定位复测费、工程点交费、场地清理费等。

（2）间接费用。间接费用是企业下属的施工单位或生产单位为组织生产和管理施工生产活动所发生的费用，包括临时设施摊销费用和施工、生产单位管理人员工资、奖金、职工福利费、劳动保护费、固定资产折旧费及修理费、物料消耗、低值易耗品摊销、取暖费、水电费、办公费、差旅费、财产保险费、工程保修费、排污费等。

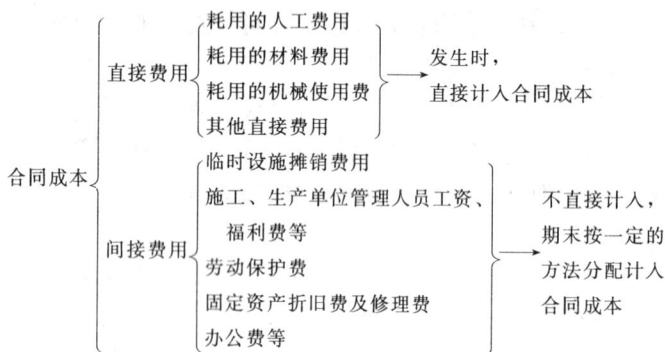

图 10－3　合同成本的内容

2. 合同成本的核算

（1）直接费用。直接费用在发生时直接计入合同成本。其耗用的人工费用应借记"工程施工"或"生产成本"账户，贷记"应付工资"、"应付福利费"等账户；耗用的材料费用，借记"工程施工"或"生产成本"账户，贷记"库存材料"、"原材料"、"周转材料摊销"（分摊的周转材料摊销额）、"银行存款"（支付的周转材料租赁费）等账户；耗用的机械使用费，应借记"工程施工"或"生产成本"账户，贷记"机械作业"（使用本单位的自有施工机械发生的费用）、"银行存款"（租用外单位的施工机械发生的租赁费）等账户；耗用的其他直接费用，应借记"工程施工"或"生产成本"账户，贷记"银行存款"等账户。

（2）间接费用。间接费用虽然也构成了合同成本的组成内容，但是间接费用在发生时一般不易直接归属于受益对象，这是因为间接费用是在企业下属的直接组织和管理施工生产活动的单位发生的费用，这些单位如果同时组织实施几项合同，则其发生的费用应由这几项合同的成本共同负担，因此，"间接费用应在期末按照系统、合理的方法分摊计入合同成本"。在会计实务中，间接费用一般应设置必要的会计账户进行归集，期末再按一定的方法分配计入有关合同成本。常用于间接费用分配的方法有：人工费用比例法和直接费用比例法。

①人工费用比例法。人工费用比例法是以各合同实际发生的人工费用为基数分配间接费用的一种方法。其公式表示如下：

某合同应负担的间接费用＝该合同实际发生的人工费×间接费用分配率

间接费用分配率＝当期发生的全部间接费用÷当期各合同发生的人工费之和×100％

【例10－18】某建筑公司第二工区同时承建 D、E、F 三项合同工程，已知 D 合同发生的人工费 140 万元，E 合同发生的人工费 160 万元，F 合同发生的人工费 200 万元。第二工区当期共发生间接费用 50 万元。应编制如下会计分录：

间接费用分配率＝50/（140＋160＋200）＝10％

D 合同应负担的间接费用＝140×10％＝14（万元）

E 合同应负担的间接费用＝160×10％＝16（万元）

F 合同应负担的间接费用＝200×10％＝20（万元）

a. 实际发生的间接费用

借：工程施工——间接费用　　　　　　　500000

　　贷：银行存款　　　　　　　　　　　　　　500000

b. 期末将间接费用分配计入各合同成本

借：工程施工——D 合同　　　　　　　　140000

　　　　　　——E 合同　　　　　　　　160000

　　　　　　——F 合同　　　　　　　　200000

　　贷：工程施工——间接费用　　　　　　　　500000

②直接费用比例法。直接费用比例是以成本对象发生的直接费用为基础分配间接费用的一种方法。其公式表示如下：

某合同应负担的间接费用＝该合同实际发生的直接费用×间接费用分配率

间接费用分配率＝当期发生的全部间接费用÷当期各合同发生的直接费用之和×100%

【例 10－19】某建筑公司第一工区同时承建 A、B、C 三项工程，已知 A 合同发生的直接费用 150 万元，B 合同发生的直接费用 200 万元，C 合同发生的直接费用 250 万元。第一工区当期共发生间接费用 15 万元。

间接费用分配率＝15／（150＋200＋250）＝2.5%

A 合同应负担的间接费用＝150×2.5%＝3.75（万元）

B 合同应负担的间接费用＝200×2.5%＝5（万元）

C 合同应负担的间接费用＝250×2.5%＝6.25（万元）

a. 实际发生的间接费用：

借：工程施工——间接费用 150000

　　贷：银行存款 150000

b. 期末将间接费用分配计入各合同成本：

借：工程施工——A 合同 37500

　　　　　　——B 合同 50000

　　　　　　——C 合同 62500

　　贷：工程施工——间接费用 150000

在核算合同成本时，应注意以下几点：

第一，与合同有关的零星收益不作为合同收入，而是直接冲减合同成本。其中，零星收益是指在合同执行过程中取得的，但不计入合同收入而应冲减合同成本的非经常性收益。如完成合同后处置残余物资取得的收益。

第二，不计入合同成本，而是作为期间费用直接计入当期损益的费用；企业行政管理部门为组织和管理生产经营活动所发生的管理费用；船舶等制造企业的销售费用；企业因筹集生产经营所需资金而发生的财务费用；因订立合同而发生的有关费用。

（四）合同收入与合同费用的确认

1. 合同收入与合同费用的确认原则

与提供劳务收入确认原则类似，合同收入与合同费用如何确认要看建造合同的结果是否能够可靠的估计。

（1）建造合同的结果能够可靠估计时的处理。企业会计制度规定，建造合同的结果能够可靠估计的，应采用完工百分比法确认合同收入和合同费用。

对于不同类型的建造合同，判断其结果能否可靠估计的条件也不完全相同。

①判断固定造价合同的结果能够可靠估计的条件：合同总收入能够可靠的计量；与合同相关的经济利益能够流入企业；在资产负债表日合同完工进度和为完成合同尚需发生的成本能够可靠的确定；为完成合同已经发生的合同成本能够清楚地区分和可靠的计量，以便实际合同成本能够与以前的预计成本相比较。

②判断成本加成合同的结果能够可靠估计的条件：与合同相关的经济利益能够流入企业；为完成合同已经发生的合同成本能够清楚的区分和可靠的计量。

确定合同完工进度的方法：累计实际发生的合同成本占合同预计总成本的比例；已经完成的合同工作量占合同预计总工作量比例；已完合同工作的测量。

（2）建造合同的结果不能可靠估计时的处理。如果建造合同的结果不能可靠的估计，则不能采用完工百分比法确认合同收入和合同费用，而应分别以下情况进行会计处理：

①合同成本能够收回的，合同收入根据能够收回的实际合同成本加以确认，合同成本在其发生的当期确认为费用。

②合同成本不能收回的，应在发生时立即确认为费用，不确认收入。

如果预计总成本将超过预计总收入，应将预计损失立即确认为当期费用。

2. 合同收入和合同费用确认和计量的核算

采用完工百分比法确认合同收入和合同费用，关键要确定工程的完工进度。因此，在具体运用完工百分比法时，首先要做的是确定建造合同的完工程度，然后根据完工百分比确认和计量当期的合同收入和合同费用。用公式表示如下：

当期确认的合同收入＝（合同总收入×完工进度）－以前期间累计已确认的收入

当期确认的毛利＝（合同总收入－合同预计总成本）×完工进度－以前期间累计已确认的收入

当期确认的合同费用＝当期确认的合同收入－当期确认的合同毛利－以前期间预计损失准备

需要说明的是，以上完工进度是指累计完工进度。因此，企业在运用上述公式时，应分别建造合同的实施情况处理：

（1）当年开工当年未完工的建造合同。在这种情况下，企业在运用上述公式时，以前会计年度累计已确认的合同收入和合同毛利均为零。

（2）以前年度开工至本年仍未完工的建造合同。在这种情况下，企业可以直接运用上述公式确认和计量当期收入和费用。

（3）以前年度开工本年度完工的建造合同。在这种情况下，当期确认和计量的合同收入，等于合同总收入扣除以前会计年度累计已确认的收入后的余额；当期确认和计量的合同毛利等于合同总收入扣除实际合同总成本减以前会计年度累计已确认的毛利后的余额。

【例10－20】某建筑公司签订了一项合同总金额为1000万元

的固定造价合同。合同规定的工期为三年。假定经计算第一年完工进度为30%，第二年完工进度已达80%，经测定前两年的合同预计总成本均为800万元。第三年工程全部完成，累计实际发生合同成本750万元。各期确认的合同收入和费用的计算如下：

（1）第一年确认的合同收入＝1000×30%＝300（万元）

第一年确认的合同毛利＝（1000－800）×30%＝60（万元）

第一年确认的合同费用＝300－60＝240（万元）

应编制如下会计分录：

借：主营业务成本　　　　　　　　　　2400000

　　工程施工——毛利　　　　　　　　　600000

　　贷：主营业务收入　　　　　　　　　　　3000000

（2）第二年确认的合同收入＝1000×80%－300

　　　　　　　　　　　＝500（万元）

第二年确认的合同毛利＝（1000－800）×80%－60

　　　　　　　　　　　＝100（万元）

第二年确认的合同费用＝500－100＝400（万元）

应编制如下会计分录：

借：主营业务成本　　　　　　　　　　4000000

　　工程施工——毛利　　　　　　　　1000000

　　贷：主营业务收入　　　　　　　　　　　5000000

（3）第三年确认的合同收入＝1000－（300＋500）

　　　　　　　　　　　＝200（万元）

第三年确认的合同毛利＝（1000－750）－（60＋100）

　　　　　　　　　　　＝90（万元）

第三年确认的合同费用＝200－90＝110（万元）

应编制如下会计分录：

借：主营业务成本　　　　　　　　　　1100000

　　工程施工——毛利　　　　　　　　　900000

　　贷：主营业务收入　　　　　　　　　　　　　2000000

第二节　费　用

一、费用的概念及确认

　　企业在生产经营过程中，必然会发生各种耗费，包括原材料等劳动对象的耗费、机器设备等劳动手段的耗费，以及劳动力的耗费等。费用是指企业在日常活动所发生、会导致所有者权益减少的、与向所有者分配利润无关的经济利益的总流出。

　　企业在一定会计期间发生的费用中，为生产一定种类和一定数量的产品（或提供劳务）而发生的各种耗费，称为这些产品（或劳务）的成本，如生产产品所耗费的直接材料费用、直接人工费用和间接制造费用。企业在一定期间所发生的不能直接归属于某种产品成本的费用，称为期间费用。

　　费用应按照权责发生制和配比原则确认，凡应属于本期的费用，不论其款项是否支付，均作为本期费用；反之，不属于本期的费用，即使其款项已在本期支付，也不作为本期费用。

　　《企业会计制度》规定，凡应当由本期负担而尚未支出的费用，作为预提费用计入本期成本、费用；凡已支出，应当由本期和以后各期负担的费用，应当作为待摊费用，分期摊入成本、费用。

　　在确认费用时，应当划清生产经营费用与固定资产购建支出的界限。属于固定资产购建所发生的，应当将其计入相应固定资产的购建成本，不得计入当期费用；属于当期生产经营费用的，不得计入固定资产购建成本。在确认当期费用后，还必须划清生产成本与期间费用的界限，严格按规定的成本开支范围核算本期的生产成本。对于确认为生产成本的费用，必须根据该费用发生的实际情况，分别计入不同产品的生产成本；对于几种产品共同发生的费用，必须采用一定的方法和程序，将其分配计入相关产品的生产成本。

二、费用的分类

(一) 按照费用的经济用途分类

费用按照其经济用途，可以分为生产成本和期间费用两大类。

1. 生产成本

生产成本是指构成产品生产成本的费用。按其计入成本的方式不同，又分为直接材料费用、直接人工费用、其他直接费用和间接制造费用四类。这些费用应当按照其实际发生额进行核算，按照成本计算对象进行归集，直接计入或分配计入所生产的产品的成本。

2. 期间费用

期间费用是指企业当期发生的不能归属于某种产品的成本，而应当从当期收入中得到补偿的费用。它与当期生产产品的数量没有直接关系，而与当期实现的收入直接相关，应当直接计入当期损益。期间费用包括营业费用、管理费用和财务费用。

(二) 按照费用的经济内容分类

费用按照其经济内容进行分类，可以分为以下项目（见图10—4）：

1. 外购材料费。指企业为生产而耗用的一切从外部购入的原材料、半成品、辅助材料、包装物、修理用备件和低值易耗品等。

2. 外购燃料费。是指企业为进行生产而耗用的从外部购进的各种燃料。

3. 外购动力费。是指企业为进行生产而耗用的从外部购进的动力。

4. 工资费用及福利费。是指企业应计入生产费用的职工工资，以及按照工资总额的一定比例提取的职工福利费。

5. 折旧费。是指企业所拥有或控制的固定资产按照使用情况计提的折旧费。

6. 利息支出。是指企业为筹集生产经营资金而发生的利息支出。

7. 税金。是指企业应计入费用的各种税金，如房产税、车船使用税、土地使用税等。

8. 其他支出。指不属于以上各项目的费用支出。

费用按经济内容进行分类，可以反映企业在一定时期发生了哪些费用，数额各是多少，可以分析企业各个时期各种费用占全部费用的比重，考核费用计划的执行情况。

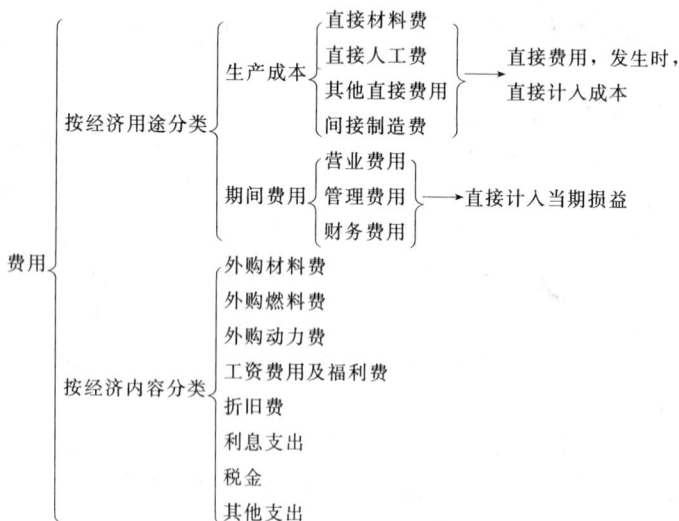

```
                          ┌ 直接材料费
                          │ 直接人工费   → 直接费用，发生时，
              ┌ 生产成本 ─┤ 其他直接费用    直接计入成本
              │           └ 间接制造费
    按经济用途 ┤
    分类       │           ┌ 营业费用
              └ 期间费用 ─┤ 管理费用  → 直接计入当期损益
                          └ 财务费用
费用 ┤
              ┌ 外购材料费
              │ 外购燃料费
              │ 外购动力费
    按经济内容 ┤ 工资费用及福利费
    分类       │ 折旧费
              │ 利息支出
              │ 税金
              └ 其他支出
```

图 10—4 费用的分类

三、费用的计量

费用计量的一般标准是实际成本。企业在生产经营中发生的其他各项费用，应当按实际发生数计入成本、费用，不得以估计成本或计划成本代替实际成本。

通常情况下，如果资产的减少或负债的增加，将导致未来经济利益的减少，并且能够可靠地加以计量，就应当确认为一项费用。正确地确认和计量费用，应注意处理好以下关系：

（一）费用与收入的关系

费用是直接或间接地为取得营业收入所发生的相应的耗费，不是以取得营业收入为目的的各种耗费，如购买股票、债券所发生的支出和捐赠支出等，都不得确认为企业的费用。

（二）费用与损失的关系

企业生产经营中发生的一些耗费，并不一定产生收入，如存货盘亏、投资所发生的损失，这些耗费从严格意义上讲可以认为是一种损失，因而不能确认为企业的费用。但会计实务中，有时损失和费用不好区分，都将其作为费用处理，如坏账损失、属于非常损失之外的存货盘亏损失等。

（三）生产费用与产品成本的关系

生产费用是为生产产品发生的耗费。一定时期的生产费用是构成产品成本的基础。但生产费用着重于按会计期间归集，而产品成本则着重于按品种归集。

（四）生产费用与期间费用的关系

生产费用需要直接或间接地计入产品成本，而期间费用则是直接计入当期损益。它们补偿的时间不同：期间费用直接从当期收入中补偿，而产品成本要待产品销售时才能得到补偿。

（五）本期费用与跨期费用的关系

本期所发生的费用，不一定都能在本期冲减收入。在本期冲减收入的这一部分费用，属于本期费用；另一部分要分摊给以后各会计期间，冲减以后会计期间的收入，这部分费用为跨期费用。

（六）生产成本与主营业务成本的关系

生产成本是构成产品成本的部分，在产品尚未出售前表现在存货中，待销售时才表现为主营业务成本；主营业务成本是本期已销产品（商品）的成本，它使一定时期的主营业务成本与一定时期的主营业务收入相配比。

四、期 间 费 用

期间费用是企业在一定时期内管理和组织经营活动所发生的开支，以及企业为筹集资金而发生的费用。期间费用包括管理费用、营业费用和财务费用。发生这些费用不能计入产品成本，而是从企业经营收入中直接补偿。期间费用的高低直接影响到利润的大小，因此，企业应加强对期间费用的管理与核算。期间费用与产品的成本不同。主要表现在以下几个方面：

（一）与生产产品的关系不同

期间费用是为生产产品提供正常的条件，对生产经营和销售的管理，而与产品的生产本身并不直接相关的费用；而产品成本则是能够明确与生产产品有关的直接生产费用和间接生产费用，它们直接计入或分配计入产品的成本中去。

（二）与会计期间的关系不同

期间费用只与费用发生的当期有关，不影响或不分摊到以后各期。而产品成本中当期完工部分当期转为产成品，未完工部分则结转到下一期继续加工，与前后会计期间都有关系。

（三）与会计报表的关系不同

期间费用直接计入当期利润表，抵扣当期损益。而产品成本完工部分转为产成品，已销售产成品的销售成本再转为主营业务成本。主营业务成本也直接列入当期利润表。但是，未销售的产成品和未完工的在产品都列入资产负债表。由于期间费用不能提供明确的未来收益，因此，按照谨慎性原则的要求，对期间费用在发生时采用立即确认的原则。

企业在核算期间费用时，应设置"营业费用"、"管理费用"、"财务费用"账户。如图 10－5 所示。

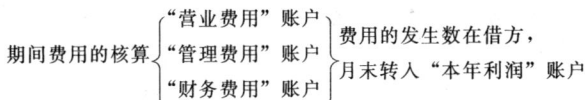

$$期间费用的核算 \begin{cases} "营业费用"账户 \\ "管理费用"账户 \\ "财务费用"账户 \end{cases} \begin{matrix} 费用的发生数在借方， \\ 月末转入"本年利润"账户 \end{matrix}$$

图 10－5　期间费用核算应设置的账户

（一）管理费用的核算

1. 管理费用的内容

管理费用是指企业行政管理部门为组织和管理企业生产经营活动而发生的各项费用。包括企业的董事会和行政管理部门在企业的经营管理中发生的，或应由企业统一负担的费用。包括：企业董事会和行政管理部门在企业的经营管理中发生的，或者应由企业统一负担的公司经费（包括行政管理部门职工工资、修理费、物料消耗、低值易耗品摊销、办公费和差旅费等）、工会经费、待业保险费、劳动保险费、董事会会费（包括董事会成员津贴、会议费和差旅费等）、聘请中介机构费、咨询费（含顾问费）、诉讼费、业务招待费、房产税、车船使用税、土地使用税、印花税、技术转让费、矿产资源补偿费，无形资产摊销、职工教育经费、研究与开发费、排污费、存货盘亏或盘盈（不包括应计入营业外支出的存货损失）、计提的坏账准备和计提的存货跌价准备。

2. 管理费用的核算

企业发生的管理费用在"管理费用"账户中核算，并按费用项目设置明细账户进行明细核算。发生的行政管理部门人员的工资及福利费，借记"管理费用——工资及福利费"账户，贷记"应付工资"、"应付福利费"账户。

行政管理部门计提的固定资产折旧，借记"管理费用——折旧费"账户，贷记"累计折旧"账户。

交纳的待业保险费、劳动保险费、印花税，支付的办公费、修理费、水电费、业务招待费、技术转让费、研究与开发费、职工教育经费、聘请中介机构费、咨询费、诉讼费等，借记"管理费用"账户及其有关明细账户，贷记"银行存款"等账户。

按规定计算出应交纳的矿产资源补偿费时，借记"管理费用——矿产资源补偿费"账户，贷记"其他应交款"账户。

按规定计算出应拨交工会的工会经费时，借记"管理费用——工会经费"账户，贷记"其他应付款"账户。

按规定计算出应交的房产税、车船使用税、土地使用税时，借记"管理费用"账户及其明细账户，贷记"应交税金"账户及其明细账户。

低值易耗品、无形资产、待摊费用、长期待摊费用按规定摊销时，借记"管理费用"账户及其明细账户，贷记"低值易耗品"、"无形资产"、"待摊费用"、"长期待摊费用"账户及其明细账户。

按规定计提坏账准备时，借记"管理费用——计提的坏账准备"账户，贷记"坏账准备"账户。

按规定计提存货跌价准备时，借记"管理费用——计提的存货跌价准备"账户，贷记"存货跌价准备"账户。

期末，应将管理费用账户余额全部转入本年利润，计入当期损益，借记"本年利润"账户，贷记"管理费用"账户。结转后，"管理费用"账户应无余额。

【例10－21】以现金支付厂部水电费3600元。应编制如下会计分录：

借：管理费用——水电费　　　　　　　3600
　　贷：现金　　　　　　　　　　　　　　　3600

【例10－22】摊销应由本月负担的办公楼维修费8300元；摊销专利权4000元，土地使用权5000元。应编制如下会计分录：

借：管理费用——维修费　　　　　　　8300
　　　　　　——无形资产摊销　　　　9000
　　贷：待摊费用——维修费　　　　　　　8300
　　无形资产——专利权　　　　　　　　4000
　　　　　　——土地使用权　　　　　　5000

【例10－23】以银行存款支付业务招待费7900元。应编制如下会计分录：

借：管理费用——业务招待费　　　　　7900
　　贷：银行存款　　　　　　　　　　　　　7900

（二）营业费用的核算

1. 营业费用的内容

营业费用是指企业在销售商品或提供劳务过程中发生的费用，以及为销售本企业商品而专设销售机构（含销售网点、售后服务网点等）的经营费用。商品流通企业在购买商品过程中发生的进货费用也包括在营业费用中。包括：运输费、装卸费、包装费、保险费、展览费、广告费及为销售本企业商品而专设的销售机构（含销售网点、售后服务网点等）的职工工资及福利费、折旧费或租金、办公费、业务费等经营费用。

2. 营业费用的核算

企业发生的营业费用在"营业费用"账户中核算，并按费用项目设置明细账。企业在销售商品过程中发生的运输费、装卸费、包装费、保险费、展览费和广告费，借记"营业费用"账户及其明细账户，贷记"现金"、"银行存款"等账户。

企业发生的为销售本企业商品而专设的销售机构的职工工资及福利费、折旧费、办公费等业务费用，借记"营业费用"账户及其明细账户，贷记"应付工资"、"应付福利费"、"累计折旧"、"银行存款"等账户。

期末，应将营业费用账户余额全部转入本年利润，计入当期损益，借记"本年利润"账户，贷记"营业费用"账户。结转后，"营业费用"账户应无余额。

【例 10－24】结转本月销售部门人员工资 8000 元，并按工资总额的 14％计提职工福利费。应编制如下会计分录：

借：营业费用——工资及福利费　　　　　9120
　　贷：应付工资　　　　　　　　　　　　　8000
　　　　应付福利费　　　　　　　　　　　　1120

【例 10－25】从仓库领用随货销售不单独计价的包装用木箱 45 个，每个 15 元。应编制会计分录如下：

借：营业费用——包装费　　　　　　　　675
　　贷：包装物——木箱　　　　　　　　　　675

【例 10－26】企业以银行存款支付广告费 50000 元、展览费 4500 元。应编制如下会计分录：

借：营业费用——广告费　　　　　　　　50000
　　　　　　　——展览费　　　　　　　　4500
　　贷：银行存款　　　　　　　　　　　　54500

（三）财务费用的核算

1. 财务费用的内容

财务费用是指企业为筹集生产经营所需资金等而发生的费用。包括：利息支出（减利息收入）、汇兑损失（减汇兑收益）以及相关的手续费等。

2. 财务费用的核算

企业发生的财务费用在"财务费用"账户中核算，并按费用项目设置明细账户进行明细分类核算。发生利息支出等各项费用时，借记"财务费用"账户及其明细账户，贷记"预提费用"、"银行存款"、"长期借款"等账户。

发生应冲减财务费用的利息收入、汇兑收益时，借记"银行存款"、"长期借款"等账户，贷记"财务费用"账户及其明细账户。

期末，应将财务费用账户余额全部转入本年利润，计入当期损益，借记"本年利润"账户，贷记"财务费用"账户。结转后，"财务费用"账户应无余额。

【例10-27】企业从银行借入短期借款一笔，借款总金额为200000元，半年期，年利率为3%，每季度支付利息一次。应编制如下会计分录：

（1）每月预提利息时：

借：财务费用——利息　　　　　　　　500

　　贷：预提费用　　　　　　　　　　　　500

（2）每季度支付利息时：

借：预提费用　　　　　　　　　　　1500

　　贷：银行存款　　　　　　　　　　　　1500

【例10-28】向乙企业签发商业汇票一张，以抵付前欠货款，面额1600000元，向开户银行申请承兑，银行按0.5‰收取承兑手续费。应编制如下会计分录：

（1）支付承兑手续费时：

借：财务费用——手续费　　　　　　800

　　　　贷：银行存款　　　　　　　　　　800
　　（2）交付商业汇票，抵付应付账款时：
　　　借：应付账款——乙企业　　　　1600000
　　　　　贷：应付票据——乙企业　　　　　1600000

第三节　利　润

一、利润形成的核算

　　利润是指企业在一定会计期间的经营成果，是企业的收入与费用相配比的结果，并最终可能导致所有者权益发生变动。企业在一个会计期间内所取得的收入大于其发生的相关成本与费用，企业就可获取盈利；反之，会发生亏损。因此，企业利润的大小，不仅能反映企业生产经营活动的经济效益，同时也是考核企业经营管理情况的基本指标。

（一）利润总额的构成

　　根据《企业会计制度》的有关规定，企业的利润总额是指营业利润加上投资收益、补贴收入、营业外收入，减去营业外支出后的金额。其计算公式为：
　　利润总额＝营业利润＋投资收益＋补贴收入＋营业外收入－营业外支出
　　1. 营业利润
　　营业利润是企业生产经营活动的主要经营成果，是企业利润总额的主要组成部分，这一指标能够比较恰当地代表企业管理的经营业绩。它由主营业务利润、其他业务利润和期间费用构成。

其计算公式为：

营业利润＝主营业务利润＋其他业务利润－营业费用－管理费用－财务费用

（1）主营业务利润。主营业务利润是企业从事主要的、基本的经营活动所取得的利润。其计算公式为：

主营业务利润＝主营业务收入－主营业务成本－主营业务税金及附加

（2）其他业务利润。其他业务利润是指企业经营主营业务以外的其他经营性业务所取得的利润。其计算公式为：

其他业务利润＝其他业务收入－其他业务支出

其中，其他业务收入是指企业除主营业务收入以外的其他销售或其他业务的收入，如材料销售、代购代销、包装物出租等收入。其他业务支出是指企业除主营业务成本以外的其他销售或其他业务所发生的支出，包括销售材料、提供劳务等发生的相关成本、费用以及相关税金及附加等。

2. 投资收益

投资收益是指企业对外投资所取得的收益，减去发生的投资损失和计提的投资减值准备后的净额。

3. 补贴收入

补贴收入是指企业按规定实际收到退还的增值税，或按销量或工作量等依据国家规定的补助定额计算并按期给予的定额补贴，包括国家财政拨补的专项储备商品补贴、特准储备物资补贴，属于国家财政扶持的领域而给予的其他形式的补贴。如政策性亏损补贴。

4. 营业外收支净额

营业外收支净额是指营业外收入与营业外支出的差额。

营业外收入是指企业发生的与企业生产经营活动无直接关系的各项收入，包括固定资产盘盈、处置固定资产净收益、出售无形资产收益、罚款净收入等。

营业外支出是指企业发生的与企业生产经营活动无直接关系的各项支出，包括固定资产盘亏、处置固定资产净损失、出售无形资产损失、债务重组损失、计提的无形资产减值准备、计提的固定资产减值准备、计提的在建工程减值准备、罚款支出、捐赠支出、非常损失等。

（二）净利润

净利润是指利润总额减去所得税后的余额。其计算公式为：

净利润＝利润总额－所得税

所得税是指企业应计入当期损益的所得税费用。

（三）各收支项目的核算

1. 补贴收入的核算

补贴收入是指企业按规定实际收到的补贴收入（包括先征后返增值税的企业实际收到的退还的增值税），或按销量或工作量等和国家规定的补助定额计算并按期给予的定额补贴。企业取得的各项补贴收入，在"补贴收入"账户核算，并应根据补贴收入项目设置明细账，进行明细核算。

企业取得各项补贴收入时，借记"银行存款"、"应收补贴款"账户，贷记"补贴收入"账户，期末，将"补贴收入"账户的余额转入"本年利润"账户，借记"补贴收入"账户，贷记"本年利润"。

2. 营业外收支的核算

营业外收支是指企业发生的与生产经营无直接关系的各项收支。企业发生的营业外收支，应分别在"营业外收入"和"营业外支出"账户核算。"营业外收入"账户，核算企业发生的营业外收入，并按收入项目设置明细账，进行明细核算。"营业外支出"账户，核算企业发生的营业外支出，并按各营业外收支项目设置明细账，进行明细核算。

企业发生营业外收入时，应借记"待处理财产损溢"、"银行存款"、"现金"、"固定资产清理"等账户，贷记"营业外收入"账户，期末应将"营业外收入"账户余额结转入"本年利润"账户，结转后该账户无余额。

企业发生营业外支出时，应借记"营业外支出"账户，贷记"待处理财产损溢"、"固定资产清理"、"现金"、"银行存款"等账户；期末应将"营业外支出"账户余额结转入"本年利润"账户，结转后该账户无余额。

【例 10—29】向甲企业销售专利权一项，其账面余额 80000 元，售价 200000 元，营业税税率 5%，款项收到，存入银行。应编制如下会计分录：

　　借：银行存款　　　　　　　　　　　　200000
　　　　贷：无形资产——非专利技术　　　　　80000
　　　　　　应交税金——应交营业税　　　　　10000
　　　　　　营业外收入——出售无形资产收益　110000

【例 10—30】企业向希望工程捐款 250000 元。应编制如下会计分录：

　　借：营业外支出——捐赠支出　　　　　250000
　　　　贷：银行存款　　　　　　　　　　　　250000

（四）利润形成的核算

企业应设置"本年利润"账户核算企业本年度实现的净利润（或发生的净亏损）。会计期末，将本期各收益类账户的余额转入"本年利润"账户的贷方，借记有关收益类账户，贷记"本年利润"账户；将各成本费用或支出类账户的余额转入"本年利润"账户的借方，借记"本年利润"账户，贷记有关成本费用支出账户。结转后，"本年利润"账户，如为贷方余额，表示当年实现的净利润，如为借方余额，表示当年发生的净亏损。年度终了，企业还应将"本年利润"账户的累计余额转入"利润分配——未分配利润"账户，如为贷方余额，借记"本年利润"账户，贷记"利润分配——未分配利润"账户；如为借方余额，做相反会计分录。结转后，"本年利润"账户无余额。

【例10－31】企业2005年12月31日，结账前各损益类账户余额如下：

账户名称	结账前余额
主营业务收入	950000元（贷）
主营业务成本	460000元（借）
主营业务税金及附加	16000元（借）
营业费用	87000元（借）
管理费用	170000元（借）
财务费用	56000元（借）
其他业务收入	120000元（贷）
其他业务支出	50000元（借）
投资收益	60000元（贷）
营业外收入	80000元（贷）
营业外支出	170000元（借）

根据上述资料，应编制如下会计分录：

（1）结转各项收益

借：主营业务收入   950000
借：其他业务收入   120000
借：投资收益   60000
借：营业外收入   80000
  贷：本年利润   1210000

（2）结转各项成本、费用或支出

借：本年利润   1009000
  贷：主营业务成本   460000
  贷：主营业务税金及附加   16000

贷：其他业务支出	50000
贷：营业费用	87000
贷：管理费用	170000
贷：财务费用	56000
贷：营业外支出	170000

本期利润总额＝1210000－1009000＝201000（元）

二、所得税

（一）税前会计利润与应税所得的差异

由于企业会计制度和税法两者的目的不同，对收益、费用、资产、负债等的确认也不同，从而导致税前会计利润与应税所得之间产生差异，这种差异分为永久性差异和时间性差异（见图10－6）。

1. 永久性差异

永久性差异是指由于会计制度和税法在收支计算口径上的不同，所产生的税前会计利润和应税所得之间的差异。这种差异在本期发生后，不会在以后各期转回，是永久性的差异。如赞助费用按会计制度规定应作为营业外支出，抵减当期利润，但税法不允许抵减；再如，购买国债取得的投资收益，按会计制度规定计入本年利润，而税法规定不计入应税所得。

2. 时间性差异

时间性差异是指由于会计制度和税法在收支确认时间上的不同，所产生的税前会计利润和应税所得之间的差异。这种差异在本期发生后，会在以后一期或若干期内转回，只是时间性的差异。如固定资产加速折旧，在折旧初期产生时间性差异，会在折旧后期转回。

$$税前会计利润与应税所得间的差异 \begin{cases} 永久性差异 \longrightarrow 计算口径不同，产生的差异 \\ 时间性差异 \longrightarrow 确认时间不同，产生的差异 \end{cases}$$

图 10—6　税前会计利润与应税所得的差异种类

(二) 应税所得额的计算

应税所得额是在税前会计利润（即利润总额）的基础上，加减纳税调整项目而得的。其计算公式如下：

应税所得额＝税前会计利润＋纳税调整增加额－纳税调整减少额

纳税调整增加额是指在税法规定的允许扣除项目中，企业已计入当期费用，但超过税法规定扣除标准的金额（如超过税法规定标准的工资支出、业务招待费支出），以及企业已计入当期费用，但税法规定不允许扣除项目的金额（如税收滞纳金、罚款等）。调增项目有：

(1) 工程耗用自产产品的成本价与售价的差额；

(2) 违法经营的罚款和被没收的财物损失；

(3) 超标准的业务招待费；

(4) 工资超过计税工资的部分；

(5) 集资利息支出高于同期金融机构贷款利息的部分；

(6) 公益、救济性捐赠超过全年应纳税所得额 3％ 的部分，以及非公益、救济性捐赠和赞助支出；

(7) 税收方面的滞纳金；

(8) 预提计入费用支出的预计负债；

(9) 自行加速折旧前期多计的折旧费（时间性差异）。

纳税调整减少额是指按税法规定允许弥补的亏损和准予免税的项目。调减项目有：

(1) 国债利息收入；

(2) 从外单位分得的税后利润；

（3）自行加速折旧后期少计的折旧费。

（三）所得税的核算

企业所得税的核算有两种方法，即应付税款法和纳税影响会计法（见图 10-7）。

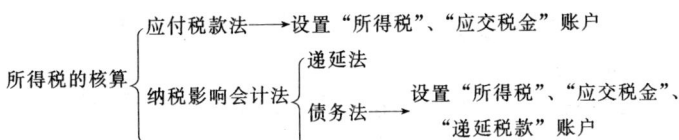

图 10-7　所得税的核算方法

1. 应付税款法

应付税款法是按照应纳税所得额直接计算应交所得税，并将当期计算的应交所得税确认为当期所得税费用的方法。在应付税款法下，将本期税前会计利润与应税所得之间的差异（包括永久性差异和时间性差异）造成的影响纳税的金额，直接计入当期损益，而不递延到以后各期。

在应付税款法下，企业应设置"所得税"账户核算企业按规定从当期损益中扣除的所得税。企业按应纳税所得额计算的本期应交所得税，借记"所得税"账户，贷记"应交税金——应交所得税"账户。实际上交时，借记"应交税金——应交所得税"账户，贷记"银行存款"账户。期末，应将"所得税"账户的余额转入"本年利润"账户，借记"本年利润"账户，贷记"所得税"账户。

【例 10-32】甲企业核定的全年计税工资总额 25 万元，实际发放工资 29 万元，税前会计利润 200 万元，本年度国库券利息收入 17 万元，所得税税率为 33%，1～11 月已预交所得税 58 万元。12 月应编制如下会计分录：

全年应税所得额＝200＋（29－25）－17＝187（万元）

全年应交所得税＝187×33％＝61.71（万元）

12月应交所得税＝61.71－58＝3.71（万元）

借：所得税　　　　　　　　　　　　　　37100

　　贷：应交税金——应交所得税　　　　　　　　37100

同时，将"所得税"账户余额转入"本年利润"账户

借：本年利润　　　　　　　　　　　　　37100

　　贷：所得税　　　　　　　　　　　　　　　37100

【例 10－33】甲企业 2005 年全年税前会计利润为 250000 元，其应纳税所得额等于税前会计利润，所得税税率为 33％，1～11 月已交所得税 62000 元。12 月份应编制如下会计分录：

全年应交所得税＝250000×33％＝82500（元）

12月应交所得税＝82500－62000＝20500（元）

借：所得税　　　　　　　　　　　　　　20500

　　贷：应交税金——应交所得税　　　　　　　　20500

同时，将"所得税"账户余额转入"本年利润"账户：

借：本年利润　　　　　　　　　　　　　20500

　　贷：所得税　　　　　　　　　　　　　　　20500

2. 纳税影响会计法

纳税影响会计法是按税前会计利润计算所得税费用，并按应税所得计算应交所得税，两者之间的差额通过"递延税款"账户核算。在纳税影响会计法下，将本期税前会计利润与应税所得之间的差异造成的影响纳税的金额，作为递延税款，递延到这一差额发生相反变化的以后期间予以转销。纳税影响会计法仅适用于时间性差异。

在纳税影响会计法下，企业应设置"递延税款"账户，核算企业由于时间性差异造成的税前会计利润与纳税所得之间的差异所产生的影响纳税的金额，以及以后各期转销的金额。其贷方发生额，反映企业本期税前会计利润大于纳税所得产生的时间性差

异影响纳税的金额，及本期转销已确认的时间性差异对纳税影响的借方数额；其借方发生额，反映企业本期税前会计利润小于纳税所得产生的时间性差异影响纳税的金额，以及本期转销已确认的时间性差异对纳税影响的贷方数额；期末贷方（或借方）余额，反映尚未转销的时间性差异影响纳税的金额。采用债务法时，该账户的借方或贷方发生额，还反映税率变动或开征新税调整的递延税款金额。企业应在"递延税款"账户下，按照时间性差异的性质、时间设置明细分类账户。

采用纳税影响会计法核算的企业，按本期应计入损益的所得税费用，借记"所得税"账户，按本期应税所得和规定的所得税税率计算的应交所得税，贷记"应交税金——应交所得税"账户，按本期发生的时间性差异和规定的所得税税率计算的对所得税的影响金额，借记或贷记"递延税款"账户。本期发生的递延税款待以后期间转回时，如为借方余额，借记"所得税"账户，贷记"递延税款"账户；如为贷方余额，借记"递延税款"账户，贷记"所得税"账户。

【例 10－34】某企业某项设备法定折旧年限 10 年，会计上选定的折旧年限为 5 年。该项固定资产原值 100 万元（不考虑残值），该企业每年税前会计利润 200 万元，税率 33%。应编制会计分录如下：

（1）计算时间性差异：

按税法规定折旧年限计算的年折旧额＝100÷10＝10（万元）

按会计规定折旧年限计算的年折旧额＝100÷5＝20（万元）

时间性差异＝20－10＝10（万元）

（2）计算"递延税款"：

按应纳税所得额计算的应交税金＝（200＋10）×33%
＝69.3（万元）

按时间性差异计算的递延税款＝10×33%＝3.3（万元）

按税前会计利润计算的所得税＝200×33％＝66（万元）

或＝69.3－3.3＝66（万元）

借：所得税 660000

借：递延税款 33000

　　贷：应交税金——应交所得税 693000

（3）第二、三、四、五年同上。

（4）第六年：

由于会计上不再提取折旧，税前会计利润变为220万元。

应交税金＝（220－10）×33％＝69.3（万元）

递延税款＝10×33％＝3.3（万元）

所得税＝220×33％＝72.6（万元）

或＝69.3＋3.3＝72.6（万元）

借：所得税 726000

　　贷：递延税款 33000

　　贷：应交税金——应交所得税 693000

（5）第七、八、九、十年同第六年。

纳税影响会计法又可分为"递延法"和"债务法"两种方法。

（1）递延法。递延法是把本期由于时间性差异而产生的影响纳税的金额，保留到这一差异发生相反变化的以后期间予以转销。当税率变更或开征新税时，不需要调整由于税率的变更或新税的征收对"递延税款"余额的影响。发生在本期的时间性差异影响纳税的金额，用现行税率计算，以前各期发生的而在本期转销的各项时间性差异影响纳税的金额，按照原发生时的税率计算转销。

企业采用递延法时，应按税前会计利润（或税前会计利润加减发生的永久性差异后的金额）计算的所得税费用，借记"所得税"账户，按照纳税所得计算的应交所得税，贷记"应交税金——应交所得税"账户，按税前会计利润（或税前会计利润加减发生的永久性差异后的金额）计算的所得税费用与按照纳税所得计算的应交所得税之间的差额，作为递延税款，借记或贷记"递延税款"账户。本期发生的递延税款待以后各期转销时，如为借方余额应借记"所得税"账户，贷记"递延税款"账户；如为贷方余额应借记"递延税款"账户，贷记"应交税金——应交所得税"账户。

【例 10—35】 上例中，如果从第五年起，税率变为 30%，则：

①前四年：同上例。

②第五年：

应交税金 = （200＋10）×30% = 63（万元）

递延税款 = 10×30% = 3（万元）

所得税 = 200×30% = 60（万元）

或 = 63−3 = 60（万元）

借：所得税	600000	
借：递延税款	30000	
贷：应交税金——应交所得税		630000

③第六年：

应交税金 = （220−10）×30% = 63（万元）

转销前期的递延税款 = 10×33% = 3.3（万元）

所得税 = 63＋3.3 = 66.3（万元）

借：所得税	663000	
贷：递延税款		33000
贷：应交税金——应交所得税		630000

④第七、八、九年同第六年。

⑤第十年：

应交税金 = （220−10）×30% = 63（万元）

转销的"递延税款" = 10×30% = 3（万元）

所得税＝63＋3＝66（万元）

或＝220×30％＝66（万元）

借：所得税　　　　　　　　　　　　　　　　660000

　　贷：递延税款　　　　　　　　　　　　　　30000

　　贷：应交税金——应交所得税　　　　　　　630000

（2）债务法。债务法是将本期由于时间性差异影响纳税的金额，保留到这一差额发生相反变化时转销。在税率变动或开征新税时，递延税款的余额要按照税率变动或新征税款进行调整，调整的金额反映在"所得税"账户，计入当期损益。调整后，发生在本期的时间性差异影响纳税的金额，用现行税率计算，以后各期发生的而在本期转销的各项时间性差异影响纳税的金额，也按照现行税率计算转销。

处理时，根据所计算的本期所得税费用，借记"所得税"账户，根据所计算的本期发生的时间性差异所产生的递延税款借项金额，借记"递延税款"，或者根据所计算的本期发生的时间性差异所产生的递延税款贷项金额，贷记"递延税款"账户，按照本期应交的所得税，贷记"应交税金——应交所得税"。如果企业本期转回前期确认的递延税款借项金额，则应借记"所得税"账户，贷记"递延税款"账户；如果本期转回前期确认的递延税款贷项金额，则应借记"递延税款"账户，贷记"所得税"账户。这些都与前述的递延法下的会计处理相同。与此同时，在发生税率变动或开征新税的情况下，企业还应根据所计算的本期由于税率变动或开征新税调减的递延所得税资产或调增的递延所得税负债，借记"所得税"，贷记"递延税款"；或者根据所计算的本期由于税率变动或开征新税调增的递延所得税资产或调减的递延所得税负债，借记"递延税款"，贷记"所得税"账户。

在采用纳税影响会计法时，在时间性差异所产生的递延税款借方金额的情况下，为了慎重起见，《企业会计制度》规定，如在以后转回时间性差异的时期（一般为三年），有足够的应纳税所得额予以转回的，才能确认时间性差异的所得税影响金额，并作为递延税款的借方反映，否则，应于发生当期视同永久性差异处理。

另外，对于投资于符合国家产业政策的技术改造项目的企业，其项目所需国产设备投资的一定比例可以从企业技术改造项目设备购置当年比前一年新增的企业所得税中抵免的部分，以及已经享受投资抵免的国产设备在规定期限内出租、转让应补交所得税，均作为永久性差异处理；企业按规定已交所得税后的利润再投资所应退回的所得税，以及实行先征后返所得税的企业，应当于实际收到退回的所得税时，冲减退回当期的所得税费用。

【例10－36】依【例10－34】资料，前四年税率33%，从第五年开始税率变为30%。在债务法下，应编制如下会计分录：

（1）第一、二、三、四年：

借：所得税　　　　　　　　　　　　　　660000

　　递延税款　　　　　　　　　　　　　 33000

　　　贷：应交税金——应交所得税　　　　　　　693000

（2）第五年：

①调整税率变更对前四年递延税款余额的影响：

$10 \times 4 \times (33\% - 30\%) = 1.2$（万元）

借：所得税　　　　　　　　　　　　　　12000

　　贷：应交税金——应交所得税　　　　　　　12000

②计算第五年的递延税款：

应交税金＝$(200 + 10) \times 30\% = 63$（万元）

递延税款＝$10 \times 30\% = 3$（万元）

所得税＝$200 \times 30\% = 60$（万元）

借：所得税　　　　　　　　　　　　　　600000

借：递延税款　　　　　　　　　　　　　 30000

　　贷：应交税金——应交所得税　　　　　　630000
　（3）第六年：
　应交税金＝（220－10）×30％＝63（万元）
　递延税款＝10×30％＝3（万元）
　所得税＝220×30％＝66（万元）
　借：所得税　　　　　　　　　　　660000
　　　贷：递延税款　　　　　　　　　　　30000
　　　贷：应交税金——应交所得税　　　　　　630000
　（4）第七、八、九、十年同第六年。
（四）新会计准则对所得税核算的规定
1. 采用资产负债表债务法核算所得税；
2. 确定了资产、负债的计税基础；
3. 注重时间性差异；
4. 弥补亏损的会计处理方法有所改变。

三、利润分配的核算

（一）利润分配的一般程序和规定

　　企业取得的净利润应当按照规定进行分配。企业当期实现的净利润，加上年初未分配利润（或减去年初未弥补亏损）和其他转入后的余额，为可供分配的利润。可供分配的利润，按下列顺序进行分配：
　　（1）弥补以前年度亏损。指连续五年用税前会计利润未弥补完的以前年度亏损。
　　（2）提取法定盈余公积。法定盈余公积按照本年实现净利润的一定比例提取，股份制企业（包括国有独资公司、有限责任公司和股份有限公司，下同）按照规定的10％提取；其他企业可以根据需要确定提取比例，但至少应按10％提取。企业提取的法定盈余公积累计数，已超过其注册资本的 50％以上时，可以不再提取。

（3）提取法定公益金。股份制企业按照本年实现净利润的 5％～10％提取法定公益金；其他企业按不高于法定盈余公积的提取比例提取公益金。企业提取的法定公益金用于企业职工的集体福利设施。

（4）分配优先股股利。指企业按照利润分配方案分配给优先股股东的现金股利。

（5）提取任意盈余公积。股份制企业提取法定盈余公积后，经过股东大会决议，可以提取任意盈余公积，其他企业也可根据需要提取任意盈余公积。任意盈余公积的提取比例由企业视情况而定。

（6）分配普通股股利。指企业按照利润分配方案分配给普通股股东的现金股股利，包括分配给投资者的利润。

（7）如果企业发生亏损，可以用以后年度实现的利润弥补，也可以用以前年度提取的盈余公积弥补。企业以前年度亏损未弥补完，不能提取法定盈余公积和法定公益金。在未提取法定盈余公积和法定公益金前，不得向投资者分配利润。

（二）利润分配的核算

为了核算和监督企业利润分配的过程和结果，应设置"利润分配"账户，该账户核算企业利润的分配（或亏损的弥补），以及历年分配（或弥补）后的积存余额。在"利润分配"账户下，应设置"提取法定盈余公积"、"提取法定公益金"、"提取任意盈余公积"、"应付优先股股利"、"应付普通股股利"、"其他转入"、"转作资本（或股本）的普通股股利"、"未分配利润"等 12 个明细账户进行明细核算。

用净利润弥补以前年度亏损，不必做账务处理；进行利润分配时，按应计提的盈余公积，借记"利润分配——提取法定盈余公积"、"利润分配——提取法定公益金"、"利润分配——提取任意盈余公积"等账户，贷记"盈余公积——法定盈余公积"、"盈余公积——法定公益金"、"盈余公积——任意盈余公积"等账户；应当分配给投资者的现金股利或利润，借记"利润分配——应付优先股股利"、"利润分配——应付普通股股利"账户，贷记"应付股利"账户；经股东大会或类似机构批准分派股票股利的，应于实际分派时，借记"利润分配——转作资本（或股本）的普通股股利"账户，贷记"实收资本（或股本）"账户。用盈余公积弥补以前年度亏损时，借记"盈余公积——任意（或法定）盈余公积"账户，贷记"利润分配——其他转入"账户。

（三）年终转账

年度终了，企业应将全年实现的净利润，自"本年利润"账户转入"未分配利润"账户，借记"本年利润"账户，贷记"利润分配——未分配利润"账户，如为净亏损，做相反会计分录；同时，将"利润分配"账户下其他明细账户的余额，转入"利润分配——未分配利润"账户。年终，"未分配利润"明细账户贷方余额即未分配利润，借方余额为未弥补亏损。

【例 10－37】企业 2005 年实现净利润为 2000000 元，按 10％提取法定盈余公积，按 5％提取法定公益金，并向投资者分配现金股利 400000 元。应编制如下会计分录：

（1）提取法定盈余公积和法定公益金时：

借：利润分配——提取法定盈余公积	200000
——提取法定公益金	100000
贷：盈余公积——法定盈余公积	200000
——法定公益金	100000

（2）分配现金股利时：

借：利润分配——应付现金股利	400000
贷：应付股利	400000

（3）年终结转"本年利润"时：

借：本年利润　　　　　　　　　　　2000000

　　贷：利润分配——未分配利润　　　　　　2000000

（4）结转"利润分配"各明细账户时：

借：利润分配——未分配利润　　　　700000

　　贷：利润分配——提取法定盈余公积　　　200000

　　　　　　　　　——提取法定公益金　　　100000

　　　　　　　　　——应付现金股利　　　　400000

【例10—38】某公司2005年末各项损益结转后，"本年利润"账户的期末余额为借方余额80000元，即当年亏损80000元。应编制如下会计分录：

（1）将"本年利润"账户转入"利润分配——未分配利润"账户。

借：利润分配——未分配利润　　　　80000

　　贷：本年利润　　　　　　　　　　　　　80000

（2）公司本年已是第六年连续亏损，经董事会决议，动用法定盈余公积补亏80000元。

借：盈余公积——法定盈余公积　　　80000

　　贷：利润分配——其他转入　　　　　　　80000

（3）为维护公司信誉，在无利润可分配的情况下，动用任意盈余公积分配普通股股利40000元。

借：盈余公积——任意盈余公积　　　40000

　　贷：利润分配——应付普通股股利　　　　40000

同时记：

借：利润分配——应付普通股股利　　40000

　　贷：应付股利——普通股股利　　　　　　40000

（4）将"利润分配"所有各明细账户的余额，全部转入"未分配利润"明细账户。

借：利润分配——其他转入　　　　　　80000

　　　　——应付普通股股利　　　　40000

　　贷：利润分配——未分配利润　　　　　　120000

同时记，

借：利润分配——未分配利润　　　　　40000

　　贷：利润分配——应付普通股股利　　　　40000

若 2005 年 12 月 31 日前，"利润分配——未分配利润"账户有借方余额 60000 元，通过以上处理后，该账户仍维持原来余额不变。即本年新出现借方发生额 120000 元，贷方发生额 120000元，相抵后仍是原借方余额 60000 元。说明本年新发生的 80000元亏损是用盈余公积弥补了，分派的 40000 元股利也是动用的盈余公积。

（四）以前年度的损益调整

年终决算后，企业若发现有遗漏或会计处理不妥的事项，就需要对这些会计事项进行调整。由于此时会计账簿已封存，会计报表已上报，不能更改，因此需将以前年度的事项在本期进行调整。对于不影响损益的事项的调整，调整方法与正常会计处理方法相同；对于影响损益的会计事项，则直接通过"以前年度损益调整"账户进行核算。该账户核算企业本年度发生的调整以前年度损益的事项。企业在年度资产负债表日至财务会计报告报出日之间发生的需要调整报告年度损益的事项，以及本年度发生的以前年度重大会计差错的调整，也在该账户核算。

1. 以前年度损益调整的核算

（1）企业调整增加的以前年度利润或调整减少的以前年度亏损，应借记"有关账户"，贷记"以前年度损益调整"账户。

（2）企业调整减少的以前年度利润或调整增加的以前年度亏损，则应贷记"有关账户"，借记"以前年度损益调整"账户。

【例 10-39】甲公司上年度报表经审计后发现，应摊销的

5000 元待摊费用上年未予摊销；误将经法院判决已胜诉的、被乙公司没收的 12000 元违约金记入了营业外支出。以上事项应在本年度进行调整。应编制如下会计分录：

借：以前年度损益调整　　　　　　　　5000
　　贷：待摊费用　　　　　　　　　　　　　5000
借：其他应收款——乙公司　　　　　　12000
　　贷：以前年度损益调整　　　　　　　　　12000

2. 以前年度损益调整而发生的所得税核算

（1）企业由于调整增加或减少以前年度利润或亏损而相应增加的所得税，应借记"以前年度损益调整"账户，贷记"应交税金——应交所得税"账户；

（2）企业由于调整减少或增加以前年度利润或亏损而相应减少的所得税，则应借记"应交税金——应交所得税"账户，贷记"以前年度损益调整"账户。

【例 10—40】依【例 10—39】资料，甲公司由此引起了相应的纳税所得 7000 元，所得税税率为 33%，其应纳所得税为 2310 元。应编制如下会计分录：

借：以前年度损益调整　　　　　　　　2310
　　贷：应交税金——应交所得税　　　　　　2310

3. 以前年度损益调整的转销

对以前年度的损益调整，《企业会计制度》规定，将其直接转入"利润分配——未分配利润"账户。

【例 10—41】依【例 10—39】、【例 10—40】资料，甲公司"以前年度损益调整"账户有贷方余额为 4690（12000－5000－2310）元，期末将其转入"利润分配——未分配利润"账户。应编制如下会计分录：

借：以前年度损益调整　　　　　　　　4690
　　贷：利润分配——未分配利润　　　　　　4690

思考题:

1. 什么是收入? 其特点是什么?
2. 简述不同收入的确认条件。
3. 什么是费用? 什么是成本? 二者的关系如何?
4. 营业费用的内容有哪些? 如何核算?
5. 管理费用的内容有哪些? 如何核算?
6. 财务费用的内容有哪些? 如何核算?
7. 利润总额由哪些内容组成? 如何计算?
8. 简述利润分配的程序和内容。

练习题:

1. 收入的核算

资料: 某企业 2002 年 7 月发生以下经济业务:

(1) 向本市某单位销售 A 产品一批, 售价 500000 元, 增值税额 85000 元, 收到转账支票一张, 面额 585000 元, 填制进账单, 送存银行。将提货单交付对方。该批产品成本价 320000 元。

(2) 向外地甲企业销售 A 产品一批, 售价 300000 元, 成本价 200000 元。发货时, 以银行存款代垫运杂费 2000 元, 当日办妥委托银行收款手续, 增值税税率 17%。

(3) 接银行通知, 上述款项收回入账。

(4) 向外地乙公司销售 B 产品一批, 成本价 700000 元, 售价 1000000 元, 合同规定发货当日收取货款的 40%, 其余分两次收取, 每次收取 30%。发货当日, 签发转账支票代垫运杂费

3600元。同日收到银行汇票一张，填写实际结算金额471600元，并填制进账单送存银行。

（5）一个月后，第二次收款。

（6）预收丙单位货款100000元，存入银行。

（7）向丙单位发出B产品售价200000元，其成本价130000元。

（8）收到丙单位补来货款，存入银行。

（9）5月20日，向丁公司销售A产品一批，售价600000元，成本价400000元。合同规定折扣条件为：5/10，3/20，n/30。

（10）5月28日收到货款。

（11）10日前，向甲企业销售的C产品1000件，单价30元，已收款入账。近日，对方提出质量问题，经协商，每件降价10元，退出款项。

（12）销售多余E材料一批，其成本价1000元，售价1200元，收到货款，存入银行。

（13）销售D产品2000千克，单位成本20元，单位售价30元，随货销售铁桶40个，每个成本价40元，售价50元。货款收到期限3个月的商业汇票一张，面额72540元。

（14）甲企业委托乙公司代销A产品1000件，单位售价100元，单位成本70元，双方按90元结算。做出双方账务处理。

（15）丙单位委托丁公司代销B产品1000件，成本价100元，售价150元。手续费按售价的5%计付。做出双方账务处理。

要求：根据上述资料，编制有关会计分录。

2. 费用的核算

资料：某企业2002年8月发生以下经济业务：

（1）以现金支付办公费200元，其中管理部门130元，销售部门40元，生产车间30元。

（2）财会人员李青出差归来，报销差旅费 1800 元，余款 200 元交回现金。

（3）以银行存款支付业务招待费 1800 元。

（4）企业科研部门从仓库领用甲材料 600 元用于科学实验，又以银行存款支付科研费用 8000 元。

（5）计提本月固定资产折旧 5600 元，其中管理部门 1500 元，生产车间 3000 元，销售部门 1100 元。

（6）摊销应由本月负担的管理用固定资产大修理费 5000 元。

（7）计提本月房产税 1200 元，车船使用税 800 元，土地使用税 2200 元，又以银行存款支付印花税 300 元。

（8）以银行存款支付广告费 100000 元。

（9）支付本月银行结算手续费 12000 元。

（10）本月短期借款平均余额 3000000 元，按年利息率 3.6％计提本月借款利息。

（11）从 A 企业购买乙材料 300000 元，增值税税率 17％，签发面值为 351000 元的商业汇票一张，期限 3 个月，向银行申请承兑，按面值 0.5‰支付承兑手续费，材料尚未到达。

（12）分配本月工资。A 产品生产工人工资 20000 元，B 产品生产工人工资 16000 元，车间管理人员工资 5000 元，行政管理人员工资 15000 元，销售人员工资 8000 元，科研人员工资 16000 元，福利人员工资 6000 元。

（13）按工资总额的 14％计提福利费。

（14）按工资总额的 2％计提工会经费。

（15）报销职工王红自修学费 3000 元。

（16）发放本月工资。扣除个人所得税 15000 元、待业保险 3000 元后，其余存入职工个人储蓄账户。

（17）月末，"银行存款——美元户"账户余额为 300000 美元，计人民币 2500000 元，月末汇率为 1：8.3。

（18）以银行存款支付丙单位代购手续费 5000 元。

要求：根据上述资料，编制有关会计分录。

3. 利润形成的核算

资料：某企业 2006 年 12 月经济业务资料如下：

（1）设某企业 12 月 30 日损益类账户发生额如下：

主营业务收入	5000000
主营业务成本	3000000
主营业务税金及附加	30000
财务费用	200000
管理费用	300000
营业费用	150000
其他业务收入	120000
其他业务支出	80000
投资收益	220000
营业外收入	5000
营业外支出	100000

（2）12 月 31 日发生下列经济业务：

①处理已列入"待处理财产损溢"账户的财产损失 1000 元，作为非常损失。

②摊销应由本期负担的办公楼修理费 5000 元。

③支付四季度短期借款利息 25000 元，其中，前两个月已预提 16000 元。

④以现金支付厂部办公费 130 元。

⑤计提坏账准备 5000 元，短期投资跌价准备 2000 元，固定资产减值准备 6000 元，无形资产减值准备 20000 元。

要求：（1）根据资料 1 编制有关会计分录；

（2）根据资料 1、资料 2 计算各项收支的本期发生额，并据以编制结转利润的会计分录。

4. 所得税的核算

资料：某企业采用应付税款法核算所得税，适用的所得税税率为 33％。2001 年度，该企业发生如下业务：

（1）按现行会计制度计算全年利润总额为 800000 元，其中包括国库券利息收入 50000 元。

（2）核定的全年计税工资为 500000 元，全年实发工资 580000 元。

（3）用银行存款实际预交所得税 220000 元。

要求：（1）计算甲公司 2001 年度应纳税所得额；

（2）计算甲公司 2001 年度应缴所得税；

（3）编制甲公司确认应交所得税、实际交纳所得税和年末结转所得税费用的会计分录。

5. 利润分配的核算

资料：丙企业 2000 年 12 月 31 日的未分配利润为 80000 元，2001 年实现净利润 400000 元，2002 年 3 月 5 日董事会决议拟按以下方案分配利润：

（1）按净利润的 10％提取法定盈余公积；

（2）按净利润的 5％提取法定公益金；

（3）按可供分配利润的 60％向普通股股东分配现金股利。

上述利润分配方案于 2002 年 4 月 22 日经股东大会批准实施。

要求：根据上述资料，编制会计分录。

第十一章 财务会计报告

【学习目的与要求】财务会计报告由会计报表、会计报表附注和财务情况说明书组成，其中会计报表是财务会计报告的主体和核心。本章讲述了财务会计报告的构成、会计报表的分类、编制要求及其编制方法。

通过本章学习，使学生明确会计报表的作用和构成体系，掌握资产负债表、利润表及现金流量表的编制原理，熟练掌握资产负债表及利润表的编制，加深对会计目标的认识和理解。

第一节 财务会计报告概述

一、财务会计报告的意义

如前所述，在企业的日常会计核算中，对企业所发生的各项经济业务，都已按照会计核算的一般原则的要求，采用一定的会计方法，进行了确认、计量，并将确认、计量的结果进行了记录，填制了会计凭证，登记到了有关账簿中。但是，分散在许多账簿的资料，不能总括反映企业经济活动的全貌，不便于企业内外部会计信息使用者了解企业的财务状况和经营成果，不利于考核企业的经营管理情况。为了使会计信息的使用者能够一目了然地了解企业在一定时期的经营成果和一定日期的财务状况，以便于进行预测、决策，就需要对分散在账簿中的会计信息资料加以汇总整理，形成一整套反映企业财务状况和经营成果的指标体系，这就需要定期编制财务会计报告。

正是财务会计的目标决定了财务会计的核算原则与确认、计量、记录和报告的方法，以这些财务会计原则为指导的日常会计核算资料就构成了编制财务会计报告的基础，以此为基础编制的财务会计报告就可以实现财务会计的目标。因此，财务会计为会计信息使用者提供尽可能准确、充分、通用的、对决策有用信息的目标，决定了财务会计报告的编制，应为企业管理当局、现在的和潜在的投资者及债权人、政府管理部门以及其他用户提供有用的信息，以便他们对企业做出合理的投资、信贷等决策。

这些信息包括：关于企业的经济资源、在这些经济资源上的权利和义务，以及引起经济资源和资源权利变动的各种交易、事项和情况的影响；关于企业报告期内财务业绩和其他业绩的信息。这些信息应能表明企业怎样取得和使用现金，表明它的借款和借款的清偿，表明它的资本性业务，以及影响企业变现能力或偿债能力的其他因素；表明企业的管理当局是怎样利用其受托使用的企业资财，向股东尽其操持经营责任的；这些信息还应为企业的管理当局提供他们为股东利益做出决策所需的有用信息。

二、财务会计报告的组成及会计报表

(一) 财务会计报告的组成

财务会计报告是指企业对外提供的反映企业某一特定日期财

务状况和某一会计期间经营成果、现金流量等会计信息的文件。一份完整的财务会计报告由会计报表及其附注和其他应当在财务会计报告中披露的相关信息和资料组成。其中会计报表是财务会计报告的主要组成部分，它是以日常核算资料（主要是账簿资料）为依据，按照会计报表的固定格式和项目口径定期编制的，总括反映企业财务状况和经营成果的报告文件。

会计报表附注，是指为便于会计报表使用者理解会计报表的内容，而对会计报表的编制基础、编制依据、编制原则和编制方法及主要项目等所做的解释和补充说明。

财务报告分为对外财务报告和对内财务报告。对外财务报告是指按照国家统一会计规范编制的对外报出的财务报告，由于其采用的是通用格式，因此也称为对外通用财务报告或通用财务报告，《企业会计制度》对内财务报告是指企业编制的满足内部管理需要的财务报告，例如成本报表、内部责任中心业绩考核报表等。由于内部财务报告是企业内部使用，所以不需要制定统一的格式、内容和遵守统一的会计规范，由企业自己决定。

（二）会计报表

1. 会计报表的内容

企业一套完整的会计报表包括三张主表和相关附表。三张主表是指资产负债表、利润表和现金流量表。资产负债表是反映企业某一特定日期财务状况的报表；利润表是反映企业在一定期间的经营成果情况的报表；现金流量表是反映企业在会计期间内的经营活动、投资活动和筹资活动对现金产生影响的报表。附表包括：资产减值准备明细表、利润分配表、股东权益增减变动表、分部报表和其他有关附表（见表11-1）。

表 11—1　会计报表内容表

编号	会计报表名称	编报期
会企 01 表	资产负债表	中期报告、年度报告
会企 02 表	利润表	中期报告、年度报告
会企 03 表	现金流量表	（至少）年度报告
会企 01 表附表 1	资产减值准备明细表	年度报告
会企 01 表附表 2	股东权益增减变动表	年度报告
会企 01 表附表 3	应交增值税明细表	中期报告、年度报告
会企 02 表附表 1	利润分配表	年度报告
会企 02 表附表 2	分部报表（业务分部）	年度报告
会企 02 表附表 3	分部报表（地区分部）	年度报告

由于不同企业单位会计核算的具体内容和经济管理的要求不同，因而会计报表的种类也不尽相同。为了加深对会计报表结构和内容的理解，掌握报表体系的规律性，应当对会计报表按不同的标准进行分类。

2. 会计报表的基本内容

（1）表头。包括报表名称、编制单位、编制时间、编号、计量单位等项内容。在报表的上端。

（2）正表。主要揭示报表所反映的项目和金额。是报表的核心。

（3）附注（补充资料或说明）。对正表有关项目做进一步的解释和说明。在表的下端。

3. 会计报表的分类

不同性质的会计主体，对会计信息的需求不会相同，因此其会计报表的种类也不尽相同。对企业来说，为了更全面地反映企业生产经营情况及财务成果，便于编制和运用会计报表，应对会计报表进行分类。会计报表可以按照不同的标准进行分类。

（1）会计报表按其反映的经济内容分类。

①反映财务状况的会计报表。用来总括反映企业财务状况及其变动情况的会计报表。包括资产负债表、现金流量表等。

②反映财务成果的会计报表。用来总括反映企业在一定时期内经营过程中收入和业务成果的会计报表。如利润表等。

③反映成本费用的会计报表。用来总括反映企业生产经营过程中各项费用支出和成本形成情况的会计报表。如商品产品成本表、制造费用明细表等。

（2）会计报表按其编制时间分类。

①月度会计报表。简称月报，它是反映企业本月经营成果与月末财务状况的报表。每月编制一次，如资产负债表、利润表等。

②季度会计报表。简称季报，反映一个季度的经营成果与季末财务状况的报表。

③年度会计报表。简称年报，反映企业全年的经营成果和年末的财务状况以及年内现金流量情况的报表。

（3）会计报表按其报送的对象分类。

①对外会计报表。指对企业外部有关方面提供的会计报表。

②对内会计报表。指为企业内部服务、向企业管理者提供的会计报表。

（4）会计报表按编制主体分类。

①个别会计报表。只反映投资企业本身的经营成果和财务状况等方面的会计报表。

②合并会计报表。指企业对外单位的投资占被投资单位资本总额半数以上的情况下，将被投资单位与本企业视为一个整体而编制的会计报表。它反映投资企业与被投资单位作为一个整体的经营成果、财务状况等。

（5）会计报表按其编制单位分类。

①单位会计报表。由独立核算的基层单位，根据账簿记录和其他有关资料编制的会计报表。

②汇总会计报表。由上级主管理部门根据所属单位上报的会计报表并汇总单位本身的会计报表而编制的会计报表，以反映某个主管部门或地区的综合性指标。

（6）会计报表按其反映资金运动状况分类。

①静态会计报表。从某一时点或时日反映企业资金的运动情况及财务状况。

②动态会计报表。从某一时期反映企业资金的运动情况以及经营成果情况。

4. 会计报表的作用

编制会计报表，能为各方面的使用者提供详简适度的会计信息，便于他们做出正确的决策。其作用主要表现在以下几方面：

（1）为企业的投资者（潜在的投资者）和债权人（潜在的债权人）进行正确的投资决策和贷款决策提供会计信息。企业的资金来源主要是投资者的投资或者贷款者的贷款。一般情况下，无论是投资者还是贷款人都不会直接参与企业的生产经营活动，为了正确地做出投资决策或信贷决策，他们都需要通过企业的会计报表来了解企业的财务状况和经营情况，对企业的经营业绩、经营前景及企业的获利能力、偿债能力等方面进行分析与判断，因此他们会需要直接使用企业的会计信息。同时，一些投资者或债权人也需要利用企业报表提供的信息，了解和监督企业的生产经营活动，来保护自身的合法权益。

（2）为国家经济管理部门进行有效的管理提供会计信息。国家要加强宏观调控，必须全面了解各行各业生产经营的情况。政府经济管理各部门可以利用会计报表的各类财务会计信息，及时检查分析企业生产经营管理情况，以便对各类企业进行监督与管理。比如，税务部门可以利用企业的会计报表监督、检查企业生产经营情况以及上缴税收的情况、利润分配情况以及贯彻执行国家财经法规与财务制度的执行情况；财政部门可以利用会计报表了解企业经营情况和管理情况，还可以通过对企业的财务报告提供的资料进行汇总分析，分析和考核国民经济总体的运行情况，为政府进行国民经济宏观调控提供依据。同时也为国家制定各项经济政策提供各项依据。

（3）为企业经营管理者评价经营业绩、改善经营管理，提供会计信息。企业内部的经营管理部门通过会计报表提供的各类会计信息，可以全面、系统、概括地了解企业自身的生产经营情况，及时发现生产经营过程中存在的问题，及时采取有效措施，改善自身的管理方法，提高管理水平，增加企业管理效益。同时，企业也可以利用会计报表，对未来经营情况进行有效的预测与决策，提高企业自身的竞争能力。

5. 会计报表的编制要求

为了充分发挥会计报表的作用，保证会计报表质量，在编制会计报表时，应符合以下基本要求：

（1）真实可靠。会计作为企业的信息系统，它首要满足的要求是真实性。该信息系统必须能够如实反映企业的经营活动情况及财务成果，并为会计信息使用者的决策提供有效的会计信息，以便使用者根据所提供的财务信息做出决策与判断。因此要求会计报表提供的数据必须具备真实可靠性。

（2）便于理解。会计基本准则要求企业提供的会计信息应当具备明晰性，这就要求企业会计报表提供的会计信息应该易懂，并便于广大信息使用者使用，使具有一定阅读财务报告能力的使用者简单明了地阅读并使用会计报表。

（3）内容完整。会计报表应该全面反映企业的财务状况和经营成果，反映企业生产经营的全貌。为了保证企业会计报表全面反映企业财务状况及经营成果，企业必须按照国家规定的编报要求进行会计报表的编制，不得漏编与漏报。企业某些重要的会计事项，还应按要求在会计报表附注中进行说明。

（4）报送及时。为了充分发挥会计信息的作用，企业的会计报表必须编报及时。会计报表只有及时地编制和报送，才能有利于会计信息使用者及时根据会计报表做出正确的预测与决策。否则，即使具有真实可靠的会计信息，由于编制、报送的不及时，也会成为一无所用的垃圾。

（5）相关可比。企业会计准则要求会计信息应当具备相关性及可比性，这就要求会计报表提供的会计信息应当具备相关可比性。即会计报表提供的会计信息应当满足会计信息使用者的要求，并且在前后各期核算口径一致，具有可比性。这将有利于会计信息使用者对未来事项的预测及分析其变化趋势，有利于其做出正确的经营决策。

第二节　资产负债表

一、资产负债表及其作用

（一）资产负债表概念

资产负债表，是总括反映企业在某一特定日期（月末、季末、半年末、年末）财务状况的会计报表。它是根据资产＝负债＋所有者权益这个会计恒等式编制的。资产负债表是企业主要的会计报表之一。

（二）资产负债表的作用

通过资产负债表，会计信息使用者可以了解下列会计信息：

（1）某一日期企业所拥有的各项经济资源（资产）及其构成情况，据此，分析企业资产规模大小及其结构的合理性；

（2）企业所负担的债务（短期和长期负债）及构成情况，据此，分析企业负债情况以及企业的偿债能力和支付能力；换句话说即企业未来需要多少资产或劳务清偿债务；

（3）企业所有者在企业拥有的权益即净资产份额，并说明各项所有者权益的构成情况，结合负债分析企业资本结构的合理性和面临的财务风险，以及对企业债务的保证程度；

（4）通过对前后各期资产负债及所有者权益的对比，了解企业资金结构变化，据此分析企业财务状况的变化情况及变化趋势。

二、资产负债表的结构

资产负债表通常包括前面一节提到的报表的三个基本内容——表头、表身和表尾，并且采取资产总额和负债与所有者权益总额相平衡对照的结构。因此，资产负债表的内容应当分为资产、负债、所有者权益三类，并分别结出总额。

1. 资产类项目

资产类项目按其流动性程度的高低顺序和变现能力的强弱排列，分别列示货币资金、存货、应收账款、其他流动资产、长期投资、固定资产、无形资产及其他资产等，每一大项中又按其内容或流动性大小分为若干具体项目排列。

2. 负债类项目

负债类项目按流动性及其偿还期限由近至远的顺序排列。分别列示流动负债、长期负债等，每一大项中又按内容构成及流动性分具体项目排列。

3. 所有者权益类项目

所有者权益类项目按其永久性递减的顺序排列。分别列示实收资本、资本公积、盈余公积、未分配利润。

三、资产负债表的基本编制方法

资产负债表反映企业月末或年末全部资产、负债和所有者权益情况。表中金额一般包括"年初数"和"期末数"两栏。"期末数"一栏是根据本年度各有关总分类账户和明细分类账户的期末余额计算分析填列。具体编制方法如下：

（一）资产负债表"期末数"栏数字的填列

1. 根据总账余额直接填列

指将总分类账或明细分类账的期末余额直接填入报表中的相应项目。资产负债表中很大一部分项目都是采用这种方法填列的，如"应收票据"项目，根据"应收票据"总账科目的期末余额直接填列；"短期借款"项目，根据"短期借款"总账科目的期末余额直接填列。

2. 根据各总账余额相加减填列

资产负债表某些项目需要根据若干个总账科目的期末余额计算填列。如"货币资金"项目，需要根据"现金"、"银行存款"、"其他货币资金"科目的期末余额的合计数填列。

3. 根据各明细账余额分析计算填列

资产负债表某些项目不能根据总账科目的期末余额，或若干个总账科目的期末余额计算填列，需要根据有关科目所属的相关明细科目的期末余额计算填列，如"应收账款"项目，根据"应收账款"、"预收账款"科目的所属相关明细科目的期末借方余额计算填列。

4. 根据总账科目和明细科目余额分析计算填列

资产负债表上某些项目不能根据有关总账科目的期末余额直接或计算填列，也不能根据有关科目所属相关明细科目的期末余额计算填列，需要根据总账科目和明细科目余额分析计算填列，如"长期投资"项目，根据"长期投资"总账科目余额扣除"长期投资"科目所属的明细科目中反映将于一年内到期的长期投资部分分析计算填列。

5. 根据科目余额减去其备抵项目后的净额填列

如"短期投资"项目，由"短期投资"科目的期末余额减去其"短期投资跌价准备"备抵账户余额后的净额填列。又比如，"无形资产"项目，按照"无形资产"科目的期末余额减去"无形资产减值准备"科目期末余额后的净额填列，以反映无形资产的期末可收回金额。

(二) 资产负债表"年初数"栏数字的填写

"年初数"一栏各项目的数字，应根据上年末资产负债表"期末数"栏内所列数字填列。如果本年度资产负债表规定的各项目的名称和内容同上年度不同，应对上年年末资产负债表各项目的名称和数字按照本年度的规定进行调整后填入报表中的"年初数"栏内。

四、资产负债表编制举例

【例 11—1】

资料：假设某公司 2005 年 12 月 31 日全部总账科目和有关明细科目的余额见表 11—2。

表 11—2

总账科目	明细科目	借方余额	贷方余额	总账科目	明细科目	借方余额	贷方余额
现金		500		短期借款			80000
银行存款		25000		应付账款			24000
短期投资		18000			E 公司		20000
应收账款		23000			W 公司	4000	
	甲公司	10000			T 公司		8000
	乙公司		2000	预收账款			8000
	丙公司	15000			D 公司		9000
预付账款		4700			V 公司	1000	
	A 公司	5000		其他应付款			12000
	B 公司		300		代扣款		12000
其他应收款		5000		应付工资			28000
	李利	2000		应付福利费			6000
	王华	4000		应交税金			68000
	郑明		1000	应付利润			30000
原材料		56000		预提费用			3000
生产成本		6000		长期借款			60000
产成品		60000		实收资本			280000
待摊费用		1000		资本公积			18000
长期投资		250000		盈余公积			26000
固定资产		420000		利润分配			80200
累计折旧			180000		未分利润		80200
无形资产		40000					
待处理财产损失		6000					
	待处理流资损失	4000					
	待处理固资损失	2000					

根据如上资料，可进行如下的账户分析计算：

货币资金＝现金＋银行存款＝500＋25000＝25500（元）

应收账款＝应收甲公司账款＋应收丙公司账款＋预收V公司账款＝10000＋15000＋1000＝26000（元）

预付账款＝预付A公司账款＋应付W公司账款＝5000＋4000＝9000（元）

应付账款＝应付E公司账款＋应付T公司账款＋预付B公司账款＝20000＋8000＋300＝28300（元）

预收账款＝预收D公司账款＋应收乙公司账款＝9000＋2000＝11000（元）

其他应付款＝代扣款＋应收郑明欠款＝12000＋1000＝13000（元）

并据此填列资产负债表11－3。

表11－3　资产负债表

会工01表

编制单位：某公司　　　　　　2005年12月31日　　　　　　单位：元

资　产	行次	年初数	期末数	负债及所有者权益	行次	年初数	期末数
流动资产：				流动负债：			
货币资金		35000	25500	短期借款		60000	80000
短期投资		12000	18000	应付账款		32000	28300
应收账款		30000	26000	预收账款		10000	11000
其他应收款		3000	6000	应付工资		32000	28000
预付账款		6000	9000	应付福利费		5000	6000
存货		100000	122000	未付利润		40000	30000
待摊费用		3000	1000	未交税金		60000	68000
等处理流动资产损失		－8000	－4000	其他应付款		8000	13000

资　产	行次	年初数	期末数	负债及所有者权益	行次	年初数	期末数
流动资产合计		181000	203500	预提费用		4000	3000
长期投资：				流动负债合计		251000	267300
长期股权投资		250000	250000	长期负债：			
固定资产：				长期借款		66000	60000
固定资产原价		400000	420000	负债合计		317000	327300
减：累计折旧		120000	180000	所有者权益			
固定资产净值		280000	240000	实收资本		280000	280000
待处理固定资产净损失			−2000	资本公积		18000	18000
固定资产合计		280000	238000	盈余公积		40000	26000
无形资产		2000	40000	未分配利润		58000	80200
递延资产				所有者权益合计		396000	404200
无形资产及递延资产合计		2000	40000				
资产总计		713000	731500	负债和所有者权益总计		713000	731500

五、资产负债表附表

资产负债表提供的是总括性财务信息，为了更详尽地提供企业的财务状况，还应编制一些必要的附表来反映某些重要项目的构成及其变动情况，如应交增值税明细表、资产减值准备明细表等。其格式如表11−4和表11−5所示。

表 11－4 应交增值税明细表 会企 01 表附表 3

编制单位： 单位：万元

项 目	行次	本月数	本年累计数
一、应交增值税			
1. 年初未抵扣数（以"－"号填列）			
2. 销项税额			
出口退税			
进项税额转出			
转出多交增值税			
3. 进项税额			
已交税金			
减免税款			
出口抵减内销产品应纳税额			
转出未交增值税			
4. 期末未抵扣数（以"－"号填列）			
二、未交增值税			
1. 年初未交增值税（多交数以"－"号填列）			
2. 本期转入数（多交数以"－"号填列）			
3. 本期已交数			
4. 期末多交数（多交数以"－"号填列）			

表 11－5 资产减值准备明细表

编制单位： ××年度 会企 01 表附表 1

项 目	年初余额	本年增加数	本年转回数	年末余额
一、坏账准备合计				
其中：应收账款				
其他应收款				
二、短期投资跌价准备合计				
其中：股票投资				

项　目	年初余额	本年增加数	本年转回数	年末余额
债券投资				
三、存货跌价准备合计				
其中：库存商品				
原材料				
四、长期投资减值准备合计				
其中：长期股权投资				
长期债权投资				
五、固定资产减值准备合计				
其中：房屋、建筑物				
机器设备				
六、无形资产减值准备				
其中：专利权				
商标权				
七、在建工程减值准备				
八、委托贷款减值准备				

第三节　利润表

一、利润表及其作用

（一）利润表的概念

利润表是总括反映企业在一定时期内经营成果形成的会计报表。利润表把一定期间的营业收入与其同一会计期间相关的营业费用进行配比，以计算出企业一定时期的净利润（或净亏损）。

通过利润表反映的收入、费用等情况，能够反映企业生产经营的收益和成本耗费情况，表明企业的生产经营成果；同时通过利润表提供的不同时期的比较数字可以分析企业今后利润的发展趋势及获利能力。

（二）利润表的作用

通过利润表的编制，可以了解以下会计信息：

（1）通过利润表，可以了解企业利润的形成情况，据以分析、考核企业经营目标和利润计划的完成情况。

（2）通过利润表及其他有关资料的分析，来评价企业的经营业绩、获利能力，提高企业经营管理水平。

（3）通过利润表分析，可预测企业未来期间的盈利趋势，并为企业经营短期决策提供重要的参考依据。

由于利润表是企业经营业绩的综合体现，又是进行利润分配的主要依据，因此，利润表是会计报表的主要报表。

二、利润表的结构

利润表同样包括前面一节提到的报表的三个基本内容——表头、表身和表尾，并且通过会计等式"收入－费用＝利润"编制而成。因此，利润表内容是把一定会计期间的收入与其同一会计期间相关的费用进行配比，从而计算出企业一定时期的净利润（或净亏损）。利润表主要包括以下内容：

1. 构成主营业务利润的各项要素

主营业务利润从主营业务收入开始，减去为取得主营业务收入而发生的相关费用后得出。

2. 构成营业利润的各项要素

营业利润主要在主营业务利润的基础上，加其他业务利润，减营业费用、管理费用和财务费用后得出。

3. 构成利润总额（或亏损总额）的各项要素

利润总额（或亏损总额）在营业利润的基础上，加减投资收益（或损失），补贴收入和营业外收支等后得出。

4. 构成净利润（或净亏损）的各项要素

净利润（或净亏损）在利润总额（或亏损总额）的基础上，减去本期计入损益的所得税费用后得出。

三、利润表的基本编制方法

利润表的编制是根据损益类账户的本期发生额的有关资料填制。利润表金额分为"本月数"和"本年累计数"两栏。表中的"本月数"栏各项目反映各项目本月实际发生额，根据有关损益类账户的本期发生额直接填列。在编报年度报表时，应将"本月数"栏改为"上年数"栏，并填列上年累计实际发生数。如果上年度利润表项目名称及内容与本年度不一致，应对上年度利润表项目的名称和数额按本年利润表的规定进行调整，填入利润表的"上年数"一栏。"本年累计数"栏，反映各项目自年初起至本月末止的实际累计发生数，应根据上月"利润表"的累计数加上本月"利润表"的本月数之和填列。

四、利润表编制举例

【例 11—2】

1. 资料：A 公司（流通企业）2005 年 6 月份发生的下列经济业务：

（1）以银行存款支付销售费用 3500 元。

（2）出售作为短期投资的股票一批，收入 45000 元，支付有关费用 200 元；该批股票账面成本 30000 元。

（3）将一张面值 100000 元、不带息的银行承兑汇票向银行申请贴现，支付银行贴现息 3000 元。

（4）从外地购进一批商品，增值税发票上列示价款 10000 元，增值税 1700 元。双方商定货款采用商业汇票结算，企业已开出、承兑面值 11700 元、3 个月到期的商业汇票交销货方。商品未到。

（5）上项商品到达并验收入库。

（6）上月赊购商品一批，应付账款 50000 元。本月因在折扣期内付款而取得 2% 的现金折扣收入，款项已通过银行支付。

（7）收入某公司支付的违约金 1500 元存入银行。

（8）委托银行开出银行汇票一张，金额 80000 元，准备用于支付购货款。

（9）销售商品一批，价款 400000 元，增值税 68000 元。上月已预收货款 30 万元，余款尚未收到。该批商品成本为 25 万元。

（10）一张为期 4 个月、面值 60000 元的不带息应收票据现已到期，对方无力偿付。

（11）职工李力报销医药费 450 元，企业用现金支付。

（12）转让无形资产所有权，收入 15 万元已存入银行。该项无形资产的账面价值 8 万元；营业税税率 5%。

（13）销售商品一批，价款 50000 元、增值税 850 元。已得知购货方资金周转发生困难，难以及时支付货款，但为了减少库存，同时也为了维持与对方长期以来建立的商业关系，最终将商品销售给了对方。该批商品成本为 35000 元。

（14）销售商品一批，增值税专用发票上列示价款 50000 元、增值税 8500 元；现金折扣条件为 2/10、n/30。该批商品成本为 30000 元。

（15）上项销售商品货款，在折扣期第 8 天收到。

（16）预提短期借款利息 50000 元。

（17）分配工资费用 15000 元，其中销售人员工资 10000 元，管理人员工资 5000 元。

（18）提取坏账准备 5000 元。

（19）本月应纳所得税 56000 元，尚未支付。

（20）本月主营业务应交城市维护建设税 4000 元。

2. 要求：根据上面的资料，编制 A 公司 6 月份经济业务的会计分录，并编制 6 月份的利润表。其格式如表 11-6 所示：

表 11-6　利润表

编制单位：A 公司　　　　　　　　　2005 年 6 月　　　　　　　　　单位：元

项　　目	本期数	本年累计数
一、主营业务收入		
减：主营业务成本		
主营业务税金及附加		
二、主营业务利润		
加：其他业务利润		
减：营业费用		
管理费用		
财务费用		（略）
三、营业利润		
加：投资收益		
营业外收入		
营业外支出		
四、利润总额		
减：所得税		
五、净利润		

A 公司 6 月份经济业务的会计分录如下：

(1) 借：营业费用 3500
　　　贷：银行存款 3500

(2) 借：银行存款 44800
　　　贷：短期投资 30000
　　　　　投资收益 14800

(3) 借：银行存款 97000
　　　　财务费用 3000
　　　贷：应收票据 100000

(4) 借：物资采购 10000
　　　　应交税金——应交增值税（进项税额）
　　　　　　　　　　　　　　　　　1700
　　　贷：应付票据 11700

(5) 借：库存商品 10000
　　　贷：物资采购 10000

(6) 借：应付账款 50000
　　　贷：银行存款 49000
　　　　　财务费用 1000

(7) 借：银行存款 1500
　　　贷：营业外收入 1500

(8) 借：其他货币资金 80000
　　　贷：银行存款 80000

(9) 借：预收账款 468000
　　　贷：主营业务收入 400000
　　　　　应交税金——应交增值税（销项税额）
　　　　　　　　　　　　　　　　　68000

同时，借：主营业务成本 250000
　　　　贷：库存商品 250000

（10）借：应收账款   60000

        贷：应收票据   60000

（11）借：应付福利费   450

        贷：现金   450

（12）借：银行存款   150000

        贷：无形资产   80000

            应交税金   7500

            营业外收入   62500

（13）对发出商品：

借：发出商品   35000

    贷：库存商品   35000

对销项税额：

借：应收账款   8500

    贷：应交税金——应交增值税（销项税额）   8500

（14）借：应收账款   58500

        贷：主营业务收入   50000

            应交税金——应交增值税（销项税额）

                                 8500

同时，借：主营业务成本   30000

        贷：库存商品   30000

（15）借：银行存款   57330

          财务费用   1170

        贷：应收账款   58500

（16）借：财务费用   50000

        贷：预提费用   50000

        （其他应付款）

（17）借：营业费用   10000

        管理费用   5000

贷：应付工资	15000	
（18）借：管理费用	5000	
贷：坏账准备	5000	
（19）借：所得税	56000	
贷：应交税金	56000	
（20）借：主营业务税金及附加	4000	
贷：应交税金	4000	

A公司6月份的利润表如表11－7所示。

表 11－7　利润表

编制单位：A公司　　　　　　　　　2005年6月　　　　　　　　　单位：元

项　　目	本期数	本年累计数
一、主营业务收入	450000	
减：主营业务成本	280000	
主营业务税金及附加	4000	
二、主营业务利润	166000	
加：其他业务利润		
减：营业费用	13500	
管理费用	10000	
财务费用	53170	（略）
三、营业利润	89330	
加：投资收益	14800	
营业外收入	64000	
营业外支出		
四、利润总额	168130	
减：所得税	56000	
五、净利润	112130	

五、利润分配表

利润分配表是反映企业一定期间对实现净利润的分配或亏损弥补的会计报表，是利润表的附表，说明利润表上反映的净利润的分配去向。通过利润分配表，可以了解企业实现净利润的分配情况或亏损的弥补情况，了解利润分配的构成，以及年末未分配利润的数额。

利润分配表基本上是按照"利润分配"科目所属的各明细科目的发生额编制。报表中"本年实际"栏，根据本年的"本年利润"及"利润分配"科目所属明细科目的记录分析填列。"上年实际"栏，根据上年度利润分配表中的"本年实际"栏所填列的数据填列。如果上年度利润分配表与本年度利润分配表的项目名称和内容不相一致，应对上年度报表项目的名称和数字按本年度的规定进行调整，填入报表的"上年实际"栏内。报表各项目主要根据"本年利润"科目和"利润分配"科目所属有关明细科目的发生额分析填列。其格式见表11—8所示。

表11—8 利润分配表

编制单位： ××年度 单位：元

项 目	行 次	本年实际	上年实际
一、净利润			
加：年初未分配利润			
其他转入			
二、可供分配的利润			
减：提取法定盈余公积金			
提取法定公益金			

续表

项　目	行　次	本年实际	上年实际
三、可供投资者分配的利润			
减：应付优先股股利			
提取任意盈余公积金			
应付普通股股利			
转作股本的普通股股利			
四、未分配利润			

第四节　现金流量表

一、现金流量表的编制基础及作用

（一）现金流量表的概念

现金流量表是指反映企业一定会计期间现金和现金等价物流入和流出的报表。它是以现金为基础编制的财务状况变动表。这里的现金是指企业库存现金以及可以随时用于支付的存款；现金等价物是指为企业持有的期限短、流动性强、易于转换为已知金额现金、价值变动风险很小的投资。

1. 现金

现金指企业库存现金以及可以随时用于支付的存款，如银行存款及具有银行存款性质可以随时存取而不受任何限制的其他项目。具体包括"现金"账户核算的库存现金，"银行存款"账户核算的随时可用于支付的存款，以及"其他货币资金"账户核算的外埠存款、银行本票存款、银行汇票存款和在途货币资金等其他货币资金。

2. 现金等价物

现金等价物是指企业持有的期限短、流动性强、易于转换为已知金额现金、价值变动风险很小的投资。现金等价物虽然不是现金，但其支付能力与现金差别不大，可视为现金。一项投资被确认为现金等价物必须同时具备四个条件：期限短（一般从购买日起 3 个月内到期）、流动性强、易于转换为已知金额现金、价值变动风险很小。不同企业现金等价物的范围也可能不同。如经营活动主要以短期、流动性强的投资为主的企业，可能会将所有项目都视为投资，而不是现金等价物，而非经营投资的企业，可能将其视为现金等价物。企业应当根据经营特点等具体情况，确定现金等价物的范围，并在会计报表附注中披露确定现金等价物的会计政策。

3. 现金流量

现金流量是企业一定时期的现金及现金等价物流入和流出的金额。具体表现为现金流入量和流出量两个方面。现金流入量与流出量的差额为现金净流量。如果一定时期现金流入量大于现金流出量，差额为现金净流入量；如果一定时期现金流入量小于现金流出量，则为现金净流出量。

企业现金形式的转换不会产生现金的流入与流出，如企业从银行提取现金；同理，现金与现金等价物之间的转换也不属于现金流量，如企业用现金购买将于 3 个月到期的国库券。企业只有在现金项目与非现金项目之间发生转换时，才会产生现金流量。

（二）现金流量表的作用

（1）现金流量表能够说明企业一定会计期间内现金流入和流出的情况，评价企业产生未来现金流量的能力。

（2）帮助企业及其他相关信息使用者评价企业偿债能力、支付股利能力，谨慎判断企业财务状况。

（3）分析净收益与现金流量之间的差异，并分析产生差异的原因。

（4）通过对经营活动、投资活动以及筹资活动的全面分析，全面了解企业财务状况。

（5）帮助信息使用者了解企业与现金收付无关，但是却对企业有重要影响的投资与筹资活动。

二、现金流量表的结构与格式

（一）现金流量的分类

企业要编制现金流量表，首先要对企业的各项经营业务产生的现金流量进行分类。通常按照企业经营业务发生的性质将企业一定会计期间内产生的现金流量归为以下三大类。

1. 经营活动产生的现金流量

经营活动是指企业投资活动和筹资活动以外的所有交易和事项，包括销售商品或提供劳务、经营性租赁、购买货物、接受劳务、制造产品、广告宣传、推销产品、交纳税款等。

2. 投资活动产生的现金流量

投资活动是指企业长期资产的购建和不包括在现金等价物范围内的投资及其处置活动。

3. 筹资活动产生的现金流量

筹资活动是指导致企业资本及债务规模和构成发生变化的活动，包括吸收投资、发行股票、分配利润等。

（二）现金流量表的结构

现金流量表的基本结构分为表头、表身（主表）和补充资料（附表）三部分。表头，标明企业名称、现金流量表的会计期间、货币单位和报表编号等。表身是现金流量表的基本部分，反映企业现金流量的分类及每部分现金流量的流入量、流出量，并反映各类现金流量的净额和总体现金流量的净额。补充资料，是对基本部分的补充，全面揭示企业的理财活动并发挥与主表进行核对的作用。

（三）现金流量表的格式

我国现金流量表的基本格式如表11-9所示：

表11-9　现金流量表

会企03表

单位名称：　　　　　　　　　　年　　月　　　　　　　　单位：元

项　目	行　次	金　额
一、经营活动产生的现金流量：		
销售商品、提供劳务收到的现金	1	
收到的税费返还	3	
收到的其他与经营活动有关的现金	8	
现金流入小计	9	
购买商品、劳务支付的现金	10	
支付给职工以及为职工支付的现金	12	
支付的各项税费	13	
支付的其他与经营活动有关的现金	18	
现金流出小计	20	
经营活动产生的现金流量净额	21	
二、投资活动产生的现金流量：		
收回投资所收到的现金	22	
取得投资收益所收到的现金	23	
处置固定资产、无形资产和其他长期资产所收回的现金净额	25	
处置子公司及其他营业单位产生的现金净额	26	
收到的其他与投资活动有关的现金	28	

续表

项　目	行　次	金　额
现金流入小计	29	
购建固定资产、无形资产和其他长期资产支付的现金	30	
投资所支付的现金	31	
取得子公司及其他营业单位支付的现金净额	32	
支付的其他与投资活动有关的现金	35	
现金流出小计	36	
投资活动产生的现金流量净额	37	
三、筹资活动产生的现金流量：		
吸收投资所收到的现金	38	
借款投资所收到的现金	40	
收到的其他与筹资活动有关的现金	43	
现金流入小计	44	
偿还债务所支付的现金	45	
分配股利、利润和偿付利息所支付的现金	46	
支付的其他与筹资活动有关的现金	52	
现金流出小计	53	
筹资活动产生的现金流量净额	54	
四、汇率变动对现金的影响	55	
五、现金及现金等价物净增加额	56	

补充资料	行　次	金　额
1. 将净利润调节为经营活动现金流量：		
净利润	57	
加：计提的资产减值准备	58	
固定资产折旧	59	

补充资料	行 次	金 额
无形资产摊销	60	
长期待摊费用摊销	61	
待摊费用减少（减：增加）	64	
预提费用增加（减：减少）	65	
处置固定资产、无形资产和其他长期资产的损失（减：收益）	66	
公允价值变动损益	67	
固定资产盘亏损失	68	
财务费用	69	
投资损失（减：收益）	70	
递延税款贷项（减：借项）	71	
存货的减少（减：增加）	72	
经营性应收项目的减少（减：增加）	73	
经营性应付项目的增加（减：减少）	74	
其他	75	
经营活动产生的现金流量净额	76	
2. 不涉及现金收支的投资和筹资活动：		
债务转为资本	77	
一年内到期的可转换公司债券	78	
融资租入固定资产	79	
3. 现金及现金等价物净增加情况：		
现金的期末余额	80	
减：现金的期初余额	81	
加：现金等价物的期末余额	82	
减：现金等价物的期初余额	83	
现金及现金等价物净增加额	84	

三、现金流量表的基本编制方法

现金流量表的编制方法有间接法和直接法两种。间接法是以本期净利润为起算点，调整不涉及现金的收入、费用、营业外收支等有关项目的增减变动，据此计算出经营活动的现金流量。直接法是通过现金收入和现金支出的主要类别反映来自企业经营活动的现金流量。采用直接法编制经营活动现金流量是一般以利润表中的营业收入为起算点，调整与经营活动有关的项目的增减变动，然后计算出经营活动的现金流量。

我国现金流量表用直接法编制，同时在补充资料中以间接法将净利润调整为净经营现金流量。

（一）经营活动产生的现金流量的编制方法

1. "销售商品、提供劳务收到的现金"项目，反映公司销售商品、提供劳务实际收到的现金，包括本期销售商品（含销售商品产品、材料，下同）、提供劳务收到的现金，以及前期销售商品和前期提供劳务本期收到的现金和本期预收的款项，扣除本期退回本期销售的商品和前期销售本期退回的商品支付的现金。公司销售商品向购买者收取的增值税额，以及销售退回实际退回的增值税，在"收到的增值税销项税额和退回的增值税款"项目单独反映，不包括在本项目内。本项目可以根据"现金"、"银行存款"、"应收账款"、"应收票据"、"预收账款"、"主营业务收入"、"其他业务收入"等科目的记录分析填列。

2. "收到的税费返还"项目，反映公司销售商品向购买者收取的增值税额，以及出口商品实际收到退回的增值税和其他增值税退回，以及其他收到的消费税、营业税、所得税、教育费附加返还等。本项目可以根据"应收账款"、"应收票据"、"应交税金"、"现金"、"银行存款"、"其他应交款"等科目的记录分析填列。

3. "收到的其他与经营活动有关的现金"项目，反映公司除了上述各项目外，收到的其他与经营活动有关的现金，如捐赠现金收入、罚款收入、流动资产损失中由个人赔偿的现金收入等。收到的其他与经营活动有关的现金项目中如有价值较大的，应单列项目反映。本项目可以根据"营业外收入"、"营业外支出"、"现金"、"银行存款"、"其他应付款"等科目的记录分析填列。

4. "购买商品、接受劳务支付的现金"项目，反映公司购买商品、接受劳务实际支付的现金，包括本期购入商品、接受劳务支付的现金，以及本期支付前期购入商品、接受劳务的未付款项和本期预付款项、购买或接受小规模纳税人所销售商品或提供的劳务而支付的增值税。公司购买商品等支付的能够抵扣增值税销项税额的进项税额不包括在本项目内。本期发生的购货退回收到的现金（不含从一般纳税人购入货物退回收到的增值税额）应从本项目内扣除。本项目可以根据"在途物资"、"原材料"、"库存商品"、"应付账款"、"应付票据"、"现金"、"银行存款"等科目的记录分析填列。

5. "支付给职工以及为职工支付的现金"项目，反映公司实际支付给职工，以及为职工支付的现金，包括本期实际支付给职工的工资、奖金、各种津贴和补贴等，以及为职工支付的养老保险、待业保险、补充养老保险、住房公积金、支付给职工的住房困难补助、支付的离退休人员的费用等。不包括支付给在建工程人员的工资。本项目可以根据"现金"、"银行存款"、"管理费用"、"住房周转金"、"应付工资"、"应付福利费"等科目的记录分析填列。

6. "支付的各项税费"项目，反映公司购入商品等实际支付的能够抵扣增值税销项增值税额的进项税额，以及销售商品等实际支付的增值税，包括购入材料、商品等实际支付的增值税，销售材料、商品实际支付的增值税以及公司实际支付的所得税和除增值税、所得税以外的税费，包括本期发生并支付的税费，以及本期支付以前各期发生的税费和预交的税金，如支付的教育费附加、矿产资源补偿费、印花税、房产税、土地使用税、车船使用税、预交的营业税等。购入固定资产支付的增值税，以及购入材料、商品支付的不能抵扣增值税销项税额的进项税额不包括在本项目内。公司从一般纳税人购入货物而发生的购货退回收到的现金中属于增值税额部分，也包括在本项目内。本项目可以根据"应付账款"、"应付票据"、"现金"、"银行存款"、"应交税金"、"其他应交款"、"待摊费用"等科目的记录分析填列。

7. "支付的其他与经营活动有关的现金"项目，反映公司除上述各项目外，支付的其他与经营活动有关的现金，如捐赠现金支出、罚款支出、支付的差旅费、业务招待费现金支出、支付的保险费等。支付的其他与经营活动有关的现金项目中如有价值较大的，应单列项目反映。本项目可以根据"管理费用"、"经营费用"、"现金"、"制造费用"、"银行存款"、"营业外支出"、"其他应收款"等科目的记录分析填列。

（二）投资活动产生的现金流量的编制方法

1. "收回投资所收到的现金"项目，反映公司出售、转让或到期收回除现金等价物以外的短期投资、长期股权投资而收到的现金，以及收回长期债权投资本金而收到的现金。不包括长期债权投资收回的利息，以及收回的非现金资产。本项目可以根据"短期投资"、"长期股权投资"、"长期债权投资"、"现金"、"银行存款"等科目的记录分析填列。

2. "取得投资收益所收到的现金"项目，反映公司因股权性投资和债权性投资而取得的现金股利、利息，以及从子公司、联营企业和合营分回利润收到的现金。不包括股票股利。本项目可根据"现金"、"银行存款"、"投资收益"等账户的记录分析填列。

3. "处置固定资产、无形资产和其他长期资产而收回的现金净额"项目，反映公司处置固定资产、无形资产和其他长期资产收回的现金，扣除所发生的现金支出后的净额。本项目可以根据"固定资产"、"固定资产清理"、"无形资产"、"现金"、"银行存款"等科目的记录分析填列。处置固定资产、无形资产和其他长期资产而收回的现金净额如为负数，应在投资活动的现金流出中单列项目反映。

4. "收到的其他与投资活动有关的现金"项目，反映公司除了上述各项以外，收到的其他与投资活动有关的现金。收到的其他与投资活动有关的现金项目中如有价值较大的，应单列项目反映。本项目可以根据"现金"、"银行存款"和其他有关科目的记录分析填列。

5. "购建固定资产、无形资产和其他长期资产所支付的现金"项目，反映公司购买、建造固定资产，取得无形资产和其他长期资产支付的现金，不包括为购建固定资产而发生的借款利息资本化的部分，以及融资租入固定资产支付的租赁费，借款利息和融资租入固定资产支付的租赁费，在筹资活动产生的现金流量中单独反映。公司以分期付款方式购建的固定资产，其首次付款支付的现金作为投资活动的现金流出，以后各期支付的现金作为筹资活动的现金流出。本项目可以根据"固定资产"、"无形资产"、"在建工程"、"现金"、"银行存款"、"其他货币资金"等科目的记录分析填列。

6. "投资所支付的现金"项目，反映公司进行权益性投资和债权性投资支付的现金，包括企业取得的除现金等价物以外的短期股票投资、短期债券投资、长期股权投资、长期债权投资支付的现金，以及支付的佣金、手续费等附加费用。本项目可根据"长期股权投资"、"长期债权投资"、"短期投资"、"现金"、"银行存款"等账户的记录分析填列。

7. "支付的其他与投资活动有关的现金"项目，反映公司除了上述各项以外，支付的其他与投资活动有关的现金。支付的其他与投资活动有关的现金项目中如有价值较大的，应单列项目反映。本项目可以根据"现金"、"银行存款"和其他有关科目的记录分析填列。

（三）筹资活动产生的现金流量

1. "吸收投资所收到的现金"项目，反映公司收到的投资者投入的现金，包括以发行股票、债券等方式筹集的资金实际收到的款项净额（发行收入减去支付的佣金等发行费用后的净额）。以发行股票、债券等方式筹集资金而由企业直接支付的审计、咨询等费用，在"支付的其他与筹资活动有关的现金"项目反映，不从本项目内减去。本项目可根据"实收资本（股本）"、"现金"、"银行存款"等账户的记录分析填列。

2. "借款所收到的现金"项目，反映公司向银行或其他金融机构等借入的资金。本项目可以根据"短期借款"、"长期借款"、"银行存款"等科目的记录分析填列。

3. "收到的其他与筹资活动有关的现金"项目，反映公司除上述各项目外，收到的其他与筹资活动有关的现金。收到的其他与筹资活动有关的现金项目中如有价值较大的，应单列项目反映。本项目可以根据"现金"、"银行存款"和其他有关科目的记录分析填列。

4. "偿还债务所支付的现金"项目，反映公司以现金偿还债务的本金，包括偿还银行或其他金融机构等的借款本金、偿还债券本金等。公司偿还的借款利息、债券利息，不包括在本项目内，在"偿付利息所支付的现金"项目反映。本项目可以根据"短期借款"、"长期借款"、"银行存款"等科目的记录分析填列。对于以非现金偿付的债务应在报表附注中说明。

5. "分配股利、利润或偿付利息所支付的现金"项目，反映公司实际支付的现金股利，支付给其他投资单位的利润以及支付的借款利息、债券利息等。本项目可根据"短期借款"、"长期借款"、"现金"、"银行存款"等账户的记录分析填列。

6. "支付的其他与筹资活动有关的现金"项目，反映公司除了上述各项外，支付的其他与筹资活动有关的现金，如捐赠现金支出，融资租入固定资产的租赁费等。支付的其他与筹资活动有关的现金项目中如有价值较大的，应单列项目反映。本项目可以根据"现金"、"银行存款"及其他有关科目的记录分析填列。

7. "汇率变动对现金的影响额"项目，反映公司外币现金流量，按现金流量发生日的汇率或平均汇率折算的人民币金额，与外币现金净额按期末汇率折算的人民币金额之间的差额。

（四）补充资料项目的内容及填列

如前所述，企业应在补充资料中，通过债权债务变动、存货变动、应计及递延项目、投资和筹资现金流量相关的收益或费用项目，将净利润调节到经营活动的现金流量。一定期间内影响资产或负债但不形成该期现金收支的所有投资和筹资活动的信息，应在补充资料中进行反映。这些投资和筹资活动虽然不涉及现金收支，但对以后各期的现金流量有重大影响。如融资租赁设备，记入"长期应付款"账户，当期并不支付设备款及租金，但以后各期必须为此支付现金，从而在一定期间内形成了一项固定的现金支出。

不涉及现金收支的投资和筹资活动的业务主要有：以固定资产偿还债务、以对外投资偿还债务、以固定资产进行长期投资、以存货偿还债务、融资租赁固定资产、接受捐赠非现金资产等。

在净利润基础上进行调整的主要项目包括：①计提的坏账准备或转销的坏账；②固定资产折旧；③无形资产摊销；④处置固定资产、无形资产和其他长期资产的损益；⑤固定资产报废损失；⑥财务费用；⑦投资损益；⑧递延税款；⑨存货；⑩经营性应收项目；⑪经营性应付项目。

调节公式是：

经营活动产生现金流量净额＝净利润＋计提的坏账准备或转销的坏账＋当期计提的固定资产折旧＋无形资产摊销＋处置固定资产、无形资产和其他长期资产的损失（减：收益）＋固定资产报废损失＋财务费用＋投资损失（减：收益）＋递延税款贷项（减：借项）＋存货的减少（减：增加）＋经营性应收项目的减少（减：增加）＋经营性应付项目的增加（减：减少）＋其他。

在具体编制现金流量表时，可以采用工作底稿法或 T 形账户法编制，也可以直接根据有关科目记录分析填列。

四、现金流量表编制举例

【例 11－3】甲股份有限公司（下称甲公司）为增值税一般纳税人，适用的增值税税率为 17％。2005 年度，甲公司有关业务资料如下：

1. 部分账户年初、年末余额或本年发生额如表 11－10 所示（金额单位：万元）。

表 11－10

资产类账户名称	年初余额	年末余额	负债类账户名称	年初余额	年末余额
短期投资	200	500	短期借款	120	140
应收账款	1200	1600	应付账款	250	600
坏账准备	12	16	预收账款	124	224
预付账款	126	210	应付工资	262	452

续表

资产类账户名称	年初余额	年末余额	负债类账户名称	年初余额	年末余额
存货	620	900	应付福利费	121	0
存货跌价准备	20	40	应付股利	30	0
待摊费用	220	700	应交税金（应交增值税）	0	0
长期股权投资	720	1360	预提费用	210	215
固定资产	8600	8880	长期借款	360	840
无形资产	640	180			
无形资产减值准备	20	40			

损益类账户名称	借方发生额	贷方发生额	损益类账户名称	借方发生额	贷方发生额
主营业务收入		8400	财务费用	40	
主营业务成本	4600		投资收益		405
营业费用	265		营业外支出	49	
管理费用	908				

2. 其他有关资料如下：

（1）短期投资不属于现金等价物；本期以现金购入短期股票投资 400 万元；本期出售部分短期股票投资，款项已存入银行，获得投资收益 40 万元；不考虑其他与短期投资增减变动有关的交易或事项。

（2）应收账款、预收账款的增减变动仅与产成品销售有关，且均以银行存款结算；采用备抵法核算坏账损失，本期收回以前年度核销的坏账 2 万元，款项已存入银行；销售产成品均开出增值税专用发票。

（3）原材料的增减变动均与购买原材料或生产产品消耗原材料有关。年初存货均为外购原材料，年末存货仅为外购原材料和库存产成品，其中，库存产成品成本为 630 万元，外购原材料成本为 270 万元。

年末库存产成品成本中，原材料为 252 万元；工资及福利费为 315 万元；制造费用为 63 万元，其中折旧费为 13 万元，其余均为以货币资金支付的其他制造费用。

本年已销产成品的成本（主营业务成本）中，原材料为 1840 万元；工资及福利费为 2300 万元；制造费用为 460 万元，其中折旧费为 60 万元，其余均为以货币资金支付的其他制造费用。

（4）待摊费用年初数为预付的以经营租赁方式租入的一般管理用设备租金；本年另以银行存款预付经营租入一般管理用设备租金 540 万元。本年摊销待摊费用的金额为 60 万元。

（5）4 月 1 日，以专利权向乙公司投资，占乙公司有表决权股份的 40％，采用权益法核算；甲公司所享有乙公司所有者权益的份额为 400 万元。该专利权的账面余额为 420 万元，已计提减值准备 20 万元（按年计提）。2004 年 4 月 1 日到 12 月 31 日，乙公司实现的净利润为 600 万元；甲公司和乙公司适用的所得税税率均为 33％。

（6）1 月 1 日，以银行存款 400 万元购置设备一台，不需要安装，当月投入使用。4 月 2 日，对一台管理用设备进行清理，该设备账面原价 120 万元，已计提折旧 80 万元，已计提减值准备 20 万元，以银行存款支付清理费用 2 万元，收到变价收入 13 万元，该设备已清理完毕。

（7）无形资产摊销额为 40 万元，其中包括专利权对外投出前摊销额 15 万元；年末计提无形资产减值准备 40 万元。

（8）借入短期借款 240 万元，借入长期借款 460 万元；长期借款年末余额中包括确认的 20 万元长期借款利息费用。预提费用年初数和年末数均为预提短期银行借款利息，本年度的财务费包括预提的短期借款利息费用 5 万元，确认长期借款利息费用 20 万元，其余财务费用均以银行存款支付。

（9）应付账款、预付账款的增减变动均与购买原材料有关，以银行存款结算；本期购买原材料均取得增值税专用发票。本年应交增值税借方发生额 1428 万元，其中购买商品发生的增值税进项税额为 296.14 万元，已交税金为 1131.86 万元，贷方发生额为 1428 万元，均为销售商品发生的增值税销项税额。

（10）应付工资、应付福利费年初数、年末数均与投资活动和筹资活动无关，本年确认的工资及福利均与投资活动和筹资活动无关。

（11）营业费用包括工资及福利费 114 万元，均以货币资金结算或形成应付债务；折旧费用 4 万元，其余营业费用均以银行存款支付。

（12）管理费用包括工资及福利费 285 万元，均以货币资金结算或形成应付债务，折旧费用 124 万元；无形资产摊销 40 万元；一般管理用设备租金摊销 60 万元；计提坏账准备 2 万元；计提存货跌价准备 20 万元；其余管理费用均以银行存款支付。

（13）投资收益包括从丙股份有限公司分得的现金股利 125 万元，款项已存入银行；甲公司对丙股份有限公司的长期股权投资采用成本法核算，分得的现金股利为甲公司投资后丙股份有限公司实现净利润的分配额。

（14）除上述所给资料外，有关债权债务的增减变动均以货币资金结算。

（15）不考虑本年度发生的其他交易或事项，以及除增值税以外的其他相关税费。

要求：编制甲股份有限公司 2005 年度现金流量表有关项目的金额，并将结果填入相应的表格内。

表 11－11　甲股份有限公司 2005 年度现金流量表有关项目

	现金流量表有关项目	金额（万元）
1	销售商品、提供劳务所收到的现金	
2	购买商品、接受劳务所支付的现金	
3	支付给职工以及为职工所支付的现金	
4	支付的其他与经营活动有关的现金	
5	收回投资所收到的现金	
6	取得投资收益所收到的现金	
7	处置固定资产、无形资产和其他长期资产所收到的现金净额	
8	购建固定资产、无形资产和其他长期资产所支付的现金	
9	投资所支付的现金	
10	借款所收到的现金	
11	偿还债务所支付的现金	
12	分配股利、利润和偿付利息所支付的现金	

根据经济业务分析计算如下：

（1）销售商品、提供劳务收到的现金＝销售收入＋销项税额－应收账款增加＋收回以前年度核销坏账＋预收账款增加额＝8400＋1428－（1600－1200）＋2＋（224－124）＝9530（万元）

（2）购买商品、接受劳务支付的现金＝销售成本中包括的原材料成本＋存货中原材料成本的增加额＋外购原材料进项税额－应付账款的增加额＋预付账款的增加额＝1840＋（270＋252－620）＋296.14－（600－250）＋（210－126）＝1772.14（万元）

（3）支付给职工以及为职工支付的现金＝销售成本中包括的工资及福利＋期末存货中包括工资的工资及福利＋管理费用中包括的工资和应付福利费的减少额＝2300＋315＋285＋114＋（262＋121－452）＝2945（万元）

(4) 支付的其他与经营活动有关的现金＝销售成本中包括的制造费用（扣除折旧费用）＋期末存货中包括的制造费用（扣除折旧费用）＋营业费用（扣除工资及福利费以及其他不涉及现金的费用）＋其他管理费用（扣除公司及福利费以及其他不涉及现金的费用）＋预付管理用设备租金＝（460－60）＋（63－13）＋（265－114－4）＋〔908－（285＋124＋40＋60＋2＋20）〕＋540＝1514（万元）

注：题目中应假定用现金支付的一般管理设备用租金属于支付的其他与经营活动有关的现金。

(5) 收回投资收到的现金＝收回短期投资的成本＋收回短期投资实现的收益＝（200＋400－500）＋40＝140（万元）

(6) 取得投资收益收到的现金＝从丙股份有限公司分得的现金股利125万元

(7) 处置固定资产、无形资产和其他长期资产收回的现金净额＝13－2＝11（万元）

(8) 购建固定资产、无形资产和其他长期资产支付的现金＝以银行存款购置设备400（万元）

(9) 投资支付的现金＝以现金购入短期股票投资400（万元）

(10) 借款收到的现金＝取得短期借款＋取得长期借款＝240＋460＝700（万元）

(11) 偿还债务支付的现金＝借款期初余额＋取得借款－借款期末余额＝（120＋240－140）＋〔360＋460－（840－20）〕＝220（万元）

(12) 分配股利、利润和偿还利息支付的现金＝以现金支付的利息费用＋支付以前年度现金股利＝40－20－5＋30＝45（万元）

将各项目现金流量填入表11－12内。

表 11-12

	现金流量表有关项目	金额（万元）
1	销售商品、提供劳务所收到的现金	9530
2	购买商品、接受劳务所支付的现金	1772.14
3	支付给职工以及为职工所支付的现金	2945
4	支付的其他与经营活动有关的现金	1514
5	收回投资所收到的现金	140
6	取得投资收益所收到的现金	125
7	处置固定资产、无形资产和其他长期资产所收到的现金净额	11
8	购建固定资产、无形资产和其他长期资产所支付的现金	400
9	投资所支付的现金	400
10	借款所收到的现金	700
11	偿还债务所支付的现金	220
12	分配股利、利润和偿付利息所支付的现金	45

第五节　会计报表附注

一、会计报表附注及基本内容

会计报表附注是对会计报表的注释和补充说明，主要是对会计报表不能包括的内容，或者披露不详尽的内容做进一步的解释，以提高会计报表数字的可理解性。会计报表附注一般包括下列内容：不符合会计核算前提的说明、重要会计政策和会计估计的说明、重要会计政策和会计估计变更的说明以及重大会计差错更正的说明、或有事项的说明、资产负债表日后事项的说明、关联方关系及其交易的说明、重要资产转让及其出售的说明、企业合并分立的说明、会计报表重要项目的说明等。

二、不符合会计核算前提的说明

会计核算前提是企业财务会计核算的基础，如果不满足会计核算前提的要求，会计信息势必发生重大变化。所以，应将不符合会计核算前提的情况予以说明。例如，没有按照币值稳定的前提编制会计报表，而是根据物价变动情况调整了资产的账面价值。

三、会计政策和会计估计的说明

会计政策是指企业在会计核算时所遵循的具体原则以及企业所采纳的具体会计处理方法。如存货发出的计价有先进先出法、后进先出法、加权平均法等，固定资产的折旧有使用年限法、年数总和法等。企业从中选取的方法，就是企业在组织核算时所采纳的会计政策。企业所采纳的会计政策，应在会计报表附注中加以披露。需要披露的项目主要有：收入确认原则、外币折算方法、存货计价方法、坏账损失的核算方法、长期投资的核算方法、所得税的核算方法、借款费用的处理方法等。

四、重要会计政策和会计估计变更的说明，以及重大会计差错更正的说明

会计政策的变更将直接影响到企业的财务状况和经营成果，使前后各期的会计信息不可比，使报表使用者无法正确判断企业的经营状况，因此会计原则要求企业应前后一贯地采用相同的会计政策。如果企业的经营环境发生变化，需要变更会计政策，应当按照《会计政策变更和会计误差更正》的要求进行处理，并在表外予以说明。会计估计变更如企业原来坏账准备计提率为3‰，现在改为5‰；又如原来企业固定资产的使用年限为八年，现在改为五年等。会计差错是指在会计核算时，由于确认、计量、记录等方面出现的错误。主要包括以下事项：

（1）会计政策变更的内容和理由；

（2）会计政策变更的影响数；

（3）累积影响数不能合理确定的理由；

（4）会计估计变更的内容和理由；

（5）会计估计变更的影响数；

（6）会计估计变更的影响数不能合理确定的理由；

（7）重大会计差错的内容；

（8）重大会计差错的更正金额。

五、或有事项的说明

根据财务会计的基本概念，所有资产和负债都是由过去的交易和事项所产生的，未发生的交易不在资产负债表中反映。然而，企业将要发生的可能对资产负债表产生重大影响的项目，也将对报表使用者的决策产生重大影响，尤其是可能产生的负债。

为此，企业应当对或有事项产生的或有负债高度重视，并以恰当的方式反映。

或有负债是企业可能承担的债务，其是否实际发生取决于未来某一事项是否发生，例如未决诉讼，企业被起诉赔偿，如企业胜诉，就没有债务，一旦败诉，即面临债务负担。

对或有事项，应按下列要求披露：

或有负债的类型及其影响，包括：

（1）已贴现商业承兑汇票形成的或有负债；

（2）未决诉讼、仲裁形成的或有负债；

（3）为其他单位提供债务担保形成的或有负债；

（4）其他或有负债；

（5）或有负债预计产生的财务影响；

（6）或有负债获得补偿的可能性。

如果或有资产很可能会给企业带来经济利益时，则应说明其形成的原因及其产生的财务影响。

六、资产负债表日后事项的说明

资产负债表日后事项是指自会计年度结束后至会计报表报出日之间发生的需要调整或说明的事项。应说明股票和债券的发行、对一个企业的巨额投资、自然灾害导致的资产损失以及外汇汇率发生较大变动等事项的内容，估计对财务状况、经营成果的影响。

七、关联方关系及其交易的说明

关联方是能够直接或间接控制、共同控制另一方财务和经营政策，或对另一方财务和经营政策能够施加重大影响的企业、其他单位和个人，如果双方或多方同受一方控制，也成为关联方，这些企业、单位、个人之间的相互关系就构成了关联方关系。例如，母公司、子公司、同受一母公司控制的子公司之间的关系，合营、联营企业之间的关系等。

在不存在关联方关系的情况下，企业之间的交易一般是公平的。但是企业之间如果存在关联方关系，那么企业之间的交易有可能不是建立在公平的基础之上。了解关联方及关联方交易，对于分析企业财务状况和经营成果的客观可靠性具有十分重要的作用。会计准则对关联方及其交易的披露做了如下规定：

在存在控制关系的情况下，关联方如为企业，不论它们之间有无交易，都应说明如下事项：

（1）企业经济性质或类型、名称、法定代表人、注册地、注册资本及其变化；

（2）企业的主营业务；

（3）所持股份或权益及其变化。

在企业与关联方发生交易的情况下，企业应说明关联方关系的性质、交易类型及其交易要素，这些要素一般包括：

（1）交易的金额或相应比例；

（2）未结算项目的金额或相应比例；

（3）定价政策（包括没有金额或只有象征性金额的交易）。

关联方交易应分别对关联方以及交易类型予以说明，类型相同的关联方交易，在不影响会计报表使用者正确理解的情况下可以合并说明。

对于关联方交易价格的确定如果高于或低于一般交易价格，应说明其价格的公允性。

八、重要资产转让及其出售的说明

企业在当年（期）如果发生重要资产转让、出售等业务事项，应就业务事项的有关具体情况进行说明。

九、企业合并、分立的说明

企业在当年（期）如果发生合并或者分立，应该就有关的具体情况进行说明。

合并是指企业与其他企业通过产权重组成为一个新的企业主体。这个新的主体可以以参与合并的一方为基础（吸收合并），也可以是一个新设立的主体（创立合并）。分立是指企业分拆成若干个企业主体。

十、会计报表重要项目的说明

1. 应收款项（不包括应收票据）及计提坏账准备的方法

（1）说明坏账的确认标准，以及坏账准备的计提方法和计提比例，并重点说明如下事项：

①本年度全额计提坏账准备，或计提坏账准备的比例较大（一般超过 40％）的，应单独说明计提的比例及其理由；

②以前年度已全额计提坏账准备，或计提坏账准备的比例较大，但在本年度又全额或部分收回的，或通过重组等其他方式收回的，应说明其原因、原估计计提比例的理由，以及原估计计提比例的合理性；

③对某些金额较大的应收款项不计提坏账准备，或计提坏账准备比例较低（一般为 5％或低于 5％）的理由；

④本年度实际冲销的应收款项及其理由，其中，实际冲销的关联交易产生的应收款项应单独披露。

（2）应收款项应按下列格式分别进行披露（见表 11—13）。

表 11－13

账龄	期初余额			期末余额		
	金额	比例（%）	坏账准备	金额	比例（%）	坏账准备
1 年以内						
1～2 年						
2～3 年						
3 年以上						
合　计						

2. 存货核算方法

（1）说明存货分类、取得、发出、计价以及低值易耗品和包装物的摊销方法，计提存货跌价准备的方法以及存货可变现净值的确定依据。

（2）存货应按下列格式分别披露（见表 11－14）。

表 11－14

项目	期初余额	期末余额
原　材　料		
库 存 商 品		
低值易耗品		
包　装　物		
……		
合　计		

3. 投资的核算方法

（1）说明当期发生的投资净损益，其中重大的投资净损益项目应单独说明；说明短期投资、长期股权投资和长期债权投资的期末余额，其中长期股权投资中属于对子公司、合营企业、联营企业投资的部分，应单独说明；说明当年提取的投资损失准备、投资的计价方法，以及短期投资的期末市价；说明投资总额占净资产的比例；采用权益法核算时，还应说明投资企业和被投资单位会计政策的重大差异；说明投资变现及投资收益汇回的重大限制；股权投资差额的摊销方法、债券投资溢价和折价的摊销方法，以及长期投资减值准备的计提方法。

（2）短期投资应按下列格式披露（见表11－15）。

表 11－15

项　目	期初余额	本期增加数	本期减少数	期末余额
一、股权投资合计				
其中：股票投资				
二、债券投资				
其中：国债投资				
其他债券				
三、其他投资				
合　计				

（3）长期投资应按下列格式披露（见表11－16）。

表 11－16

项　目	期初余额	本期增加数	本期减少数	期末余额
一、长期股权投资				
其中：对子公司投资				
对合营企业投资				
对联营企业投资				

续表

项 目	期初余额	本期增加数	本期减少数	期末余额
二、长期债权投资				
其中：国债投资				
三、其他股权投资				
合 计				

（4）长期股权投资还应按以下格式披露（见表11－17）。

表 11－17

被投资单位名称	股份类别	股票数量	占被投资单位股权的比例	初始投资成本

（5）长期债权投资还应按以下格式披露（见表11－18）。

表 11－18

债券种类	面值	年利率	初始投资成本	到期日	本期利息	累计应收或已收利息

4. 固定资产计价和折旧方法

（1）说明固定资产的标准、分类、计价方法和折旧方法，各类固定资产的预计使用年限、预计净残值率和折旧率；如有在建工程转入、出售、置换、抵押和担保等情况的，应予说明。

（2）固定资产还应按下列格式披露（见表11－19）。

表 11－19

项　　目	期初余额	本期增加数	本期减少数	期末余额
一、原价合计				
其中：房屋、建筑物				
机器设备				
运输工具				
……				
二、累计折旧合计				
其中：房屋、建筑物				
机器设备				
运输工具				
……				
三、固定资产净值合计				
其中：房屋、建筑物				
机器设备				
运输工具				
……				

5. 无形资产的计价和摊销方法

无形资产应按下列格式披露（见表 11－20）。

表 11－20

种类	实际成本	期初余额	本期增加数	本期转出数	本期摊销数	期末余额

6. 长期待摊费用的摊销方法

长期待摊费用应按下列格式披露（见表 11－21）。

表 11-21

种类	期初数	本期增加	本期减少	期末数

十一、收入

说明当期确认的下列各项收入的金额：

(1) 销售商品的收入；

(2) 提供劳务的收入；

(3) 利息收入；

(4) 使用费收入；

(5) 本期分期收款确认的收入。

十二、所得税的会计处理方法

说明所得税的会计处理是采用应付税款法，还是采用纳税影响会计法；如果采用纳税影响会计法，应说明采用的是递延法还是债务法。

十三、合并会计报表的说明

说明合并范围的确定原则；本年度合并报表范围如发生变更，企业应说明变更的内容和理由。

思考题：

1. 财务会计报告的构成内容？其核心内容是什么？
2. 什么是会计报表？会计报表的作用是什么？
3. 什么是资产负债表？为什么要编制资产负债表？
4. 资产负债表的编制基础是什么？
5. 如何编制资产负债表？
6. 什么是利润表？利润表的编制基础是什么？
7. 如何编制利润表？
8. 什么是现金流量表？现金流量表的作用是什么？

练习题：

（一）资产负债表、利润表的编制

1. 资料：

永芳公司200×年12月31日各有关账户余额见下表：

金额单位：元

账户名称	借方余额	贷方余额
现　　金	3000	
银行存款	70000	
应收账款	5000	
预付账款	2000	
存　　货	40500	
待摊费用	2500	

续表

账户名称	借方余额	贷方余额
长期投资	3000	
固定资产原值	450000	
无形资产	8000	
坏账准备		250
累计折旧		255000
短期借款		8000
应付账款		20000
预收账款		25200
应交税金		5550
长期借款		50000
实收资本		100000
资本公积		40000
盈余公积		50000
未分配利润　注①		30000

注①：未分配利润账户期初余额为 13480 元。

永芳公司 200×年 1～12 月有关损益类账户发生情况见下表：

账户名称	借方发生额	贷方发生额
产品销售收入		150000
其他业务收入		60000
投资收益		13000
营业外收入		4000
产品销售成本	100000	
产品销售费用	20000	
产品销售税金	5000	
其他业务支出	40000	

续表

账户名称	借方发生额	贷方发生额
管理费用	30000	
财务费用	8000	
营业外支出	400	
所得税	7080	

2. 要求：（1）根据上述资料，编制永芳公司200×年12月31日的资产负债表；

（2）根据上述资料，编制永芳公司200×年度利润表。

（二）利润表的编制

1. 资料：某企业2005年5月损益类账户余额，见下表：

会计科目	1～4月		5月	
	借方	贷方	借方	贷方
主营业务收入		2360000		480000
其他业务收入		285000		60000
投资收益		118000		25000
营业外收入		12000		
主营业务成本	1420000		300000	
主营业务税金及附加	35000		8000	
其他业务支出	186000		40000	
营业费用	239000		50000	
管理费用	263000		60000	
财务费用	68000		15000	
营业外支出	6000		2000	
所得税	184140		29700	

2. 根据资料，编制该企业 5 月份的利润表。

利润表

编制单位：　　　　　　　　××年度 5 月　　　　　　　单位：元

项　目	本期数	本年累计数
一、主营业务收入		
减：主营业务成本		
主营业务税金及附加		
二、主营业务利润		
加：其他业务利润		
减：营业费用		
管理费用		
财务费用		（略）
三、营业利润		
加：投资收益		
营业外收入		
营业外支出		
四、利润总额		
减：所得税		
五、净利润		

（三）现金流量表的编制

1. 资料：T 公司 2005 年度资产负债表和利润表见下表：

资产负债表

编制单位：T 公司　　　　　　　2005 年　　　　　　　单位：元

资　产	年初数	期末数	负债和股东权益	年初数	期末数
流动资产			流动负债		
货币资金	73500	55500	应付票据	120000	

续表

资　产	年初数	期末数	负债和股东权益	年初数	期末数
短期投资	20000	18000	应付账款	49500	93000
应收账款	54000	39000	流动负债合计	169500	93000
存货	80000	165000	长期负债		
待摊费用	7000	9000	应付债券	80000	225000
流动资产合计	234500	286500	长期负债合计	80000	225000
固定资产			负债合计	249500	318000
固定资产原价	250000	507000	股东权益		
减：累计折旧	15000	31500	股本	190000	240000
固定资产净值	235000	475500	未分配利润	30000	204000
固定资产合计	235000	475000	股东权益合计	220000	444000
资产总计	469500	762000	负债和股东权益合计	469500	762000

利润表

编制单位：T公司　　　　　　　　　　2005 年　　　　　　　　　　单位：元

项　　　目	本年累计数
一、主营业务收入	738000
减：主营业务成本	360000
二、主营业务利润	378000
减：管理费用	61000
财务费用	10000
三、营业利润	307000
加：投资收益	3000
营业外收入	3000
减：营业外支出	10000
四、利润总额	303000
减：所得税	102000
五、净利润	201000

其他有关资料如下：

（1）支付 270000 元应付利润。

（2）主营业务成本中，包括工资费用 165000 元；管理费用中，包括折旧费用 21500 元，待摊费用摊销 3000 元，支付其他费用 36500 元。

（3）出售固定资产一台，原价 60000 元，已提折旧 5000 元，处置价格为 58000 元，现金已收到。

（4）购入固定资产，价款 317000 元，以银行存款支付。

（5）购入短期股票投资，支付价款 13000 元。

（6）出售短期投资收到现金 18000 元，成本 15000 元。

（7）偿付应付公司债券 70000 元，新发行债券 215000 元，已收到现金。

（8）发生火灾造成存货损失 10000 元，已记入营业外支出。

（9）预付保险费 5000 元。

（10）发行新股 50000 元，已收到现金。

（11）财务费用 10000 元系支付的债券利息。

（12）期末存货均是外购原材料。

为了简便起见，不考虑流转税，假定该公司没有现金等价物，应收账款全部为应收销货款，应付账款全部为应付购货款。

2. 要求：编制该公司的现金流量表。

参考文献

1. 中华人民共和国财政部：《企业会计制度讲解》，经济科学出版社，2001。

2. 刘尚林：《财务会计》，高等教育出版社，2004。

3. 杨有红：《中级财务会计》，中央广播电视大学出版社，2003。

4. 罗新运：《企业财务会计》，经济科学出版社，2003。

5. 夏冬林：《财务会计》，经济科学出版社，2003。

6. 中国人民银行支付结算管理办公室：《支付结算制度汇编》，新华出版社，2002。

7. 苏君、谢萍：《会计学》，经济科学出版社，2004。